Rüdiger Nehberg

Let's fetz

Heute beginnt der Rest des Lebens

Mit 116 Abbildungen

Ullstein Sachbuch

Ullstein Sachbuch
Ullstein Buch Nr. 34352
im Verlag Ullstein GmbH,
Frankfurt/M – Berlin

Ungekürzte Ausgabe

Umschlagentwurf:
Hansbernd Lindemann
Unter Verwendung eines
Fotos des Autors
Alle Rechte vorbehalten
Mit freundlicher Genehmigung
der Ernst Kabel Verlags GmbH, Hamburg
© 1984 by Ernst Kabel Verlag
GmbH, Hamburg
Printed in Germany 1987
Druck und Verarbeitung:
Clausen & Bosse, Leck
ISBN 3 548 34352 X

Februar 1987
13.–20. Tsd.

Weitere Bücher von
Rüdiger Nehberg im
Verlag Ullstein:

Drei Mann, ein Boot,
der Blaue Nil (Nr. 34105)
Drei Mann, ein Boot, zum
Rudolfsee (Nr. 34138)
Die Kunst zu überleben –
Survival (Nr. 34209)
Yanonámi (Nr. 34268)

CIP-Kurztitelaufnahme
der Deutschen Bibliothek

Nehberg, Rüdiger:
Let's fetz: heute beginnt d. Rest
d. Lebens / Rüdiger Nehberg. –
Ungekürzte Ausg. – Frankfurt / M; Berlin:
Ullstein, 1986.
 (Ullstein-Buch; Nr. 34352:
 Ullstein-Sachbuch)
 ISBN 3-548-34352-X

NE: GT

Ein Vorteil dieses Buches
ist unbestreitbar:
Man kann damit
zumindest Feuer machen.

Rüdiger Nehberg,
alias Sir Vival

Inhalt

Monika Hinsch: So sehe ich meine Zukunft 11
Rüdiger Nehberg: So sehe ich deine Zukunft. Auch ein Vorwort 15

1. Teil   No Future

»Schaut Euch Eure Welt doch nur mal an ...« 20

Kriegsgefahr 20   Überbevölkerung 22   Umweltzerstörung 23   Ernährungslage 27

»Es nervt mich unheimlich ...« 29

Elternhaus 29   Schule 33   Liebe und so 36   Beruf und Lehrstelle 38

»Ich häng' voll durch ...« 44

Nikotin 44   Alkohol 46   Drogen 49   Ersatzdrogen 52   Konsumterror 54   Religionen, Sekten und Aberglauben 55   Haß, Ohnmacht und Selbstmord 60

2. Teil   Pro Future

»Ihr sollt mich kennenlernen ...« 64

Engagement 64   Die Kunst, Frieden zu schließen 66   Ideale, Idole und Freunde 68   Vom Neugierigsein, Interesse haben und Lernen 70

»Heute beginnt der Rest des Lebens!« 71

Überlebenstraining – wofür 71   Was ist Abenteuer 72   Wie über-

zeuge ich meine Eltern 74   Trainingsgrundsätze 75   Warnung 76
Partner 77   Zeichenerklärung 79

3. Teil   Oh, Future

Training 82

Laufen, Schwimmen und Eisbaden 82   Hindernisse 86   Abseilen 89
Auf die Bäume 92   Das eigene Gebirge 93   Klettern 99   Feuer 109
Karate 114   Zaubern 118   Notlager 128   Die unmögliche Mahlzeit 132   Ekelüberwindung 135   Würmerfang und Würmerhaltung 138   Fischfang 139   Fische ausnehmen, garen und räuchern 146   Schlachten 152   Zähne ziehen, Wunden nähen und Knochen schienen 155   Gerben 158   Brot 160   Zauberfrucht Banane 165

Ausrüstung und selbstgebastelte Übungsstätten 167

Rucksack 167   Schlafsack 170   Zelt 172   Nottäschchen 173   Überlebensgürtel 174   Messer und Survival-Messer 170   Notrakete mit Microabschußrampe 186   Micro-Kompaß 190   Wurfpfeile 191
Steinwerkzeug 193   Fallenbau 194   Wildschweinfang per Hand 198
Die eigene Natur-Apotheke 201   Kleine Basteleien 209   Iglu und Blockhaus 216   Der eigene Schießstand 221   Wohnungssicherung 228   Auto-Sicherheit 233   Der Biotop(pe)- Garten 235   Der Teich 240

4. Teil   Action

Abenteuer vor der Haustür 246

Das total persönliche Abenteuer 246   Das Wochenend-Survival-Training 249   Survival als Schulprojekt 252   Der Survival-Marsch 254
Das Survival-Lager 255   Die Survival-Rallye 257   Interessengruppen 258   Großstadt-Abenteuer 259   Verkleidet 260   Test-Trampen 262   In die ausverkaufte Veranstaltung 264   Taktvolles, völkerverbindendes Reisen 266   Die alleinreisende Frau 271

»... und will euch was er erzählen.« 274

Pressemitteilungen 274   Pressefotos 277   Zeitungsbericht und Buch 280   Der Vortrag 284   Die Bibliothek 287   Das Archiv 288

In eigener Sache 289

Anhang:
Wenn Du Hilfe brauchst 294
Bücherliste 295

Monika Hinsch:
So sehe ich meine Zukunft

Meine Zukunft wird ein Leben in Zerstörung, Angst, Qual und ohne Kinder sein. Ein Leben, das teilweise aus Betäubungen verschiedenster Art, teilweise aus der Wahrnehmung der grausamen Wirklichkeit besteht.
Wieso ich dieses so empfinde und sehe, werde ich hiermit erklären.
Ein Leben, das nur durch Betäubung und die wahnsinnige, im Grunde aussichtslose, Hoffnung auf ein Wunder, – das zu schön ist, um jemals Wirklichkeit werden zu können –, zu ertragen ist. Dieses Wunder wäre ein Leben mit der Natur, im Frieden, in der Gleichberechtigung aller Menschen, in der Liebe, in der Erhaltung des Lebens, des Friedens, der Natur, der Liebe, für die Kinder. Zu leben, um Leben zu erhalten und eine Grundlage für Leben zu schaffen.
Doch jetzt ist es schon soweit, daß wir im Ende unseres Erdendaseins leben und immer mehr das zerstören, was wir zum Leben brauchen – und das jede Sekunde mehr. Denn der Mensch kann ohne die Natur nicht leben, doch die Masse »Mensch« erkennt dieses nicht, sie ist dumm und krank geworden, sie verseucht, baut Maschinen, führt Kriege, kämpft um Macht und Geld, doch nicht um Leben.
Nur wenige Menschen kämpfen für die Natur, die Tiere, um das Leben überhaupt, um unser Leben. Doch sie sind nicht genug, sie werden nicht oder kaum begriffen, sie werden ausgelacht und finden kaum Unterstützung, sie werden einfach (einige) polizeilich gesucht, verhaftet.
Da redet ein Politiker wehmütig im Fernsehen, daß die Geburtenzahl in der Bundesrepublik Deutschland gesunken ist. Dazu kann ich mir nur denken, daß dieser Politiker wohl zur Masse gehört und somit dumm und krank sein muß, ohne Gefühl. Denn wie kann man Kinder in so eine kranke Welt ohne Zukunft setzen?
Irgendwie kann ich sogar die Menschen, die trotzdem Kinder in die Welt setzen, verstehen. Ich glaube, sie setzen Kinder in diese kranke Welt, um Hoffnung zu haben, um Leben zu geben. Doch sie sehen wohl

kaum, was wirklich auf dieser Erde vorgeht, sie können oder wollen es nicht.
Wir sind auf dem sicheren Weg in den Tod, nicht in den natürlichen Tod, sondern in den von Menschenhand gebauten, maschinellen Tod.
Da versucht man, Selbstmörder zu retten und sieht, begreift nicht, daß wir alle Selbstmörder auf Zeit sind.
Nicht genug, daß wir uns selbst zerstören, nein, wir zerstören auch die Natur.
Viele, zu viele Menschen denken nur an Macht, Geld, an ihren persönlichen Vorteil, ihren Luxus sowie an ihre Autos, sonstige Maschinen und ihre Bequemlichkeit. Ich glaube, wir Menschen sind schon viel zu weit in der Welt der Maschinen versunken, ohne Leben. In einer Welt, wo das wirkliche Leben immer nebensächlicher wird.
Viele Menschen, fast alle, stehen dauernd unter den verschiedensten Drogen, um vor der Wirklichkeit, die sicher schwer zu ertragen ist – für die, die irgendwo noch wahres Gefühl haben –, zu fliehen. Die Hauptdrogen sind meiner Meinung nach Fernsehen, Alkohol, »Stoff« jeglicher Art, Musik, Tanzen, Discos, Religion, Bücher oder einfach nichts aufnehmen von den schrecklichen Dingen, die in der Welt passieren, und nur leben, ohne Rücksicht auf etwas, sich einfach ins Leben zu stürzen und sich vergnügen soweit es geht, solange es noch geht. Ich glaube, die Masse »Mensch« hat einfach das Gefühl verloren für das Empfinden der Lebewesen. Da werden einfach Kinder totgequält, da schmücken sich irgendwelche, wohl gefühllosen Weiber mit Fellen von Tieren, denen es bei lebendigem Leibe abgezogen worden ist. Das makabere dabei ist auch noch, es geht ihnen nicht darum, nicht zu frieren, denn es gibt genug andere warme Kleidung, es geht ihnen nur um ihr scheinbar besseres Aussehen, um zeigen zu können, ich habe genug Geld.
Da werden Tiere in Laboren unzählige Male gequält bis zum erlösenden Tod, für Dinge, die nicht im geringsten lebensnotwendig sind, z. B. Schönheitsartikel, Waschmittel usw. oder Medikamente, von deren Art es schon tausende gibt. Menschen, die diese Tiere vor Versuchen retten wollen, sie mitnehmen, werden polizeilich gesucht, obwohl das doch wirklich nicht die sind, die verhaftet, verurteilt werden sollten.
Da versuchen Menschen zu verhindern, daß Säuren ins Meer geschüttet werden und riskieren ihr Leben dabei, doch sie werden nur ausgelacht.
– So geht es immer weiter. –
Da werden Kinder militärisch auf ihre militärische Ausbildung vorbereitet, da sterben Babys über Babys, und woran wohl? An ihrer kranken Umwelt! Da werden Atombombenversuche vorgenommen, dabei weiß

man, was die Folgen sind. Der Mensch ist zu einem Monster geworden, dieses Monster ist nicht mehr fähig, so zu handeln, um Leben zu erhalten. Die Fähigkeit zu zerstören ist schon viel zu groß, um sie noch durch eine andere zu ersetzen, nämlich Leben zu erhalten. Das Schlimme ist, der Mensch weiß, daß er viele Dinge, die die Welt zerstören, verseuchen, unschädlich machen könnte, aber er rührt dafür kaum einen Finger.
Ich glaube, kaum ein Mensch denkt morgens daran, wenn er in sein Auto steigt und losfährt, wie viele es tun, den ganzen Tag und die ganze Nacht, und was das grausige Ergebnis davon ist.
Sie spüren ja nicht direkt am eigenen Leibe sofort, was sie damit anrichten. Sie sehen nur im Fernsehen mal einige eingegangene Bäume, solange es nicht ihr schöner Baum im Garten ist, solange nicht der Strand, wo sie ihren Urlaub verbringen wollen mit Öl und elend, qualvoll gestorbenen Tieren voll ist. Es ist ja weit weg und sie nicht betreffend. Doch gerade dieses ist das Gefährliche, das Schlimme.
Jeden Morgen wird mir immer deutlicher, daß es keine Rettung gibt, wenn nicht jeder dieses alles verstehen, begreifen könnte und kämpfen würde für Leben und gegen jede verseuchende Bequemlichkeit, jede Zerstörung.
Ich pflanzte einen Baum, doch inzwischen kommt mir dieses so lächerlich und unsinnig vor, denn auch ich fahre jeden Morgen mit dem Bus zur Arbeit, und ich trage täglich zur Zerstörung bei. Ich handle wohl kaum gegen sie. Dieses macht mich total fertig, ich fühle mich einfach machtlos gegen die Masse »Mensch«, gegen deren Maschinen, gegen die Zerstörung. Ich könnte noch viel mehr schreiben, aber im einzelnen habe ich die wohl wesentlichen Gründe, warum ich keine Zukunft sehe, hervorgebracht. So finde ich es beinahe lächerlich und sinnlos, meinen Beruf, einen Beruf zu erlernen.
Ich empfinde einfach so, daß diese Welt, die der Mensch so entwickelte, keine Grundlage für Leben bietet, für eine Zukunft. Es bleibt nur ein Warten auf das verdammte Ende vom Ende.
Abschließend möchte ich noch dazu schreiben, daß es mir nicht im geringsten um das Geld geht, das man bei diesem Aufsatz-Wettbewerb gewinnen kann. Sondern es geht mir darum, daß andere Menschen sehen, was eine Achtzehnjährige denkt über die Gegenwart, über die Zukunft. Außerdem finde ich es ziemlich mies, Jugendliche mit Geld anzulocken, um über ihre Zukunft zu schreiben. Man sollte die Jugendlichen auffordern, zu schreiben und diese Aufsätze dann veröffentlichen, nicht nur zu schreiben für Geld, sondern um andere zu informieren, was Jugendliche denken und fühlen.

Ich hoffe, daß es noch mehr Menschen geben wird, die verstehen und handeln, die Kraft haben, die andere überzeugen können, worum es jetzt nur noch gehen darf, um für das Leben auf dieser Erde zu kämpfen. Ich hoffe selber irgendwie etwas zu schaffen, ich weiß bloß noch nicht wie.

Monika Hinsch

Monikas Aufsatz erhielt den 1. Preis in einem Wettbewerb des Lion's Club.

Rüdiger Nehberg:
So sehe ich deine Zukunft.
(Statt eines Vorworts)

Liebe Monika, liebe Freunde, die ihr mit mir der Meinung seid, daß Monika mit ihren Befürchtungen den Nagel auf den Kopf getroffen hat! Da hatte ich eine große Meinungsumfrage gestartet, mein Bruder hatte sie in tagelanger Arbeit ausgewertet, und sie war eines der Fundamente, auf das dieses Buch aufgebaut wurde.
Und da fiel mir Monikas »Anklageschrift« in die Hand, die eigentlich all das ausdrückt, was (laut Umfrage) die Sorgen vieler nachdenklicher Jugendlicher ausmacht. Deutlicher, prägnanter und auch erschütternder kann man seine Erkenntnisse und Gedanken wohl kaum formulieren!
Wer wachen Verstandes durch diese Welt geht, wird Monikas Sorgen teilen, und es bleibt die Frage »Was kann der einzelne tun?«
Resignieren? Drauflosschmarotzen, solange es noch geht? Amok laufen? Die zeitraubenden, mühsamen Wege der Politik beschreiten? Kämpfen?
Wer keine Zukunftsperspektive mehr sieht und meint, der einzelne sei ohnehin machtlos, mag schnell zur Resignation neigen. Resignation aber ist – ohne Einschränkung – kein Ausweg aus dem Dilemma. Etwas dagegen unternehmen hingegen, mit gutem Beispiel vorangehen, sind zweifellos die besseren Lösungen.
Die gesamte Menschheitsgeschichte zeigt, daß das Bemühen um eine erlebenswertere Welt zunächst immer ein Kampf des David gegen die machtbesitzenden Goliaths war und ist, gegen die Giganten. Die Geschichte zeigt aber auch, daß selbst scheinbar aussichtsloseste Kämpfe nie ganz ohne Aussicht auf Erfolg sind und daß wir, jeder einzelne von uns, etwas bewegen können, daß es gerade auf jeden einzelnen ankommt.
Wer Monikas Ängste teilt, dem bleibt nur die Entscheidung, aktiv zu werden in seinem Bemühen für eine bessere Welt. Und wem von denen es am nötigen Selbstbewußtsein fehlt, dem soll dieses Buch *eine* von mehreren Möglichkeiten sein, es zu gewinnen.
Survival, die Überlebenskunst, – das ist meine feste Überzeugung – mit

all seiner Vielseitigkeit in körperlicher, intellektueller und praktischer Hinsicht, trainiert im sogenannten Überlebenstraining, ist die Basis jeglichen Überlebens schlechthin.

Ob im konkreten Einzelfall einer Bedrohung (z. B. nächtlicher Überfall), einer größeren (z. B. Aussterben eines ganzen Berufszweiges) oder einer Massengefahr (z. B. Krieg): Das Überlebenstraining, das Wissen um Survival (so das englische Schlagwort) ist eine der wirksamsten Möglichkeiten, Gefahren zu meistern und diffusen Ängsten ein Schnippchen zu schlagen. Denn Wissen und Vielseitigkeit machen zwangsläufig selbstbewußt, stark und flexibel.

Im Gegensatz zu meinem ersten Survival-Buch setzt sich dieser 2. Band in erster Linie mit den Problemen junger Leute hier und heute vor unserer Haustür auseinander. Bei der Vielzahl der Themen ist es klar, daß nicht alles auf meinem Mist gewachsen sein kann. Es ist vielmehr das Resultat der bereits erwähnten Meinungsumfrage, von Gesprächen mit jungen Leuten, von Erfahrungen bei drei Wochenend-Survivalkursen mit Jugendlichen, von Anregungen aus dem Hörer- und Leserkreis, und es ist der Extrakt vieler von mir gelesener Bücher und Schriften.

Zum Themenkomplex »Überlebenstraining« bastelte und erprobte ich Ausrüstungsgegenstände und Trainingsobjekte und ertüftelte Abenteuervorschläge. Wo ich mich für zuwenig kompetent hielt, bat ich Spezialisten um Rat.

Vor allem aber habe ich nicht vergessen, daß ich selbst einmal jung war, daß ich selbst keinen Pfennig Geld auf der Naht hatte und daß ich trotzdem einen unbändigen Drang verspürte, etwas erleben zu wollen.

Ich wollte die Welt kennenlernen, Freundschaften schließen, meinen geistigen Horizont erweitern und Vorurteile revidieren: nach Mark Twain's Devise »Reisen ist tödlich für Vorurteile«.

Mit 15 Jahren hatte ich die Mittlere Reife* und erlernte das Bäcker- und dann das Konditorenhandwerk. Ich machte mich selbständig und betreibe heute hauptberuflich eine Konditorei mit zwei Filialen und vierzig Mitarbeitern in Hamburg-Wandsbek, bin verheiratet, habe eine 18jährige Tochter.

Das Reisen und Schreiben sind nach wie vor Hobbys. (»Merkt man!«) Aber seit Beginn und trotz des Berufslebens erfüllte ich mir Schritt für Schritt meine Abenteuerträume. Ich wanderte, radelte und trampe um fast die ganze Welt. Mit Flößen, Kamelen, zu Fuß oder nur per Schwimmgürtel erschloß ich mir auch abgelegenste Winkel dieser Welt. Vieles machte ich allein, anderes im kleinsten Team. Alles aber machte

---

* schulisch! Ansonsten habe ich sie heute noch nicht, behaupten Kenner.

ich ohne Komfort. Nicht immer verliefen solche Reisen glatt. Manche scheiterte. Ich wurde fünfzehnmal mit Waffen überfallen und mehrfach ausgeraubt, verlor in Äthiopien bei einem solcher Raubüberfälle einen Freund und lernte woanders Gefängnisse kennen.

Wenn auch solche Zwischenfälle die Schlagzeilen machten, so habe ich nie verkannt, daß man weitüberwiegend Gutes erlebt, und durch das freie Reisen ein unglaublich pralles, prickelndes Leben erfährt. Das Risiko eines plötzlichen gewaltsamen Todes, das Risiko eines drastisch verkürzten Daseins durch das wenige Negative, nahm und nehme ich für diese Intensität bewußt und gern in Kauf. Die Alternative wäre, statt dessen zu Hause zu bleiben und zwar ruhig und gesichert, aber für mein Empfinden länger und langweilig zu leben. Und das möchte ich mir (und euch) ersparen.

So ist mein Leben nicht nur abenteuerlich und intensiv, sondern auch ausgefüllt. Langeweile kenne ich nicht.

Vielleicht gelingt es mir, euch für ein ähnliches Leben zu begeistern und den Einstieg dazu zu erleichtern.

Bei der Fülle der Themen bleibt es nicht aus, daß ich vieles nur kurz ansprechen kann und möchte, denn ich will nicht langweilig werden. Über jedes einzelne Kapitel gibt es Unmengen von Literatur. Wer sich vertiefen will, kann das leicht tun. Für alles gibt es unendliche Wenn und Aber – nicht selten ist das nur Gelaber. Ich halte es mit der Kürze, in der die Würze liegt. Ausführlichkeit läßt der Phantasie zu wenig Spielraum und fördert die Einförmigkeit.

Nehmt alles, was ihr hier lest, mehr als meine persönliche Ansicht, die in nullster Weise Anspruch erhebt auf Alleingültigkeit. Sie ist nur *eine* Ansicht von vielen. Sie mag Elemente enthalten, die ihr akzeptieren könnt, und die erst und nur im Vergleich mit anderen Ansichten ein runderes Bild ergeben – euer persönliches Lebensbild.

Was ich mit dem vorliegenden Band erreichen möchte, ist, euer Selbstbewußtsein zu stärken, euch zu Eigenverantwortung anzuregen und autark zu machen als ein Versuch zur Selbstbefreiung von gesellschaftlichen Zwängen und Zivilisations-Schäden.

Ich möchte eine Survival-Kreativität vermitteln, die euch helfen soll, den Alltag zu überleben: Mit Wissen, Können, List, Trick und Witz. Vielleicht gelingt es mir.

Rüdiger Nehberg

P.S.

Ganz besonders danke ich meinem Bruder Volker für die Erarbeitung des statistischen Wissens. Viele Ergebnisse einer von ihm aufgebauten und ausgearbeiteten Umfrage über Verhaltensweisen junger Leute sind in meine Ausführungen eingeflossen, ohne jedesmal speziell gekennzeichnet zu sein. Außerdem danke ich:

Angelika Falkus und Eltern für praktische Mitarbeit bei Versuchen.

Dirk Bruster sei Dank für die Durchführung der Umfrage.

Lars Nicolaysen für seine Assistenz bei den Survival-Kursen.

Frank Jester für die sorgfältigen technischen Versuche.

Margrit Ludwig für die geduldige mehrmalige Tipparbeit.

Franca La Marca für den kostenlosen Intensiv-Sprachunterricht.

Klaus Lucht für viele gute Ratschläge.

Claus Möller und
Klaus Friedemann für die geduldige Demonstration der Feuerwerkzeugherstellung im Rahmen der Jugendkurse.

All jenen Kursusteilnehmern, Hörern und Lesern, die mit Anregungen meine Arbeit bereichert haben.

Meinem Mitarbeiterteam, das mir Freizeit zum Austüfteln der Survival-Ideen gewährt und den Betrieb florieren läßt, als wäre es ihrer.

Joachim Jessen und
Detlef Lerch fürs konstruktive Lektorieren.

Marian Kamensky für die herrlichen Zeichnungen voller eigener Ideen, Witz und Hingucke.

Und schließlich, aber not least,
meiner Frau Maggy, die mir nach wie vor erlaubt, nicht immer zu Hause sein zu müssen.

1. Teil
No Future

»Schaut euch eure Welt doch nur mal an!«

Und wenn ich wüßte, daß morgen die Welt unterginge, pflanzte ich heute noch ein Apfelbäumchen.
Martin Luther

Kriegsgefahr

»Null Bock auf Zukunft!«
Dieses aktuelle Schlagwort, mit dem viele Menschen ihre Kapitulation vor der scheinbaren Aussichtslosigkeit einer lebenswerten Zukunft eingestehen, ist verständlich. Keine Nachrichtensendung vergeht ohne neue Schreckensmeldungen. Milliardenbeträge werden für immer mehr Militärbasen und für wirkungsvollere Waffensysteme ausgegeben. Ein Sprayer hatte es erfaßt: »Auch die Zukunft ist nicht mehr das, was sie mal war.«
Nüchtern betrachtet, hat es Bedrohung durch Krieg schon zu allen Zeiten gegeben. Immer hatten Menschen voreinander Angst, schlugen sie sich tot. Kain erschlug den Abel, die Heere Dschingis Khans, Caesars, Napoleons und Hitlers verbreiteten Schrecken und Tod. Und auch die letzten noch relativ freilebenden Indianerstämme im Norden Brasiliens oder die Afar-Nomaden in Äthiopien fallen heute noch in »schöner« Regelmäßigkeit übereinander her.
Der Unterschied zwischen all diesen und der heutigen Situation ist dennoch ein gewaltiger. Der dritte Weltkrieg dauert nur wenige Minuten, und in dieser kurzen Zeitspanne wird er mehr Schaden anrichten als alle Kriege der Welt zu allen Zeiten zusammen. Die Erde würde weitflächig oder völlig unbewohnbar werden. Sekunden entscheiden über Sieg oder Niederlage. Weltweit sitzen Experten mit dem Finger am Auslöseknopf, um im Falle des Angriffs des Gegners sofort mit dem Gegenschlag reagieren zu können.
Die Gefahr, daß durch Übernervosität, Geistesgestörtheit, Geltungssucht oder Größenwahn, also durch menschliches Versagen, die erste Bombe zur Explosion gebracht wird, ist ebenso groß wie die Gefahr technischen Versagens.
Wen wundert's also, wenn unzählige, besonders junge Menschen ohnmächtig resignieren und »null Böcke auf nix« mehr haben!?

Doch – in welcher Situation auch immer: Resignation ist kein Ausweg aus dem Dilemma. Resignation beschleunigt die Abläufe. Resignation ist der Anfang vom Ende. Wer aufgibt, hat bereits verloren. »Ich geh' kaputt. Gehste mit?« ist der falsche Leitspruch.
Auch die Propagierung des totalen Pazifismus, in der Hoffnung darauf, der Gegner würde zu Tränen gerührt sein und sofort mitziehen, halte ich für wahnwitzig, für Selbstmord. Solche Gegner gibt es nicht. Sogar Papst Johannes Paul II. verkündete in seiner Botschaft zum Weltfriedenstag (1983): »Derjenige, der den Frieden zutiefst will, wird sogar – so paradox dies auch klingt – jeden Pazifismus zurückweisen, der nur Feigheit oder eine simple Wahrung der Ruhe sein würde.«
Politik ist harter Egoismus. Viele Regierungschefs und die hinter ihnen stehenden Interessengruppen sind machthungrig und größenwahnsinnig. Sie schrecken vor nichts zurück, wenn sie sich einen Vorteil erhoffen. Es fehlt der wirkliche Wille zum Frieden, daran ändern auch die endlos tagenden internationalen Ausschüsse nichts, wo palavert, gefeilscht und getrickst wird. Nur gehandelt wird nicht, obwohl in allen Ländern dieser Welt die Friedenssehnsucht wächst und sich immer mehr Menschen zusammenschließen und fordern: »Entrüstet Euch!«
Die Lösung für uns ist, das zu tun, was wir in unserem Bereich tun können, um friedliche Entwicklungen zu fördern. Vom Einzelgespräch, über die Gründung von Aktionsgruppen, bis hin zum Einstieg in die Berufspolitik sind uns in den demokratischen Ländern keine Grenzen gesetzt. Vor allem sollte man nie unterschätzen, welche Kraft der einzelne Mensch besitzt.
Führt euch einfach mal vor Augen, daß auch Leuten wie Jesus und Mohammed, Tschernenko und Reagan der Lebensweg keineswegs vorgezeichnet war durch Erbschaft. Wenn auch nicht jeder Mensch Präsident eines der beiden derzeitigen Machtblöcke werden kann, so zeigt das Beispiel aber die Möglichkeiten, die man als Individuum hat.
Du mit deinem Talent hast womöglich das Zeug zum Fußballstar. Du wirst eine begeisterte Anhängerschaft um dich scharen und hast auf diese Weise eine gewisse Macht.
Bei mir sind es die Reisen und die daraus resultierenden Möglichkeiten, beispielsweise über dieses Buch, zu euch zu sprechen. Und das möchte ich. Denn die Sehnsucht nach Frieden ist nicht mein Monopol. Ich traf sie weltweit. Sogar bei Völkern, die gerade erbitterte Kriege miteinander ausfochten. Dort im kleinen wie hier im großen erwartet man den ersten Schritt zum Frieden aber immer vom anderen. Das chronische Mißtrauen, die Angst vor Prestigeverlust, die Furcht, bei einem Rückzug oder beim Abbau des Rüstungssystems einen Schwachpunkt zu

schaffen, den der Gegner brutal ausnutzt, lähmt die Vernunft, blockiert sinnvolles Handeln.
Sinnvolles Handeln setzt Zivilcourage, Großmut, Vertrauen – aber auch eine gewisse Überlegenheit voraus. Wie heißt ein Graffito: »Laßt den Krieg in Frieden!«
Und nun krieg das mal einer alles unter einen Hut!

Überbevölkerung

Unbegrenztes Wachstum paßt nicht in eine begrenzte Welt.
E. F. Schumacher

Der zweite große Problemkreis ist die Überbevölkerung. Der Wald muß dem Acker weichen, um die Mäuler zu stopfen, und der Acker weicht dann den expandierenden Städten. Die Monokultur Mensch überwuchert den Globus. Das ökologische Gleichgewicht kracht aus den Angeln.
Einer Lösung, gerade auch für die besonders betroffenen Länder, steht vieles im Wege:

- Religionen, die die Geburtenregelung verdammen
- Sozialstrukturen, die die Alten vieler Länder zwingen, Kinder in die Welt zu setzen, um am Lebensabend versorgt zu sein
- Die Unfähigkeit und der Unwille der hochindustrialisierten Länder, das Nord-Süd-Gefälle zu überwinden.

Selbst die ärztliche Kunst kann dort zum Problem werden, wo die übrige Versorgung mit der medizinischen nicht Schritt hält. Einen Ausweg aus diesem Dilemma exerziert uns China vor. Das Land, in dem noch vor einer Generation ein großer Kindersegen Tradition war und als erstrebenswert galt, hat sich radikal neuen Gesetzen unterworfen. Heute werden Ehepaare bestraft, die mehr als zwei Kinder in die Welt setzen. Belohnt und gefördert werden solche, die eins oder keins haben. Aber nur so wäre ein Bevölkerungsrückgang möglich, der human ist, der nicht Kriege oder Krankheiten als Regulativ einbezieht.

Umweltzerstörung und Umweltschutz

*Natur war bisher etwas, das immer
verfügbar war. Das ist vorbei.*
Hoimar von Ditfurth

Zuviele Menschen haben zuviele Ansprüche. Beinahe täglich stirbt eine Tierart aus. Das sensible Welt-Gleichgewicht ist kraß gestört. Unmittelbar vor unserer eigenen Haustür sieht die »Rote List der gefährdeten Tiere und Pflanzen in der Bundesrepublik Deutschland« (Kilda-Verlag, 4402 Greven 1, 270 Seiten, einhundertundsiebzig Zoologen und Botaniker haben sie erarbeitet) 1983 so aus: Von 255 Vogelarten sind 133 (52 %) entweder ausgestorben oder aktuell bedroht. Von den Säugetieren 54 %, 71 % der Süßwasserfische, 47 % der Schnecken, 41 % der Großschmetterlinge und 42 % der Käfer.

»Wir jagen in zweihundert bis dreihundert Jahren die fossilen Brennstoffe (Öl, Kohle) in die Luft, die die Natur, die Fotosynthese in 400 Millionen Jahren geschaffen hat!« Senator Hansjörg Sinn in einem Interview des Hamburger Abendblattes.

Im Zeitraum von nur ein oder zwei Generationen (eine Generation = zwanzig Jahre) wird es kaum noch Bodenschätze, kaum noch intakte Natur geben, wenn der Weltverbrauch weiter so ansteigt wie bisher – so jedenfalls Dennis Meadows in seiner Studie. Menschlicher Geist muß Neues erfinden, vor allem muß er sich etwas einfallen lassen, die verpestete Atmosphäre und verseuchten Wasser zu reinigen sowie der Atom- und anderen Müllberge Herr zu werden. Eine Lawine von Problemen rollt bereits auf unsere Nachfahren zu. Eine Lawine, die wir Erwachsenen ins Rutschen gebracht haben, und aus der sich unsere Kinder wieder ausgraben sollen, wenn sie überleben wollen.

Obwohl die Situation scheinbar hoffnungslos ist, obwohl sie ein Kampf des David gegen Goliath ist, muß doch jeder einzelne sein möglichstes tun, die Katastrophe zu verlangsamen, sie aufzuhalten.

Greenpeace, die mutige, unkonventionelle Organisation für eine bessere Welt, hat unter anderem folgende Ratschläge ausgearbeitet, die jeder von uns leicht befolgen könnte:

Umweltschutz fängt (vor allem) *bei uns selber an:*

Gebrauchte Batterien gehören auf keinen Fall in den Hausmüll, weil sie bei der Müll-Weiterverarbeitung hochgiftige Schwermetalle wie Quecksilber, Blei und Cadmium freisetzen. Geben Sie alte Batterien und Knopfzellen dort ab, wo Sie sie gekauft haben. Die Händler führen sie der Sonderverwertung zu.
Gehen Sie maßvoll mit Waschmitteln um, oft genügt schon die Hälfte der vom Hersteller angegebenen Dosierungsmenge. Wenn Sie nach dem Motto »viel hilft viel« arbeiten, belasten Sie Ihren Geldbeutel und die Umwelt. Waschmittel enthalten einen hohen Anteil an Phosphaten, die die Algen im Wasser düngen. Gelangen große Phosphatmengen ins Wasser, vermehren sich die Algen explosionsartig und zehren den gesamten im Wasser gelösten Sauerstoff auf. Die Folge: Kleinlebewesen und Fische gehen an Sauerstoffmangel zugrunde. Fragen Sie beim Einkauf nach Waschmitteln ohne Phosphate oder nach einem Mittel, das einen niedrigen Phosphatanteil hat.
Lassen Sie Bier und Erfrischungsgetränke in Dosen im Regal stehen, wenn es dieselben Getränke auch in Flaschen gibt. Die Herstellung von Aluminium kostet viel Energie und seltene Rohstoffe, und es fallen große Mengen des giftigen Abfallproduktes Rotschlamm an. Außerdem wird Fluor an die Luft abgegeben. Ziehen Sie Pfandflaschen, die Sie zurückgeben können, den Einwegbehältern vor.
Gießen Sie niemals Altöl in den Gully, ins Waschbecken oder in die Toilette. Schon ein einziger Liter Altöl kann eine Million Liter Wasser so verschmutzen, daß es nicht mehr trinkbar ist. Geben Sie Altöl an Ihrer Tankstelle oder bei Altöl-Sammelstellen ab.

Diese Liste kann jeder beliebig für sich fortsetzen.
Umweltschutz ist auch, nicht alles zu besitzen, was man sich leisten kann.
Umweltschutz ist, sich nicht von Werbung einlullen zu lassen, die dir

weismachen will, daß du rückständig bist, wenn du nicht das neuere Modell besitzt, das doch »so unsagbar viele Vorteile« vorzuweisen hat. Das gilt in gleichem Maße für die Mode: Mini, Maxi, Midi. Weite Hosenbeine, enge Hosenbeine. Spitze Schuhe, stumpfe Schuhe.
»Das trägt ›man‹ nicht mehr« – ist eine der Redewendungen, die dich, wenn du ihr unterliegst, entmündigt.
Umweltschutz im allerkleinsten kann noch so bedeutungslos erscheinen und ist doch so wichtig. Du kannst doch deinen Abfall sammeln und ihn nicht in die Natur werfen. Du kannst langsam statt schnell mit dem Auto fahren. Du kannst Umweltorganisationen wie Greenpeace mit deiner Mitgliedschaft stärken. Du kannst einen Ziegel in den Wasserkasten deiner Toilette legen und Wasser sparen oder gar duschen statt wannenbaden, und du kannst alle unnötigen Lampen ausschalten, wenn du dein Zimmer verläßt.
Mit einiger Aufmerksamkeit werden dir auf Anhieb weitere Möglichkeiten einfallen, aktiv diese Erde zu schützen. Bleib ständig wachsam und kritisch und neuen positiven Erkenntnissen aufgeschlossen!
Eine nicht zu unterschätzende Gefahr für die Umweltzerstörung ist die besonders ausgeprägte Fähigkeit des Menschen, sich veränderten, auch verschlechterten Umweltbedingungen anzupassen. Nicht von ungefähr hat gerade er sich von allen Lebewesen dieses Erdballs am rabiatesten durchgesetzt: zu Lasten der restlichen Natur. Und nun zu Lasten seiner selbst. Bis eines Tages eine weitere Anpassung nicht mehr möglich ist.
Wie unglaublich schnell die Erde ihrem Kollaps entgegensteuert, zeigt besonders eindrucksvoll ein Beispiel aus dem »Überlebenslesebuch« des Rowohlt-Verlages: »Der Planet Erde existiert seit etwa 460 Milliarden Jahren. Bringt man diesen unvorstellbaren Zeitraum in eine verständliche Größenordnung, dann läßt sich die Erde mit einem 46 Jahre alten Menschen vergleichen! Von den ersten 7 Jahren seines Lebens ist nichts bekannt. Während es lediglich bruchstückhafte Informationen über den mittleren Abschnitt gibt, wissen wir, daß die Erde erst im Alter von 42 Jahren zu blühen begann. Die Dinosaurier und die großen Reptilien tauchten gerade vor einem Jahr auf, die Säugetiere erschienen erst vor 8 Monaten. Mitte vergangener Woche verwandelten sich die menschenähnlichen Affen in affenähnliche Menschen, und letztes Wochenende überzog die Eiszeit die Erde. Den heutigen Menschen gibt es gerade seit vier Stunden. Während der vergangenen Stunde hat er den Ackerbau erlernt, und vor einer Minute begann die industrielle Revolution. Während dieser 60 Sekunden ist es dem heutigen Menschen gelungen, aus einem Paradies eine Abfallgrube zu machen. Er hat sich bereits so stark fortgepflanzt, daß Nahrung und Lebensräume knapp werden,

das Aussterben von 500 Tierarten verursacht, den Planeten auf der Suche nach Brennstoffen heimgesucht und steht jetzt wie ein dummes Kind vor den entsetzlichen Auswirkungen seines kometenhaften Aufstiegs, am Rande eines Krieges zur Beendigung aller Kriege und vor der wirkungsvollen Vernichtung dieser Oase des Lebens im Sonnensystem.«

Gegen diesen gewaltigen, fast unausweichlichen Sturz in den ökologischen Selbstmord erscheinen Anstrengungen einiger Einzelpersonen oder auch gut organisierter Gruppen ziemlich hoffnungslos. Doch während die Lage sehr ernst ist, kann mittlerweile dennoch Mut durch das stete Anwachsen der Umweltschutzbewegungen in vielen Teilen Europas geschöpft werden.

Ein Beispiel für eine Umweltschutzorganisation ist »GREENPEACE«. Zu Greenpeace hier ein paar Extrazeilen.

Nicht jeder ist ein Kämpfer. Nicht jeder kann sich für alles engagieren, überall mitmachen, wo es angebracht wäre. Er würde letztlich auf mehreren Hochzeiten tanzen, seine Dynamik splitten, sich verzetteln, eine mögliche Wirkung würde verpuffen wie ein Tropfen auf dem heißen Stein.

Also sollte man sich für einen oder einige wenige Hilfsaktionen entscheiden und seinen Einsatz darauf konzentrieren.

Wer da meint, heute noch ohne Engagement leben zu können, weil es ihm im Moment gutgeht, hat entweder sein Herz oder sein Hirn verloren.

Mir imponiert Greenpeace, weil ihre Aktionen immer gewaltlos sind. Sie behindern, blockieren, stellen sich mit eigenem Leib schützend zwischen Bedroher und Bedrohte.

Greenpeace ist international (Anschrift im Anhang) und scheut auch Aktionen im Ostblock nicht. Zur Zeit arbeiten sie an folgenden Themen:

- 10jähriges Fangverbot für Wale
- Verringerung der Fangquoten für Robben
- Stopp der weiteren Verschmutzung unserer Gewässer durch Chemiemüll und Atomabfälle
- Stopp aller Atomwaffentests.

Die Eigendefinition der Organisation sieht so aus:

»GREENPEACE ist davon überzeugt, daß die Notwendigkeit, das ökologische Gleichgewicht wiederherzustellen, so dringend ist, daß es unsinnig wäre, auf die herkömmliche Art politisch Einfluß zu nehmen, um Ergebnisse zu erzielen. Durch intensive Öffentlichkeitsarbeit und direkte Aktionen, die zum Ziel haben sollen, sowohl unter körperlichem Einsatz als auch mit Hilfe der Medien der breiten Öffentlichkeit einen bestimmten Mißstand vor Augen zu führen, macht GREEN-PEACE Umweltprobleme bekannt. Unser Ziel ist es, den Menschen eine neue, umweltbewußte Denkweise zu vermitteln. Weiterhin wollen wir durch unsere Arbeit Druck auf Behörden, Firmen und Politiker ausüben, damit Veränderungen eintreten. Grundsätzlich wird so lange an jedem Thema gearbeitet, bis eine Verbesserung eintritt.«

Ernährungslage

> *Alle dreißig Sekunden werden in den Entwicklungsländern hundert Kinder geboren, von denen zwanzig schon innerhalb des ersten Jahres sterben.*
>
> Überlebenslesebuch, rororo

Katastrophaler Hunger dort. Butterberge, Überfluß und Lebensmittelvernichtung hier bei uns.
Ein verhungernder Inder könnte sein Leben mit zehn Pfennigen um einen Tag verlängern. Wir bezahlen ohne zu zögern zwanzig bis hundert DM für ein Menü.
Aber wie ist dem Unverhältnis beizukommen? Bestimmt nicht, indem man den Hungernden ständig Almosen zuschanzt. Solcherart Hilfe darf allenfalls kurzfristiger Natur sein. Wichtig ist die Behebung der Ursachen des Übels: Überbevölkerung, ungerechte Sozial- und Wirtschaftsstrukturen, Abhängigkeit von Industriegiganten, traditionell begründete, aber unergiebige Anbau- und Zuchtmethoden und Pflanzenverschwendung für die Fleischproduktion. So ergeben z. B. sieben pflanzliche Getreidekalorien nur durchschnittlich eine einzige Tierkalorie (Fleisch, Milch ...)!
Oder: Zehn Ar Land ›produzieren‹ soviel Rindfleisch, daß ein Mensch neunzehn Tage davon leben könnte. Würde man statt dessen Getreide auf diesem Land anbauen, könnte er 217 Tage davon leben. Würde man aber Sojabohnen anpflanzen, könnte er sich 549 Tage ernähren! Die Zukunft der wachsenden Menschheit liegt ganz offensichtlich in der Reduzierung des Fleisch- und in der Mehrung des Pflanzenkonsums.
Unter dem Titel »Europäer ›ißt‹ Bauernhof«, schrieb die »Neue Westfälische« am 9.2.1981: »London (dpd). Eine Kuh, sieben Rinder, sechs-

unddreißig Schweine, sechsunddreißig Schafe, fünfhundertundfünfzig Hühner, Enten oder Truthähne – das verspeist nach Angaben des britischen Wissenschaftlers Alan Lonb ein Westeuropäer in seinem Leben. In der Fachschrift ›New Scientist‹ meint Lonb, wenn die Menschen statt dessen die Pflanzen verzehren würden, die zur Aufzucht dieser Tiere notwendig seien, könnten nicht nur fünfmal so viele Menschen ernährt werden, sondern sie selbst würden auch gesünder leben.«

»Es nervt mich unheimlich ...«

> *Das größte Übel, das wir unseren Mitmenschen antun können, ist nicht, sie zu hassen, sondern ihnen gegenüber gleichgültig zu sein. Das ist die absolute Unmenschlichkeit.*
> *George Bernard Shaw*

Elternhaus

Wenn es schon für zwei Personen schwer ist, unter einen Hut zu kommen, so wird es um so schwieriger, je mehr Menschen es sind, je größer die Familie ist.
Für gar nicht so wenige Jugendliche ist die Familie die Hölle. Sie sind kaum auf der Welt, da wird ihnen schon beigebracht, wie dankbar sie den Eltern dafür zu sein haben.
Unter Schmerzen habe man sie geboren und nun sollen sie es »mal besser« haben. Ein Kind zu erwarten, es zu gebären, es zu haben, ist für viele Menschen aber dann doch, zumindest in den ersten Jahren, ein Wunder. Sind diese Kinder zudem sichtbar gut geraten, halten sich die Erzeuger gar für wahre Genies, für Künstler, für Experten. Ist der Nachwuchs erst da, entwickeln einige Eltern plötzlich eine wahre Affenliebe: »Engelchen darf alles.« Es wird verhätschelt, mit Geschenken überhäuft, die jeweils modischen Erziehungsmethoden werden angewandt. Stundenlang werden mit anderen Kindermachern Erfahrungen ausgetauscht, und jeder Elternteil ist zu guter Letzt davon überzeugt »Ich bin der größte!«. Oft ist er nur der größte Narr. Er merkt nicht mehr, wie sein Nachwuchs ihm auf dem Kopf herumtanzt, wie er sich vor aller Welt einschließlich seiner Kinder lächerlich macht. Vor allem aber erweist er seinem Nachwuchs keinen Gefallen damit, wenn er ihn verhätschelt. Er macht ihn, im Gegenteil, lebensunfähig. Sehr treffend formulierte das die Aachener Bürgermeisterin und Ärztin Prof. Dr. med. Waltraut Kruse. Man solle Kinder nicht »wie den aussterbenden Laubfrosch« hüten, sondern auf die Lebensaufgabe vorbereiten. Je mehr übertriebenen Schutz jemand bekommt, desto stärker ist er in seiner Selbständigkeit eingeschränkt, desto weniger Freiheit und Selbstverantwortlichkeit hat er. Ob mit Strenge, mit Affenliebe, oder mit Mi-

schungen aus allem und sonstigem: für viele Kinder bedeutet das Elternhaus den Beginn eines Weges in die Ausweglosigkeit oder gar in die Hölle.
Aber es gibt auch noch eine ›schwarze‹ Seite im Kapitel Erziehung. Da werden die Kinder nicht geliebt, sondern gehaßt. Sie werden geschlagen, gefoltert, getötet. Allein in der Bundesrepublik sterben jährlich mehr als tausend Kinder an den Folgen solcher Torturen.
Einige allerdings drehen den Spieß um. Nach der Devise »Du sollst Vater und Mutter ehren, und wenn sie dich schlagen, sollst du dich wehren« – revanchieren sie sich, sobald sie es körperlich können, für die Jahre der Demütigungen, des Unverständnisses und beginnen nun ihrerseits zu quälen oder zu töten.
Zwar schlagen gerade heute im Zeitalter ständig wachsenden Selbstbewußtseins immer mehr Kinder zurück – aber im großen und ganzen sind sie die Schwächeren, und es sind die Eltern, die sich selbstherrlich und selbstgerecht aufspielen.
»Da waren wir früher ganz anders!«
»Also, diese Jugend heutzutage ...!«
Man trauert den guten alten Zeiten nach und beklagt die »unmögliche, rücksichtslose, dumme, kriminelle Jugend von heute«. Bei etwas mehr Objektivität müßten sich diese Erwachsenen eingestehen, daß es auch zu ihren Zeiten nicht anders war. Es war überhaupt nie anders. Solange es Geschichtsschreibung gibt, gibt es auch ähnliche Aussprüche: So beklagte sich Sokrates (von seinem Schüler Plato, 427–347 vor Christus, festgehalten): »Unsere Jugend liebt den Luxus, hat schlechte Manieren, verhöhnt die Autorität und hat keinen Respekt vor dem Alter. Unsere Kinder sind Tyrannen, sie widersprechen den Eltern und peinigen die Lehrer.«
Wer solche Verallgemeinerungen losläßt, muß sich sagen lassen, daß er seine eigene Jugendzeit entweder vergessen oder gründlich verdrängt hat.
Solange Kinder parieren, solange sie kuscheln und kuschen, solange ist die Welt in Ordnung. Sobald sie eine eigene Meinung entwickeln, gibt's Zoff.
Daß Kinder selbständige Wesen sind, wird ignoriert. Sie werden als Eigentum im wahrsten Sinne des Wortes betrachtet.
Meine Umfrage bei Jugendlichen ergab für solche Familienprobleme interessante Lösungsansätze: Die meistgewünschten Eigenschaften der Eltern wurden angegeben mit: Verständnis, Rücksicht, Toleranz. Dann folgten: Vertrauen, Offenheit und Ehrlichkeit.
Auf einen einfachen Nenner gebracht, sagen die Jugendlichen: »Die El-

tern sollen uns so leben lassen, wie sie selbst in ihrer Jugend am liebsten gelebt hätten.« Und der arabische Dichter Khalil Gibran schrieb dazu ein Gedicht:

> Eure Kinder sind nicht eure Kinder. Es sind die Söhne und
> Töchter von des Lebens Verlangen nach sich selber.
> Sie kommen durch euch, doch nicht *von* euch;
> und sind sie auch bei euch, so gehören sie euch doch nicht.
> Ihr dürft ihnen eure Liebe geben, doch nicht eure Gedanken,
> denn sie haben ihre eigenen Gedanken.
> Ihr dürft ihren Leib behausen, doch nicht ihre Seele,
> denn ihre Seele wohnt im Hause von
> Morgen, das ihr nicht zu betreten vermöget, selbst nicht
> in euren Träumen.
> Ihr dürft euch bestreben, ihnen gleich zu werden, doch suchet
> nicht, sie euch gleich zu machen.
> Denn das Leben läuft nicht rückwärts, noch verweilet es
> beim Gestern.
> Ihr seid die Bogen, von denen eure Kinder als lebende Pfeile
> entsandt werden.
> Der Schütze sieht das Zeichen auf dem Pfade der Unendlichkeit,
> und Er biegt euch mit Seiner Macht, auf daß Seine Pfeile
> schnell und weit fliegen.
> Möge das Biegen in des Schützen Hand euch zur Freude gereichen;
> denn gleich wie Er den fliegenden Pfeil liebet, so liebt Er
> auch den Bogen, der standhaft bleibt.

Bedenken sollte jedes Kind jedoch eins: So ungefragt es in die Welt gesetzt wurde, so unabänderlich muß es damit fertig werden. Auch Eltern sind ungefragt geboren worden, auch sie müssen mit dem Leben fertig werden. Die einen schaffen es relativ gut, die anderen lassen sich von den vielfältigen Gesellschaftszwängen besiegen, geben ihre Persönlichkeit auf und sinken herab zu Klischees, Hörigen, Arschkriechern und Speichelleckern.
Bei Schwierigkeiten zwischen Eltern und Kindern helfen nur offene Gespräche und Toleranz. Aber sie nutzen nichts, wenn einer der Beteiligten abblockt. Wenn dir dein Leben im Elternhaus unerträglich erscheint, bleibt die Möglichkeit der Trennung. Freiwillig wird man dich

oft nicht gehen lassen, also mußt du dir auswärts Hilfe suchen. Zunächst bietet sich das Gespräch mit einem befreundeten Menschen an. Oft sind sein Trost, sein Rat, seine Rückenstärkung schon wertvolle Hilfen.
Wenn dieser Freund aber selbst noch jung ist und auf deine Eltern keinen Einfluß hat, mußt du weitersuchen. Verwandte, der Pastor oder der Lehrer deines Vertrauens wären solche Helfer, die man in Betracht ziehen könnte. Gibt es in diesen Kreisen jedoch niemanden, oder schlug ihre Vermittlung fehl, oder fürchtest du gar, durch deren Fürsprache noch mehr Ärger oder Tätlichkeiten, dann sind da verschiedenste staatliche und halboffizielle Organisationen, die zuverlässig weiterhelfen. In jeder größeren Stadt gibt es ein Amt für Jugendschutz und den Kinderschutzbund.
Schlagt also in den Telefonbüchern unter dem Stichwort »Kinderschutz« nach.
Im Hamburger Telefonbuch von 1983/84 stehen fünf solcher Anschlüsse einschließlich des »Kindersorgentelefon«. Ruft diese Nummern vertrauensvoll an. Ihr braucht nicht eure Namen zu nennen. Denkt nicht »Alle Erwachsenen halten zusammen«. Wenn das so wäre, sähe die Welt noch schlimmer aus.
Am anderen Ende der Strippe sind Fachleute, die alle Möglichkeiten kennen, euch wirksam zu helfen. Nicht nur mit Rat, sondern auch mit Tat. Sie haben die nötigen Kontakte zu Psychologen, Ärzten und Unterkünften, in die ihr flüchten könnt, wo ihr betreut werdet, wenn ihr es zu Hause nicht mehr aushaltet.
Und wenn ihr dann eines Tages selbst in diesen Kreislauf geratet und Kinder habt, dann flippt nicht gleich aus und haltet euch nun nicht euerseits für die größten. Denn »Vater (oder Mutter) zu werden ist nicht schwer, Vater (oder Mutter) zu sein, dagegen sehr« – sagt eine alte Weisheit.

Einfühlungsvermögen.
Aufeinander eingehen.
Mut zum Leben.
Ernst nehmen.
Unterstützen.
Akzeptieren.
Annehmen.
Tolerieren.
Einfühlen.
Offen sein.

> Ermutigen.
> Verstehen.
> Eingehen.
> Zuhören.
> Da sein.
> Helfen.
>
> (aus »Schluß«)

Schule

> *Wie sollen wir lernen, was ihr wißt, ohne zu werden, wie ihr seid? Weg mit dem Lehrer! Freier Blick zur Tafel!*

Immer nur einer kann der Primus sein. Ihm folgen die »Guten«, dann der große Troß des Durchschnitts, und hinter diesem blinken die »Schlußlichter«.
Wer *nicht* über dem Durchschnitt rangiert, mag weder Schule noch Lehrer, zumindest liebt er sie nicht. Jemand, der in der Klasse nicht mitkommt, wird auch vom Lehrer schnell abgeschrieben. Der Lehrer, für dessen Fach man sich nicht interessiert, fühlt sich meist abgelehnt, ist beleidigt und revanchiert sich mit den ihm zur Verfügung stehenden Mitteln: Er gibt dir, deinem Interesse, deinem Können entsprechende Noten. Und wer, deshalb um so mehr, Lehrer und Schule nicht ausstehen kann, wird weiter absinken in seinen Leistungen. Daß man fürs Leben, für sich lernt und nicht für Schule und Lehrer, ist vielen jungen Menschen noch nicht recht bewußt. Schule ist für sie leidige Pflicht. (Schülerweisheit: »Schule macht Spaß. Aber wer kann schon immer Spaß vertragen?«) Zu welchen Leistungen der Mensch fähig ist, erkennt derjenige, der gelobt wird. Plötzlich steigen Glücksgefühl und Selbstbewußtsein und damit auch Eifer, Aufnahmefähigkeit und Leistung.
Wie sehr man sich auch einem sympathischen Lehrer zuliebe anstrengt, habe ich an mir selbst immer wieder bis in die Gegenwart hinein erfahren, wenn ich Kurse besuchte. »Stimmten« die Dozenten und ihre Methoden, dann lernte ich unvergleichlich besser.

Kurse haben der Schule gegenüber zwei wesentliche Vorteile. Man belegt da Fächer, für die man sich interessiert. Man trifft dort grundsätzlich seinesgleichen und ist also viel motivierter als der Schüler, dem die Eltern Latein aufgezwungen haben. Dazu kommt, daß man Kurse wechseln kann, wenn der Lehrer oder die Methode einem nicht zusagen.
Und das ist eins der Probleme der Schulen. Hier wird Unterricht nach Richtlinien erteilt, die unmöglich Tausenden von verschieden veranlagten Schülern zusagen können. Ein solches Programm kann es einfach nie geben. Und wenn man sich als Schüler darüber im klaren ist, ist man vielleicht auch eher geneigt, in einem Fach mitzuarbeiten, das einem wenig oder nichts sagt.
Wenn alle Anstrengungen dennoch ausschließlich in Mißerfolgen enden, muß man auch hier die Konsequenzen ziehen: in eine Parallelklasse oder andere Schule wechseln, ein Jahr wiederholen oder, wenn das Mindestsoll von neun Schuljahren erfüllt ist, ganz abgehen.
Viele Eltern stehen solchen Wünschen sehr skeptisch und gar völlig ablehnend gegenüber. »Das hätte es bei uns nicht gegeben ...« und dann kommt der Spruch von »wir früher«. Dabei sollte man sachlich beleuchten, daß sich seit früher manches verändert hat. Der Schüler von heute hat zwar ein gewisses Mehr an Freiheit und schönere, freundlichere Schulen. Die erniedrigende Prügelstrafe ist abgeschafft, Eltern- und Schülerräte wurden »angeschafft«. Demokratische Schülerzeitungen mit viel Geist und Pfiff wurden gegründet. Trotz allem ist der Schüler in letzter Konsequenz den Lehrern völlig ausgeliefert. Zuviele Bewertungen sind dehnbar, sind interpretationsfähig. Ob man für einen Aufsatz eine Eins oder nur ein Befriedigend erhält, – wird sich immer begründen lassen. Selbst in Mathe, einem wirklich präzisen Fach kann man noch Minuspunkte einheimsen für mangelhafte Beteiligung im Mündlichen.
Als Mutter oder Vater sollte man auch daran denken, daß heute an den Schulen mehr gelehrt wird als zu den eigenen, als zu allen Zeiten. Es hat in manchen Fachbereichen derartige Wissensexplosionen gegeben, daß selbst Experten mit dem Stoffzuwachs nicht Schritt halten können. Sie können sich nur noch durch äußerste Spezialisierung auf dem laufenden halten.
Nach Peter Lauster (»Lassen Sie sich nichts gefallen«, rororo, 7176) brauchte die Menschheit von 1800 bis 1900, also genau einhundert Jahre, um ihr Wissen zu verdoppeln. Dieser Wissensstoff verdoppelte sich bis 1950 abermals, in nur noch fünfzig Jahren. Die nächste Verdopplung erfolgte dann in zehn Jahren, die darauffolgende benötigte nur noch sechs Jahre.

Lauster schreibt: »Ein Student, der 1960 sein Studium aufnahm, stand nach Abschluß seines Examens 1966 vor der doppelten Wissensmenge als bei Studienbeginn. Kein Wunder, daß die meisten Akademiker vor interdisziplinärer Betrachtungsweise zurückschrecken und sich resignierend in die Laufbahn des Fachidioten schicken.« Der Leistungsdruck auf unsere Schüler ist entsprechend. »Streß« ist der große Stöhner der Gegenwart. Und nicht nur bei Schülern.

Ständige Weiterbildung ist ebenso wichtig wie der bestmögliche Schulabschluß. Lernen hört nie auf im Leben! Gerade die Chance der Weiterbildung durch Kurse ist in der Bundesrepublik Deutschland vorbildlich ausgebaut worden. Schaut nur mal in die Programme der Volkshochschulen!

Ich bin auch sicher, daß mit einem wachsenden (und notwendigen) Interesse an SURVIVAL automatisch ein steigender Wunsch nach mehr und vielschichtigerem Wissen ausgelöst wird.

»Du...«   »--«
»Hey Du...«   »Ja?«
»Dich meine ich.«   »Was ist denn?«
»Ich finde...«   »Ja?...«
»Ich finde...«, man sollte wieder mehr miteinander reden.«   »Mmmh...«
»Mmmh?...«   »Das finde ich auch...«
»Nun?...«   »Mmmmh...«
»Richtig ist es auf jeden Fall.«   »Ja sicher.«
»Mmmmmh...«   »--«
»Was ist?...«   »Ich finde, wir sollten das erst mit unseren Leuten besprechen.«
»Eine sehr gute Idee.«   »Ja...«
»Dann...bis dann.«   »Ja...bis dann.«
»Mmmh...«   »Mmmh...«
»--«   »--«
»----«   »Du...«

Klaus Altepost

Liebe und so ...

›Liebe und so‹ ist schön und ganz sicher nicht nur für die ›Erwachsenen‹ da. Warum sage ich das so, ein Kapitel über das Radfahren oder den Zeltaufbau würde ich doch sicherlich nicht so beginnen? Es liegt daran, weil wir jetzt ein Thema anschneiden, das so angstbesetzt ist wie kein anderes. Bevor ich aber aufschreibe, was ich zur Liebe und zur Sexualität zu sagen habe, möchte ich vorab eine Einschränkung loslassen. Ich bin ganz sicher nicht und will auch nicht *der* Ratgeber in diesem Bereich für dich sein, denn da gibt es viel kompetentere Leute als mich, und deren Bücher und Aufsätze und Hilfe mußt du in Anspruch nehmen. In jeder Bibliothek findest du entsprechende Bücher, und sicherlich werden dir die Bibliothekare gern Auskunft geben. Ich kann hier nur einige persönliche Ansichten zum besten geben und eine generelle Warnung: laß dich nicht ins Bockshorn jagen, denn auf keinem Gebiet wird so viel geschummelt mit Erklärungen, Warnungen und Angstmacherei.

Aber nun los.

Im Alter von 12–15 Jahren wandelt sich auf einmal die Welt. Die Mädchen sind für die Jungen und die Jungen sind für die Mädchen interessant geworden. Was ist passiert? Wieso reagieren die Erwachsenen auf einmal so seltsam? Warum gibt es auf einmal keine direkten Antworten mehr auf direkte Fragen? Und was passiert mit einem selbst? Die Zeit der Pubertät beginnt. Die Mädchen bekommen eine Brust, ihre Regel, es wachsen die Haare an der Scheide und unter dem Arm, und die Jungen kommen in den Stimmbruch, und es sprießen ebenfalls die Haare: am Penis, unter den Achseln und am Kinn.

Wie heißt es doch so schön: das Mädchen wird zur Frau, der Junge zum Mann.

Ich erinnere mich nicht gern an meine Pubertät, denn ich fühlte mich nicht wohl. Sicherlich hatte es damit zu tun, daß ich mich zwischen ›Baum und Borke‹ fühlte, nicht Fisch und nicht Fleisch. Aber wirklich schwerwiegend war wohl, daß zu meiner Zeit (hört sich gut an, was?) noch weniger ›darüber‹ gesprochen wurde als heute. Und so war ich allein mit meinen Fragen, mit meinem Trieb, mit meinem Wunsch zu lieben und geliebt zu werden, mit meinen Wünschen, Hoffnungen und Ängsten. Die Erwachsenen schwiegen oder erklärten mir, es gebe wichtigeres für einen jungen Mann, nämlich die Konfirmation abwarten, die Schule beenden und sich einen guten Beruf auswählen. Kurzum, ich wurde behandelt, als hätte ich keine Sexualität. Warum handeln Eltern so? Wissen sie nicht, was durch ein solches Verhalten beim Jugendlichen

angerichtet wird? Nein, wir müssen einsehen, daß viele Eltern nicht böswillig so handeln. Sie selbst sind so erzogen worden, sind voller Angst bei ›diesem Thema‹, denn es kann so leicht etwas ›passieren‹. Aber statt zu sprechen, wird der Mund verschlossen, höchstens noch wird von ›bösen Folgen‹ gemunkelt. Die Männer wollen von den jungen Mädchen nur ›das Eine‹, den jungen Männern droht Blödheit und Rückenmarkschwund, wenn sie onanieren – und und und ... Natürlich ist das alles Quatsch, denn Sexualität ist nicht Kinderkriegen, Sünde oder ewige Verdammnis. Selbstverständlich könnt ihr ein Kind kriegen, wenn ihr miteinander schlaft aber nicht vorsorgt, doch es gibt Verhütungsmittel und ihr müßt euch informieren, die Jungen genauso wie die Mädchen. Es ist wichtig, Bescheid zu wissen. Ganz gleich, ob du schon mit deinem/deiner Freund/Freundin schläfst oder nicht, es willst oder nicht. Das eine ist eine Frage des Wissens, das andere eine der freien Entscheidung. Denn bei der ›Liebe und so‹, da sollte es keinen Zwang geben. Weder gibt es den Zeitpunkt, wo man unbedingt schon mit einem Mädchen/Jungen geschlafen haben muß, noch einen Zeitpunkt, ab dem man darf. Der Zeitpunkt, zu dem du bereit bist, den wirst du schon mitbekommen, ob aber deine Freundin/dein Freund auch schon so weit ist, das wird sich zeigen. Die Bereitschaft muß in jedem Fall vorhanden sein, nie darfst du einen anderen Menschen zwingen, noch dich zu etwas zwingen lassen, was du nicht willst.
Kein Mädchen ist feige, nur weil es beim Petting nicht mitmachen will – und natürlich auch kein Junge. Laß dich weder von den Angstmachern noch von den Angebern kirre machen. Such deinen eigenen Weg. Wenn man dir keine Antwort gibt, dann frag andere, informiere dich nicht nur an einer Stelle, sondern ziehe viele Stellen zu Rate. Wäg ab und überprüfe, du bist doch nicht blöd.
Ich weiß, es ist (auch heute noch) ein Dschungel, durch den du dich da schlagen mußt.
Fast jede Illustrierte bietet nackte Frauen schon auf der Titelseite an, die Werbung langt ebenfalls kräftig in die Sex-Kiste, ein Pop-Sänger, der auf sich hält, wandet sich hauteng in Leder, damit sein Genitalbereich kräftig zur Wirkung kommt, und die meisten Sängerinnen lassen ihr Lied durch feuchtglänzende Lippen träufeln, das alles wirkt auf dich ein, nur von den Auswirkungen will keiner etwas wissen. Ganz schön schizophren, was? Aber so ist es. Und weil unsere Gesellschaft so schizophren ist, empfinden viele Menschen ihre Sexualität nicht als schön, nehmen sich als sexuellen Menschen nicht an. Lust vermischt sich mit Unlust, Neugier mit Angst, Wunsch mit Ekel und Trieb mit Abwehr – und es ist diese Vermischung, die überdeutlich anzeigt, daß wir keines-

wegs *frei* sind, wenn es um Liebe und Sexualität geht. Die Krakeeler in den Medien bestätigen durch ihre angebliche Freizügigkeit nur den traurigen Tatbestand, sie kastrieren uns und machen uns zu Voyeuren. Dich mit allen deinen Widersprüchen anzunehmen, muß dein Ziel sein – auch in der Liebe und Sexualität. Drücke deine Störgefühle nicht beiseite, sondern versuche herauszubekommen, welche Ursachen sie haben. Dabei helfen Bücher, Gespräche mit Freunden oder Fachleuten (Beratungsstellen im Anhang). Du hast die Möglichkeit, dich zu informieren. Nutze sie. Mehr kann ich dir nicht sagen.

Beruf und Lehrstelle

Einer der entscheidensten Schritte ins Leben ist die Berufswahl. Eine Fehlentscheidung bedeutet, irgendwann neu anfangen zu müssen, bedeutet verlorene Jahre, erneutes Untenanfangen. Dennoch wird das Umlernen immer noch besser sein als lebenslänglich einer unbefriedigenden Tätigkeit nachzugehen.
Über die besondere Bedeutung richtiger Berufs- oder Studienwahl muß sich der junge Mensch grundsätzlich im klaren sein. Leider müssen viele diese wichtige Entscheidung bereits in jungen Jahren treffen, wo ausgeprägte Neigungen noch nicht so deutlich entwickelt und erkennbar sind. Man schwärmt für typische Traumberufe/Studienplätze und vergißt die Nachteile, die sie mit sich bringen: Überangebot an Interessenten, größere Schwierigkeiten, sich bei so viel Konkurrenz durchzusetzen, schlechtere Verdienstchancen, da Mitbewerber gegeneinander ausgespielt werden.
Berufswahl sollte man deshalb nüchtern betreiben. Anhand des Branchenbuches einer Großstadt und über das Arbeitsamt mit seinen Gesamtberufsverzeichnissen erfährst du, was an Berufen überhaupt existiert. Ob es sich dabei um Lehrberufe handelt, ob dafür ein Studium erforderlich ist oder ob man sich das Wissen anders aneignen muß, erfährst du beim Arbeitsamt und den Handels- und den Handwerkskammern.
Hast du auf diese Weise erste Entscheidungen getroffen, heißt es, sich näher über die Berufe zu erkundigen. Zum Beispiel: Was wird da verlangt? Erfülle ich geistig und körperlich die nötigen Voraussetzungen? Habe ich die Chance, einen Ausbildungsplatz und danach einen Arbeitsplatz zu bekommen? Hat der Beruf auch in Jahrzehnten noch Zukunftsaussichten?

Wenn sich das alles mit Ja beantworten läßt, kann der nächste Weg der zum Berufsberater sein. Es gibt ihn beim Arbeitsamt, aber auch bei den genannten Kammern. Für den Gesprächstermin mußt du gut vorbereitet sein. Je mehr du über den geplanten Beruf im voraus weißt, desto besser kannst du in diesem Gespräch fragen. Beschaff' dir zunächst beim Arbeitsamt das sogenannte »Berufsbild« und aktuelle Broschüren, wie z. B. »mach's richtig« oder »Step«

Damit kannst du wichtige Erkenntnisse gewinnen, die das anschließende Beratungsgespräch erfolgversprechender machen. Schreib dir Fragen, die du in diesem Zusammenhang hast, auf, weil du sie sonst womöglich vor Aufregung vergißt.

Wenn die Chance besteht, in deinem Wunschberuf ein Praktikum zu machen, dann nimm sie wahr! Die besten Schriften sind nichts gegen selbstgesammelte Erfahrungen. Die meisten Lehrlinge, die bei mir in der Konditorei arbeiten, haben wir über das Praktikum kennengelernt. Sie merkten, daß der Beruf ihren Vorstellungen entsprach, und wir sahen, daß der betreffende Jugendliche zu uns paßte.

Dort, wo die Praktica nicht von den Schulen durchgeführt werden, solltest du zumindest mal eine Woche deiner Schulferien opfern. Es kann die wichtigste Woche deines Lebens werden. Viel schlimmer ist es, ungesehen einen Beruf zu beginnen und erst in der Probezeit (die ersten drei Monate der Lehre) den Irrtum festzustellen. Wenn man dann nämlich aussteigt (was gar kein Problem ist), wird man kaum noch eine geeignete Ersatzstelle finden, die ist dann längst besetzt.

Gefährlich ist es, des sofortigen Geldverdienens wegen Arbeiten zu beginnen, für die keine Ausbildung erforderlich ist. Dann ist man sogenannter Hilfsarbeiter und viel ›anfälliger‹ für Entlassungen als ein Facharbeiter.

Wenn Geldmangel in der Familie das Motiv für die Hilfsarbeiter-Wahl ist (und nicht Geldgier), sollte man auch das unbedingt mit dem Berufsberater durchsprechen, weil es unter gewissen (sich ständig ändernden) Voraussetzungen staatliche Zuschußzahlungen für Ausbildungen und Studien gibt.

Wer trotz aller Bemühungen keinen Ausbildungsplatz bekommen hat, muß nicht resignieren. Er kann vielleicht noch weiter zur Schule gehen. Er hat die Möglichkeit, ein Berufsgrundbildungsjahr anzuhängen oder einen einjährigen Lehrgang des Arbeitsamtes. Weitere Vorschläge sind, ein »freiwilliges soziales Jahr« zu absolvieren, einen anderen Beruf in Erwägung zu ziehen und – für Mädchen – einen der typischen »Männerberufe« zu ergreifen.

Hast du dich schließlich festgelegt, kommt die Bewerbung. Schreib sie rechtzeitig! Ich erhalte Bewerbungen mitunter schon zwei Jahre vor dem beabsichtigten Lehrbeginn. Grundsatz: Lieber zu früh als zu spät. In Kleinbetrieben erscheint mir als Erstkontakt ein persönlicher Besuch besser als das Schreiben. Respektiere, daß der Chef nicht gerade dann Zeit hat, wenn du auftauchst. Frag nach ihm. Den Namen hast du dir vorher beschafft. Namen sind wichtiger als das einfache »Guten Tag« oder in Briefen das nüchterne »Meine sehr geehrten Damen und Herren«.

Nenne Gründe, warum du dich für diesen Beruf und für diesen Betrieb entschieden hast und frage, ob die Möglichkeit besteht, einen Termin für ein Vorstellungsgespräch zu bekommen. Wenn er niemanden braucht (oder du nicht sein Typ bist), wird er dir das irgendwie sagen, und du sparst dir die Hoffnung und das oftmals lange Warten auf die Beantwortung deiner Bewerbung.

Wenn er dich hingegen für geeignet hält, wird er dir einen Termin geben oder dir das Gespräch sofort anbieten. Sei also auch darauf vorbereitet und habe deine schriftliche Bewerbung auf jeden Fall bei dir, weil sie nötig ist, den Eindruck, den du persönlich machst, abzurunden, zu untermauern.

Auf jeden Fall finde ich es taktisch klüger, den Erstkontakt persönlich und nicht schriftlich herzustellen, auch schon deshalb, weil es immer schwieriger ist, von Angesicht zu Angesicht eine Absage zu erteilen als schriftlich. Natürlich mußt du dir der Ausstrahlung deiner Erscheinung, deiner Persönlichkeit sicher sein. Jemand, der da schlampig aussieht, sich verschüchtert in der Ecke herumdrückt, der nicht lächeln kann, der einen schweißigen, laschen Händedruck hat und dem Gesprächspartner nicht in die Augen schauen kann, wird weniger Erfolgsaussichten haben, als der, der sich nicht so verhält. Überzeuge dein Gegenüber davon, daß er mit dir einen zuverlässigen Mitarbeiter gewinnt. Denn das ist es, was jeder Arbeitgeber sucht. Du selbst möchtest ja auch nicht nur einen windigen Tagesjob, sondern eine solide, zuverlässige Ausbildung über mehrere Jahre. Arbeitsverhältnisse sind Verträge auf Gegenseitigkeit.

Laß dich nie herab, arschkriecherisch zu werden oder/und unter Tarif zu arbeiten. Dann hast du lebenslänglich verspielt. Tarife sind Pflicht-Mindestleistungen. Wenn du dich darunter anbietest, kannst du, logisch, nicht viel wert sein. Falls ein Arbeitgeber sogar so weit geht, daß er von *dir* Geld für die Lehre fordert, dann melde das sofort dem zuständigen Berufsverband. Möglichst mit Beweisen. Denn leider gibt es gerade in Zeiten der Not immer wieder solche asozialen Elemente, die den Lehrstellenmangel rücksichtslos ausnutzen. Und andererseits gibt es

Eltern, die sogar inserieren »Biete 10000,– DM für Lehrstelle als ...«
Was müssen das für armselige Eltern und Kinder sein, was für verhätschelte Kreaturen, die anders keine Chance haben?!
MERKE: Lehrstellenkauf. Wenn die Eltern für die Ausbildung ihres Sohnes dem Lehrherrn eine Entschädigung gezahlt haben (sogenannter Lehrstellenkauf), können sie das Geld auch dann zurückverlangen, wenn sie wußten, daß solche Geschäfte verboten sind. (Bundesarbeitsgericht 5 AZR 46/81)
Ebenso entscheidend wie deine persönliche Erscheinung ist die schriftliche Bewerbung. Mach sie lieber eine Nummer zu gut, denn du mußt Mitbewerber damit aus dem Rennen werfen. Das klingt und ist rücksichtslos. Aber unser derzeitiges Gesellschaftssystem basiert auf Leistung.
Versuch es mal mit dieser Version:
Kauf dir im Papierhandel einen Schnellhefter, auf den du, wie auf einem Buch, sauber den Titel druckst (am besten sogar mit selbsthaftenden Buchstaben):

Bewerbung

und klein darunter deinen Namen: (z. B.) Claudia Close
Wenn man die Akte aufschlägt, geht es im Buchstil weiter.
1. Blatt Erneut der Titel: *Bewerbung*
    und unten, klein und deutlich, deine Anschrift
    einschließlich Telefon
2. Blatt *Inhaltsverzeichnis*
    1. Bewerbung   Seite 3
    2. Handgeschriebener, tabellarischer Lebenslauf   Seite 5
    3. Lichtbild   Seite 6
    4. Schulabgangszeugnis   Seite 7
    5. z. B. Sportdiplom   Seite 8
    6. z. B. Kursus-Zeugnisse   Seite 9
    7. frankierter Rückumschlag

Dann folgen diese Dinge in genau der Reihenfolge auf unnumerierten Seiten.
Der wichtigste Teil der Bewerbung ist das Bewerbungsschreiben.
Wie schon gesagt:

Die Anrede »Sehr geehrte Damen und Herren«, obwohl der Chef, wie jeder weiß, Laumeier heißt, ist schlecht. So weit sollten deine Erkundigungen gehen, daß du – wie immer im Leben – den Namen deines Ansprechpartners weißt, weil der eigene Name das Lieblingswort eines jeden Menschen ist. Schreib also locker und dennoch seriös: Guten Tag, sehr geehrter Herr Laumeier, ...
Dann erkläre ihm, wie du's beim Gespräch getan hättest:

- daß du diesen, seinen Beruf erlernen möchtest, weil ...
- daß du in seinem Betrieb tätig sein möchtest, weil ...
- daß du diese und jene Qualifikation mitbringst

und vor allem biete auch an:

- daß du sowohl jederzeit zu einem persönlichen Gespräch bereit bist
- und zu einer einwöchigen, kostenlosen Arbeitsprobe in Form eines Praktikums.

Da viele Menschen ungern schreiben (vor allem die in Kleinbetrieben), biete an,

- daß ein Anruf genügt,
- auf Wunsch auch deine Eltern mitkommen könnten (sofern dir das recht ist)
- und vielleicht legst du einen frankierten, beschrifteten Rückumschlag bei. Nicht, weil du ihn für geizig hältst, sondern weil ihm das Arbeit erspart.

Daß dies alles, fein säuberlich zusammengeheftet, nicht mehr geknickt werden darf und in einen entsprechend großen Umschlag muß, ist wohl klar oder?
Die eindrucksvollste Bewerbung, die ich je erhielt, war in dieser Form gestaltet. Die schlechteste war ganze DIN A 5 groß. Da stand zunächst meine Anschrift, von der sowohl Name wie die Straße falsch waren. Dann folgte, getippt, »Sehr geehrte/r ...« Auf die Pünktchen hatte der Aspirant dann per Hand geschrieben »Herr Neberch«.
Ein Satz bekundete mir sein Interesse, mit uns arbeiten zu wollen, und dann schloß der Brief bereits mit »Hochachtungsvoll! ...« Und wieder hatte er dann auf die Pünktchen nur ein Wort gekritzelt: seinen Namen. Wahrscheinlich hatte ihm irgendeine gute Fee diesen Entwurf gemacht und gesagt »so oder so ähnlich mußt du das machen«. Der Einfachheit halber hatte er den Zettel fotokopiert, und dann jeweils nur noch die Anrede und seine Unterschrift auf die Pünktchen gesetzt und eine Massensendung daraus gemacht.
Aber auch persönliche Vorstellungen können aufschlußreich sein. Da tauchte einmal ein sechzehnjähriger Junge in unserer Backstube auf.

Erster Eindruck: Ungepflegt und lahm, Hände in den Taschen, Augen irgendwo an der Decke.
Er wolle Konditor werden. Wie er denn darauf käme, fragte ich ihn. »Ja, das meinte der da auf dem Arbeitsamt.« »Und wie kam der darauf?« »Wir haben da so'n Test gemacht.« »Kannst du mir den Test mal näher beschreiben?« »Ja, Fragen beantworten, und dann mußte ich so'n Draht biegen, und als er das sah, da meinte er, ich soll Konditor werden.«
Bei Großunternehmen sind Fragebogenaktionen gang und gäbe. Von einfachen Ermittlungen der Personalien, über Intelligenztests bis hin zur Indiskretion und Unverschämtheit ist alles möglich. Da müßt ihr oft sehr schnell und mit gewissem Stolz entscheiden, ob und wie weit ihr euer Intimleben aushorchen und zum Eigentum solcher Firmen degradieren lassen wollt. Manchmal, allerdings ist das selten, kann es sich um Fangfragen handeln, die euer Selbstbewußtsein testen sollen. Seid also dabei besonders wachsam und fragt auch nach solchen Erfahrungen den Berufsberater, der sicher alle Arten von Fragebogen kennt.
Ein Bewerber, der in dieser Weise vorgeht, der außerdem ohnehin eine gewisse Vielseitigkeit und damit Flexibilität und geistige Wendigkeit vorzuweisen hat, müßte eigentlich eine reelle Chance auf einen Arbeitsplatz haben. Natürlich geht das zu Lasten der Schwächeren, die in solch hartem Existenzkampf den kürzeren ziehen.

»Ich häng' voll durch ...«

*Das Wort, das dir hilft, kannst du
dir nicht selber sagen.*
Äthiopisches Sprichwort

Ein großer Teil der Menschen sucht in seiner Unausgeglichenheit Hilfe bei Mitteln, die ihm schaden. Und davon soll hier die Rede sein.

Nikotin

Der Junge fühlt sich als Mann, das Mädchen als Frau. Mit der Zigarette in der Hand wollen sie die Lebensphase der Unsicherheit, die Pubertät, demonstrativ überspringen. Kind möchten sie nicht mehr sein, aber erwachsen sind sie auch noch nicht. So imitieren sie die Gewohnheiten der Erwachsenen.

Leute ohne Selbstbewußtsein und Selbstdisziplin oder einfach ungebildete, glauben, daß Rauchen die Lösung aus dem Dilemma bedeuten könnte. Andere kommen über die Neugier auf den Geschmack, und gar nicht wenige saugen Ansätze zur Sucht schon mit der Muttermilch ein, wenn die Mutter starke Raucherin war.

Es ist nun nicht etwa Absicht meiner Schreibe, den großen Mahner raushängen zu lassen. Das steht mir nicht zu. Ich möchte nur einmal den Werdegang ableuchten, der zum Suchtmittel führt. »Information statt Vorurteil«, wie es in der Schrift »15 Sekunden zum Nachdenken« der Bundeszentrale für gesundheitliche Aufklärung heißt. Ihr habe ich viele Anregungen entnommen.

15 Sekunden zum Nachdenken – das ist nämlich die kurze Spanne, die vom Anzünden des Streichholzes bis zum ersten Zigarettenzug vergeht. Fünfzehn Sekunden, die dir wie eine Zeremonie vorkommen. Sie beruhigen dich, verdecken deine Nervosität. Druck, der dich belastet, fällt ab. Du riechst den Rauch, spürst den parfümierten Geschmack, bist beschäftigt, abgelenkt – das ist das, was dir als Vorteil erscheinen mag. Du bietest den Umstehenden mit selbstverständlicher Geste eine deiner Zigaretten an, bist dadurch bei anderen Rauchern beliebt, akzeptiert

und kriegst Kontakt – auch mit dem anderen Geschlecht. Du fühlst, wie momentane Müdigkeit verschwindet, die Unlust sich legt. Das ist nicht einmal ein Trugschluß. Du wirst tatsächlich angeregt, weil das Nervengift Nikotin in kleinen Dosen zur Anregung der Hirntätigkeit führt. Bei höheren Mengen erreichst du jedoch das Gegenteil. Du wirst schlapp.
Nun könntest du denken: »Ich bleibe bei der kleinen Ration – also belebt sie mich.«
Aber lies erst mal weiter.
Vielleicht glaubst du auch, daß du nun ganz der sportliche, aktive Typ bist – weltoffen, selbstsicher, modern. Tausend Meilen würdest du laufen auf durchgetretenen Sohlen – wenn der Zigaretten-Automat nicht so nahe hinge und du das deshalb nicht unter Beweis zu stellen brauchst.
Wenn du erst mal länger diesem Laster frönst, wirst du die tausend Meilen kaum noch schaffen. Und schon gar nicht, wenn du sie wieder zurücklatschen mußt. Denn beim starken Raucher (mehr als 20 Zigaretten pro Tag) – nun die wissenschaftlich begründeten Nachteile – ist die Lunge, sind die Atemwege bereits so sehr in Mitleidenschaft gezogen, daß du nach Jahren starken Rauchens nicht mal mehr aus fünfzehn Zentimetern eine Kerze ausblasen kannst!
Daß Nikotin giftig ist, und wie sehr es das ist, wirst du ahnen, wenn du erfährst, daß es ein gebräuchliches Pflanzenschutz- und Insektenvernichtungsmittel ist. Fünfzig mg töten einen Menschen, wenn er es auf einmal nimmt. Es ist fast so giftig wie Blausäure.
Die Werbung versucht dir zu suggerieren, daß »leichte« Zigaretten oder solche, die »leicht im Rauch« sind und außerdem mit Superfilter versehen, gleichsam auch die Gefahren rausfiltern, beseitigen. Das ist nicht der Fall, weil neben dem Nikotin auch das Verbrennungsprodukt Kohlenmonoxid schädlich ist. Und dann ist da noch der Teer, mit dem vor allen der Kippenraucher seine Lunge asphaltiert. Raucher sind anfälliger gegen bestimmte Krankheiten und leben kürzer.
Es beginnt mit Kurzatmigkeit und steigert sich zu Reizhusten. Lungen- und Bronchialkrebs mit dem Finale Tod sind die Fortsetzung. Sie sind unter den Männern der BRD die häufigste und bösartigste Geschwulstform. Sie können auch entstehen durch Luftverschmutzung. Neunzig Prozent der festgestellten Lungenerkrankungen betrafen jedoch Raucher.
Zigarettenrauchen belastet das Herz, weil es dafür sorgt, daß das Adersystem sich verengt oder gar schließt. Um den Körper dennoch mit dem nötigen Sauerstoff (im Blut) zu versorgen, muß die liebe Pumpe mehr Power geben. Und irgendwann schafft sie es nicht mehr. Sie wird unnötig ständig überanstrengt und »leiert« aus. Alles hat seine Belastbar-

keitsgrenzen, wie der Motor deines Autos. Herzinfarkte, Amputationen, Magenkrebs, bei Frauen Unfruchtbarkeit oder Totgeburten – das sind einige weitere mögliche Folgen.

Nicht zu unterschätzen ist die Nebenwirkung durch den Rauch auch auf Nichtraucher. »In einem geschlossenen PKW können Kohlenmonoxid-Konzentrationen erreicht werden, die über dem Dreifachen der gerade noch verträglichen Gasmenge liegen.« (Bundeszentrale für gesundheitliche Aufklärung) Die Folge: Stark reduziertes Reaktionsvermögen und erhöhte Unfallgefahr.

Viele Autofahrer haben inzwischen ihren Wagen mit dem Aufkleber »Nichtraucher« versehen. Auf vielen Veranstaltungen einigt man sich, nicht zu rauchen. Die gegenseitige Rücksichtnahme hat erfreulicherweise zugenommen. Und jeder Raucher sollte solche Bitten respektieren.

Es ist schwer, sich all das in fünfzehn Sekunden zu durchdenken. Aber »kernigen« Rauchern stehen diese fünfzehn Sekunden ja immer wieder zur Verfügung. Summa summarum: Stundenlang können sie darüber grübeln, garantiert kürzer zu leben und qualvoller zu sterben aber dafür – oh Vorteil! – einen für sie spürbaren, ständigen Genuß zu empfinden, der ihnen ein verkürztes Leben wert ist. Wer das nicht will, der merke sich:

Volkshochschulen, Hypnotiseure, Interessengemeinschaften und die Bundeszentrale für gesundheitliche Aufklärung, Postfach 91 01 52 in 5000 Köln 91, bieten Raucherentwöhnungskurse an, die den »Patienten« wirksam und dauerhaft von seiner Sucht und Sehnsucht befreien.

Alkohol

> *Wir trinken, um unsere Sorgen zu ertränken, aber wir haben das Gefühl, daß die Dinger schwimmen können.*
>
> *Trinker-Weisheit*

Zeigt das Nikotin eine stimulierende Wirkung relativ dezent, so erlebt man die des Alkohols mit Wucht. Und deshalb nehmen ihn viele so gern. Sie haben Hemmungen und sind unter Alkoholeinfluß geselliger, kontaktfreudiger. Sie haben Kummer, und der »verschwindet« nach ein paar Gläschen. Sie wollen keine Außenseiter sein und halten mit, wenn

die Sprüche fallen: »Zum Wohle!«, »Sei kein Frosch!«, »Auf einem Bein da steht man schlecht!«
Die tollgefüllte Hausbar schindet Eindruck. Wer einen ausgibt und wer trinkt, ist ein ganzer Kerl, ein kumpeliges Weib. »Einer kann nicht schaden!«
Und einer, ein einziger, kann wirklich von Nutzen sein. Er weitet die Blutgefäße, wärmt, beschwingt, stimuliert, löst, entspannt – ist Medizin. Erst die Menge macht das Gift. Das gilt selbst für herrlichste Genußmittel.
Reaktion und Konzentration lassen nach und werden schließlich ganz abgeschaltet. Das Gehirn wird blockiert und die Grenze vom Genußmittel zum Rauschmittel ist überschritten. Man ist nicht mehr Herr seiner Sinne.
Und wird aus dem gelegentlichen Trinken erst eine Gewohnheit, dann ist auch schnell die Grenze vom Alkohol als Medizin zum Alkohol als Gift erreicht. Man wird abhängig.
Leberschäden, Bauchspeicheldrüsen-Entzündungen und Herzgefäß-Erkrankungen sind mögliche Folgen. Magen, Zwölffingerdarm und die Nerven revoltieren.
Es gibt Riesentabellen, wann wer von welchem Alkohol genug hat. Dabei ist die Faustregel ganz simpel: Wer etwas Verstand hat, merkt selbst, wann Alkohol zu wirken anfängt. Und schon beim ersten spürbaren Zeichen einer Wirkung sollte man den Mut haben und sagen: »Nein, danke! Ich habe genug.«
Viele schaffen diesen Absprung nicht. Ein einziges Glas zuviel – und der Körper gehorcht dem schwächer werdenden Willen nicht mehr. Er verliert die Selbstkontrolle.
Obwohl sie nach dem unmäßigen Trinken sich übergeben müssen und Kopfschmerzen haben, obwohl sie dem Körper dankbar sein sollten, daß er ihnen über dieses Alarmsystem kundtut, daß ihnen der Alkohol nicht bekommt, wird bei nächster Gelegenheit »volle Pulle« weitergebechert.
Die Endstation für viele Trinker ist das Delirium.
Da Alkoholismus immer auch eine Familienkrankheit und ein soziales Problem ist, unter dem alle Angehörigen und die Staatsgemeinschaft mitleiden, sollten Nichttrinker, schon im Eigeninteresse, Alkoholsüchtigen helfen, sich aus dem Sog zu befreien. Es ist völlig sinnlos zu schimpfen, aber sinnvoll, zu helfen.
Je früher, desto besser.
Je nach Grad der Krankheit dauert die Entwöhnungskur aber viel länger als beim Raucher, der sich das Rauchen abgewöhnen will. *Unter* sechs

Wochen ist beim Alkoholiker wenig zu machen. Manchmal dauert der Prozeß länger als ein Jahr. Und nie wieder im Leben darf ein ehemaliger Alkoholiker einen einzigen Tropfen Alkohol trinken. Nicht einmal eine likörgefüllte Praline! Wichtig für den solcherart Geheilten ist, daß seine Familie ihm weiterhin zur Seite steht.

Jugendliche sind insofern besonders gefährdet, weil sie körperlich noch nicht ausgereift sind. Sie haben gelernt, das »Trinken« zum Prestigeverhalten vieler Erwachsener gehört und kopieren es. Dazu kommen oft die genannten Probleme der Pubertät, die Ablehnung der Normen, der Leistungsdruck unseres Lebenssystems.

Das beste Mittel gegen Alkoholabhängigkeit sind harmonisches Zusammenleben und die Vorgabe guter Beispiele.

Erwachsene, die mit der betrunkenen Tochter schimpfen und die selbst bei jeder Gelegenheit einen bechern, sind unglaubwürdig und reizen geradezu zum Widersetzen.

Die DAK gibt in einem Ratgeber folgende Tips.

»Vorbeugen ist besser als heulen.«

Was ist zu tun?

- Wir müssen wieder den kritischen Umgang mit Alkohol lernen.
- Wir müssen den ausufernden Trinksitten, die im Grunde Trinkzwänge sind, mutig wehren.
- Wir müssen die Griffnähe des Alkohols einschränken, z. B. in den Betrieben, in Außenautomaten usw.
- Wir müssen konsequent die Jugendschutzbestimmungen beachten und auch überwachen.
- Wir brauchen breitgestreute Informationen über die Folgen des Alkoholmißbrauchs bis zu Unterrichtseinheiten für die Schulen.
- *Wir brauchen eine neue Gastfreundschaft*, bei der das Anbieten auch alkoholfreier Getränke etwas selbstverständliches ist.
- Wir allesamt müssen dem Alkohol sein fatales Image als Statussymbol nehmen.
- Wir sollten einen neuen Slogan praktizieren: Der starke Zecher ist keine starke, sondern eine schwache Persönlichkeit!

> • Wir dürfen den Abstinenten nicht abwertend belächeln, er könnte ein Alkoholkranker sein.

Darüber hinaus gibt es Hilfe bei vielen Verbänden, Einrichtungen und Selbsthilfegruppen, die Bedrängten mit Rat und Tat zur Seite stehen. Man kann sie über die Gesundheitsämter, Krankenkassen, über die Telefonbücher und Pfarrer erfragen (siehe Anhang).
Besonders aktuelle und auf Jugend zugeschnittene Aufklärungsschriften gibt es auch über die Jugendheime. Sie reichen vom Lehrheft bis hin zur Comic-Illustrierten mit dem vielsagenden Titel »Wenn's hochkommt, runterspülen?«
Na denn, Prosit!

Drogen

Beim ersten Mal merkst du eigentlich »gar nichts«. Die anderen in deiner Clique haben dir dieses erste Haschisch, vielleicht auch »nur« Marihuana, aufgedrängt. Du möchtest nicht nein sagen, weil sie es alle nehmen, du zu ihnen gehören und kein Außenseiter sein willst. Du folgerst daraus, daß du nichts merkst, daß es dann ja nicht so schlimm sein kann und steckst dir bald die nächste Hasch-Zigarette in den Kopf. Nun bist du zumindest bereits im Banne eines der beiden mildesten Rauschmittel, Marihuana und Haschisch. Wenigstens ein einziges Mal möchtest du die Wirkung erfahren und auch so albern sein wie die anderen, oder so auf den Putz hauen wie der Typ da, der voll »drauf« ist. Vielleicht erlebst du auch, daß du die Musik auf einmal körperlich fühlst, viel intensiver als sonst, daß du herrliche Träume hast.
Die paar Leutchen, die da traurig in der Ecke herumhängen oder die, denen übel wird, die in Angst und Panik geraten, zählen nicht. Die haben wohl außerdem einen zuviel gebechert oder Liebeskummer. Also echt, da ist man selbst ganz anders. Das hat man im Griff. »Und überhaupt, Haschisch ist ja, weiß Gott, noch immer diejenige Droge, die überhaupt nicht schadet. Man sollte den Verkauf legalisieren. Dann hören der Spuk und die Geheimniskrämerei auch auf.«
An diesen Argumenten ist Wahres. Es stimmt, daß Hasch körperlich unschädlich ist und nicht süchtig macht. Und wenn Tabak und Alkohol schon frei erhältlich sind, warum dann nicht auch das harmlose Ha-

schisch? Die Gefahr ist aber offenkundig. Hasch macht seelisch abhängig und damit dann doch körperlich, weil Seele und Körper zusammengehören (oder hast du die Seele in der Hosentasche?). Es kann zu psychischen Fehlreaktionen wie Halluzinationen, zu Angst und Panik kommen. Sogar bereits beim allerersten Mal – und das ist sicherlich Risiko genug. Wer Alkohol trinkt, will nicht unbedingt einen Rausch haben. Wer hingegen hascht, will den Rausch bewußt herbeiführen und ist unter seinem Einfluß so unberechenbar wie ein Betrunkener.
Holland, als einziges Land der Welt, bietet Hasch derzeit frei im Handel an. Die Vorteile sollen sein, eine Kontrolle über den Konsum zu gewinnen, dem Hasch den Prickel des Verbotenen zu nehmen und vor allem, Einfluß darauf zu gewinnen, daß nur absolut sauberes, unvermischtes Haschisch in den Handel gelangen kann.
Was aus dem Versuch wird, bleibt abzuwarten. Denn eigentlich ist man sich auch weltweit darüber einig, daß Hasch zumindest seelisch abhängig macht und die typische Einstiegsdroge ist für härtere Sachen bis hin zum Extrem, dem Heroin. »Die Vorstellung, daß Haschisch durch Gewöhnung automatisch das Umsteigen auf Heroin fast zwangsläufig vorbereitet, ist falsch. Doch vielen Haschisch-Rauchern werden früher oder später auch andere Dinge angeboten. Manchmal sind dann die Hemmungen gegenüber diesen anderen Drogen abgebaut: Man ist eher bereit, zu probieren.« (Aus »Szenen einer Clique«, Bundeszentrale für gesundheitliche Aufklärung, Postfach 910152, 5000 Köln 91.)
Aber auch derjenige, der mehr erleben will, dem Hasch und Marihuana nicht mehr ausreichen, der steigt um auf harte Sachen. Und *das* ist die besondere Gefahr. Von diesen Drogen gibt es keinen Absprung mehr, keinen Ausweg. Heroin macht sozusagen von der ersten Spritze an süchtig. Heroin ist dasjenige Opiat, das nicht einmal positive Eigenschaften für die Medizin aufweist, wie Opium oder Morphium, die immerhin – und wirksam – zur Schmerzbetäubung in schlimmen Krankheitsstadien genommen werden.
Wer die Folgen der Drogen *nicht* kennt, ist dumm. Und wer die Folgen des Giftes kennt und es trotzdem nimmt, will seine Probleme auf diese Weise verdrängen, weil er sie aus eigener Kraft nicht bewältigen kann. Solche Lebensschwierigkeiten können Angst vor Einsamkeit sein, Depressionen oder Mißerfolge. Aber auch Neugier und Langeweile sind die Auslöser.
»Unter dem Einfluß der Droge wird das persönliche Problem nicht mehr wahrgenommen. Es verschwindet, aber es wird nicht gelöst. Denn sobald die Drogenwirkung nachläßt, sind auch die alten Schwie-

rigkeiten wieder da.« (Bundesministerium für gesundheitliche Aufklärung)
Da der menschliche Körper – wie gegen so vieles – eine gewisse Immunität aufbaut, benötigt man immer mehr von der genommenen Droge oder sogar härtere, um den befriedigenden Rausch zu erleben.
In der Disco-Schickeria ist Kokain der große Renner. Es ist eine pflanzliche Droge, die aus Südamerika tonnenweise importiert wird. Man schnupft, ißt oder spritzt sie und Durst, Hunger, Müdigkeit sind wie weggeblasen. Glücksgefühl bis zur Euphorie kommt auf und man spürt, subjektiv, wachsende Energie, auch stärkeren Sexualtrieb. In Wirklichkeit läßt die Leistung nach. Auf Dauer kommt es zu Atemstörungen, Herzschwäche und Tod. Auf einem Plakat werden sämtliche Drogen sehr übersichtlich vorgestellt. Unter »Wirkungen und Folgen« steht bei Kokain: »Abmagerung, Verlust körperlicher Widerstandsfähigkeit, Bewußtseinsstörungen, Verwirrungszustände, Verfolgungswahn, Angst, Neigung zu Verbrechen, Selbstmordtendenzen. Deutliche seelische Abhängigkeit, Gewissenskonflikte, auf die Beschaffung von Stoff reduzierte Aktivität. Verlust des Selbstvertrauens. Trend zu Gewalttaten.«
Ähnlich sind die Folgen auch bei den anderen Drogen wie LSD, Opium, Morphium.
Wenn der Jugendliche in diesen Bannkreis geraten ist, kann er oft kaum noch selbst entkommen. Da entsteht für Freunde und Eltern die große Aufgabe und Pflicht, jedes noch so kleine Anzeichen wahr- und ernstzunehmen, das auf den geänderten Lebensstil hinweist. Das kann sich äußern in

- plötzlichem Abkapseln
- im Auftauchen völlig neuer Freunde
- Nachlassen schulischer Leistung
- Apathie
- Geldmangel
- Griff in die elterliche Kasse (um Stoff zu beschaffen)
- Neigung zu Kriminalität, um an Stoff zu gelangen
- Prostitution
- Mißachtung gesellschaftlicher Regeln
- Aufgabe des bisher betriebenen Sportes
- häufigem Lügen
- Unkonzentriertsein
- Gewichtsverlust
- feuchten, zitternden Händen
- extremen weiten oder engen Pupillen
- starrem Blick

- Schmerz- und Lichtempfindlichkeit
- Gereiztheit
- taumelndem Gang
- Einstichen an Unterarm, Handrücken, Ellenbeuge, Waden
- Schwitzen oder Frieren
- daß Durchfall und Verstopfung sich ablösen

Wegen solcher Folgen ist verständlicherweise jeglicher Umgang mit Drogen, vom Anbau bis zum Eigenverbrauch, unter Strafe gestellt. In manchen Ländern bis hin zur Todesstrafe. Diese Strafen gelten selbstverständlich auch für Deutsche, die in den betreffenden Ländern erwischt werden.

Wer helfen will oder Hilfe braucht, kann sich um Rat und Unterstützung an alle Drogen- und Familienberatungsstellen wenden. Deren Hilfe ist schnell und unbürokratisch. Anschriften stehen im Anhang.

Ersatzdrogen

Du fühlst dich maddelig, ausgepowert, bist »echt fertig«, hast Kopfschmerzen. Dabei mußt du gleich wieder los. Die Clique wartet, die Schule beginnt oder was sonst.

»Is' kein Problem«, denkst du, schluckst 'ne Schmerztablette und die Sache ist gelaufen, du bist wieder oberfit. Es lebe die Chemie!

Solche Situationen kommen immer mal vor. Der Körper beklagt sich und warnt dich: »Ich bin überlastet. Gestern – das war zuviel, ich brauche Schlaf.« Die tabakqualmverseuchte Luft auf der Party, der Alkohol, der wenige Schlaf – das sind vielleicht die Ursachen. Die Ideallösung wäre, diese Belastungen in Zukunft zu meiden, und die Folgen nicht chemisch zu regulieren. Du fühlst dich nach der Tablette wieder fit – aber das Erholungsbedürfnis des Körpers bleibt bestehen. Es wird lediglich vom Medikament übertönt, weil die schmerzempfindende Stelle im Gehirn, dein Nervensystem, lahmgelegt und das Herz mit Coffein auf Trab gebracht wird. Dieser schnelle, unkomplizierte Weg kann bald zur Gewohnheit werden. Jeder Körper bekommt zunächst mal von Muttern und Mutter Natur allerhand Reserven mit auf die Welt, die er hin und wieder anzapfen kann. Aber irgendwann rebelliert er. Er gewöhnt sich an die Medizin, warnt dich stärker und du mußt neue Wege suchen, sein Rebellieren auszuschalten. Bei Medikamenten liegt der »Vorteil« in ihrer leichten Beschaffbarkeit. Die ersten Schmerztabletten mit Coffein und beruhigenden Substanzen gibt's ohne Rezept. Ansonsten haben die Eltern sie im Schrank oder man nimmt mehr von den leichten – erhöht die Dosis. Und wieso kann das schlimm sein, wenn die Eltern das Zeug auch ständig schlucken?! Beruhigungs- und auch Schlafmittel und Appetitzügler bringen dem Gestreßten, dem Ängstlichen die scheinbare Hilfe. Sie dämpfen das Nervensystem, lösen die Angst und plötzlich geht er ganz cool in die gefürchtete Prüfung. In solchen einzelnen Situationen psychischer Not ist die Anwendung eines Medikaments auch sinnvoll. Nur darf man jetzt nicht alle täglichen Probleme damit meistern wollen. »Konflikte lassen sich nicht chemisch lösen!«, warnen die Ärzte.

Schlafmittel und Appetitzügler machen müde, apathisch und beruhigen dadurch. Doch gefährlicher ist ihre Einnahme, wenn man dann auch noch z. B. Auto fährt. Womöglich in Verbindung mit einem Gläschen Alkohol! Dann gib deinen Führerschein lieber gleich ab!

Aber auch als reines Schlafmittel darf eine Tablette immer nur die Ausnahme sein. Denn du schläfst einen künstlichen Schlaf, du kannst nicht träumen und gerade die Träume sind es, die die Entspannung bringen, die echte Erholung. Nach dem Tabletten-Tiefschlaf wachst du meist ziemlich kaputt auf. Ergründe also lieber die eigentlichen Ursachen deiner Schlaflosigkeit und versuche, sie zu beheben!

Als nächstes locken die Psychotonica. Das sind jene rezeptpflichtigen Pillen, die dich high machen. Und abhängig. Deshalb gibt es sie auch nur auf Rezept.

Sie sind der zweite Schritt, nach Appetitzüglern und Schmerz- und Schlaftabletten, auf dem Weg zur Drogenabhängigkeit.

Sie sind natürlich auch auf dem Schwarzmarkt erhältlich, aber da läufst du Gefahr, betrogen zu werden. Du zahlst zuviel und kriegst mitunter auch nur Schrott.

Wenn du aber eine große Reise vorhast: um die Welt rudern willst, auf einen »Zehn«tausender klettern – dann wird dir auch ein Arzt, der dich und deine Familie kennt, der Vertrauen zu euch hat, für deinen Überlebensgürtel Captagon und – als letzten Aufputscher – Pervitin verschreiben. Es liegt an dir, dieses Vertrauen nicht zu mißbrauchen und – auch in deinem eigenen Interesse – nur für den Extremfall aufzubewahren. Ich schleppe solche Mittel bereits zwanzig Jahre in meinem Notgürtel mit herum und habe erst ein einziges Mal davon Gebrauch gemacht – auf meinem Zwei-Monate-Marsch allein im brasilianischen Urwald – als ich, um einen viertel Zentner abgemagert, zügiger die rettende Zivilisation erreichen wollte. Alle zwei Jahre habe ich die Medikamente gegen neue ausgetauscht und die alten vernichtet.

Sehr beliebt, auch schon bei den ganz jungen Möpsen, sind die Schnüffelmittel. Das sind z. B. all jene Verdünnungsmittel, Farben (wie z. B. Nagellack) und Klebestoffe, die so »herrlich« riechen. Die Wirkung wird verstärkt, indem man die Stoffe in Plastiktüten schüttet und diese sich über den Kopf zieht. Die ätherischen Dämpfe atmet man ein und erreicht gewisse Hochgefühle. Der »Vorteil« dieser Stoffe liegt für den Jugendlichen in der leichten Beschaffbarkeit. Mit Schnüffeln erzielt man den billigsten Rausch. Und einen gefährlichen! Denn alle Schnüffelstoffe sind giftig! Nach sehr kurzem Rausch beginnen Übelkeit, Erbrechen und Kopfschmerzen. Dann folgt ein weiteres Hochstimmungsgefühl. Schnell erreicht man in seiner Plastiktüte eine Bewußtlosigkeit und den Erstickungstod. Nicht nur wegen Sauerstoffmangels, sondern auch weil die Gifte die Atmung lähmen und das Herz. Dauerhaft können Nervenschäden entstehen. Unter dem Einfluß der Schnüffelgase gestikulieren die Opfer wie die Weltmeister, zucken mit ihren Gliedmaßen wie beim Rock 'n' Roll und sind geistig weggetreten. Wenn man sie anspricht, können sie ängstlich und panisch reagieren.

Der neueste Hit, der heißeste Tip, heißt noch anders. Taschengeldknappe Schüler Norddeutschlands haben ihn »entdeckt« und wurden bundesweit über Rundfunk dringend aufgefordert, davon abzulassen. Wohl nach dem Motto »Jugend forscht«, schluckten sie giftige Vogelbeeren, Tollkirschen und Fliegenpilze! Und was sie für Anzeichen beginnenden Rausches hielten, war bereits der erste Schritt zum eigenen Sarg. Aber vielleicht hielten sie es mehr mit der Weisheit »Alle Pilze sind eßbar,* wenn auch manche nur einmal«.

Konsumterror

> *Bunter wohnen, härter arbeiten,*
> *schneller kaufen.*
>
> *Wandsprühspruch*

Ob man will oder nicht: Wer in dieser Gesellschaft lebt, muß sich ihren Zwängen unterwerfen. Mehr oder weniger. Auch der größte Individualist wird nicht nackt über die Straße laufen. Er trägt zumindest ein Hemd und eine Hose. Schon, um nicht Ärger mit der Polizei zu kriegen.

---

* Anmerkung des Autors: incl. Fußpilz, excl. Atompilz

Bestimmt ist die Hose eine Jeans. »Weil sie praktisch ist«, denkt der Träger. Er käme nicht auf die Idee zu glauben, »weil alle in einer Jeans rumlaufen«. Denn, man ist schließlich Individualist und nicht Sklave von Modetrends und Werbebossen. Und doch ist man's. Eben mehr oder weniger.

Der tägliche Konsumterror, der Geltungsbedürfnis und Habgier schürt, gehört in unser heutiges Leben, zu unserem derzeitigen Lebensstandard. Aus *allen* Lautsprechern, TV-Apparaten, Zeitungen und von den Hauswänden suggerieren uns »clevere« Werber, was wir brauchen. Vom betont sachlichen Text bis hin zu kriminell irreführenden, unlauteren Sprüchen. Die Spreu vom Weizen zu trennen, erfordert Erfahrung. Und die bildet sich erst im Laufe der Jahre, nachdem man mehrfach geleimt wurde.

Die verführerischen Sprüche der Werber sind witzig, geistreich oder phrasig und allgemein nichtssagend. Sie appellieren an Verstand, Herz, Seele und Geltungsbedürfnis.

Irgendwo hat jeder Mensch seine schwache Stelle.

Religionen, Sekten, Aberglauben

Zweierlei ist allen gemeinsam. Sie bauen auf Theorien, die sie nicht beweisen können. Und sie machen sich eine elementare menschliche Urangst zunutze: die Angst vor der Ungewißheit nach dem Tod.

Sie predigen Liebe, scheuen aber Intrige nicht und Kriege, wenn es darum geht, ihre religiöse Anschauung durchzusetzen. Liebe und Toleranz enden immer sehr schnell dort, wo die Konkurrenz auftaucht. Schließlich geht es auch in der Religion um Macht und Geld. Und nicht zu knapp. Da gibt es die großen Weltreligionen, die beherrschenden Giganten, und da gibt es die vielen kleinen Religionen, auch gern (und abwertend) Sekten genannt.

Um die Gläubigen bei der Stange zu halten, wird ihnen bei guter Führung auf Mutter Erde und Loyalität zur Kirche nach dem Tod der Himmel versprochen, und es wird mit der Hölle gedroht, wenn sie wagen, zu zweifeln.

Doch die Hölle beginnt für viele schon zu Lebzeiten. Vor allem für Mitglieder vieler Sekten. Allen voran rangiert die Scientology-Kirche, deren fanatischer Kern – lt. Reader's Digest – »selbst vor Einbrüchen, Spionage, Entführungen und Rufmordkampagnen nicht zurückschreckt«.

Die Scientology-Kirche treibt ihr Unwesen auch in Deutschland. Viele Sekten haben ihren Ursprung im asiatischen Gedankengut. Pfiffige »Meister«, »Gurus«, »Götter« lassen sich verehren, anbeten und – gut bezahlen. Sie bieten vor allem verunsicherten Jugendlichen eine Gemeinschaft und Geborgenheit in den »kalten Betonstädten« an und eine straffe Führung, der sich die Mitglieder seltsamerweise kritiklos unterwerfen. Bedingungsloser Gehorsam ist bei den meisten Sekten oberstes Gebot. So auch in der Krisna-Sekte. Mindestens 1728mal pro Tag muß der Anhänger seinen Hare-Krisna-Vers singen, und er muß Schriften und Schallplatten verkaufen und betteln. Laut Friedrich-Wilhelm Haack (»Die neuen Jugendreligionen« Evangelischer Presseverband, 8000 München 19) bringt ein Krisna-Tänzer pro Tag 500–1000 DM ein! Laut Illustrierte STERN (1974) geht das Geld fast ausnahmslos an die Zentrale. Allein aus Deutschland waren das pro Monat eine Million Mark.

Die Vereinigungskirche e.V., die sich in allen Ländern anders nennt (in Österreich »Neue Mitte«), ist eine extrem kriegerisch-kämpfende antikommunistische Truppe, deren Ursprungsland Korea ist. »Während die Mitglieder dieser Sekte in Armut leben, häuft ihr Anführer Mun Reichtum auf Reichtum. Jungmitglieder werden durch Suggestivtraining einer Art ›kommunistischer Gehirnwäsche‹ unterzogen« (Haack). Laut »Weltbild« vom 30. 5. 73 (Zeugenaussage):

»... bringt der Meister seine Gefolgsleute seelisch auf Vordermann. Die Kost ist schmal (Müsli, Stullen, Reis, Salat, gelegentlich Fisch, nie Fleisch), lange Fastenzeiten schwächen Willen und das kritische Denkvermögen. Geschlafen wird spartanisch auf hartem Boden. Stundenlange Vorträge und Dauergebete suggerieren Mun-Ideologie.«

Bei der Divine Light Mission läßt sich der Erfinder als Gott anbeten, »führt ein Luxusleben mit Rolls-Royce und Privat-Jets« (Haack), während seine Anhänger anspruchslos leben.

Bei den »Kindern Gottes« paart sich christliches Äußeres mit Astrologie, Tausend-und-einer-Nacht-Offenbarungen und revolutionärem Sex bis hin zur »Kriminalisierung des Jesusglaubens«.

Auch Jehovas Zeugen sind Fanatiker mit Alleingeltungsanspruch. Sie halten sich für die »großen« Bibelforscher, die mit ständig neuen Berechnungen immer wieder Weltuntergänge (falsch) vorhergesagt haben und widerrufen mußten und die das unverbesserlich weiterhin tun. Das Leben der Zeugen Jehovas besteht aus Predigen und Mitgliederwerbung. Sie dürfen sich nicht politisch betätigen. Sie dulden bei ihren Kindern keine Bluttransfusion und lassen sie lieber sterben. Auch sie unterwerfen sich absolutem Gehorsam. Sie müssen Buch führen über all ihre

religiösen Aktivitäten und werden darin streng kontrolliert. Wer nicht spurt, wird mit »Gemeinschaftsentzug« (Rausschmiß) belegt. Die gesammelten Gelder fließen der finanzstarken Sektenleitung zu.
Zu den bekannt wohlhabenden Sekten gehört die Bhagwan-Bewegung. In Deutschland stand sie anfangs in dem Ruf, entschlossen Schloß um Schloß in ihren Besitz zu bringen.
In den USA soll nun sogar der Bau einer ganzen Stadt zur Debatte stehen: Rajneesh Town in Oregon. Dorthin hat sich der Schwerpunkt der Sekte verlagert, nachdem ihr Gründer Bhagwan Shree Rajneesh seinen Wohnsitz vom indischen Poona dorthin verlegt hat. Er führt ein Luxusleben, für das seine Mitglieder (Sannyasin, Jünger) viel Geld aufbringen. Die erstaunliche Finanzkraft und ihre Tendenz zum Adlig-Elitären kann man sich vorstellen, wenn man weiß, daß 200,- DM für eine Eintrittskarte zu einer Großveranstaltung im Internationalen Congress Centrum in Berlin zu bezahlen waren. Es ist klar, daß solche Festivals Kunden in die Organisation locken. Gern sind sie bereit, ihre Identität und ihre Freiheit völlig aufzugeben und einzutauschen gegen absolute Abhängigkeit. Sie sind bereit, sich zum unkritischen Amulett-Träger degradieren zu lassen.
Der Bhagwan verlangt totale Unterwerfung. Bhagwan hat immer recht. »Was immer geschieht, geschieht durch mich. Ihr könnt gar nicht beurteilen, was richtig und was falsch ist. Überlaßt alles dem Meister und fragt: Was soll ich machen?«
Tja – was soll man da machen?
Nun, daß Sekten reich sind, daß sie Geld horten, kann man ihnen wohl schwerlich zum Vorwurf machen, weil die meisten Weltreligionen es genauso machen. Doch sie kassieren relativ geringe prozentuale Lohnteile. Verdächtig und kriminell wird es erst, wenn man die Mitglieder völlig ausnimmt, wie viele Sekten es praktizieren.
Die großen Kirchen, die sogenannten Staatsreligionen, kassieren – im Gegensatz zu den Kleinreligionen – nicht selbst, sondern lassen das Vater Staat erledigen. Sie lassen höchstens bei jedem Anlaß außerdem die Kollekte herumgehen.
Kirchen schlechthin gehören zu den reichsten Wirtschaftsunternehmen der Welt mit Unmengen an Grundbesitz.

Ständig entstehen neue Religionen. Sie sprießen aus dem Boden wie Pilze und vergehen auch wieder. Die Gefahr neuer Religionen liegt darin, daß man sie anfangs nicht gleich durchschauen kann, während die alten Weltreligionen mit ihrem Für und Wider bekannt sind und fester Bestandteil der Gesellschaft ihrer jeweiligen Länder.

Sektengründer, die nach außen gern eine bessere Welt versprechen, haben häufig nur das Ziel, Marktlücken rücksichtslos finanziell auszubeuten.
Die Religionsfreiheit in den meisten Ländern der Erde ist für sie gleichbedeutend mit Narrenfreiheit. Sie nutzen die Einsamkeit der Großstadtmenschen, deren Lebensangst, und locken mit Sicherheit, Geborgenheit und Exotik in ihre Gemeinschaften. Nicht wenige Führer lassen sich als Gott verehren, behaupten, Wunder vollbracht zu haben.
Mit vierzehn Jahren kann ein junger Deutscher frei entscheiden, welchem Glauben er Glauben schenken und beitreten will. Es ist die erste Entscheidung in seinem Leben, gegen die die Eltern gesetzlich nichts ausrichten können. Sie können es nur dann, wenn ihr Kind Sekten beitritt, die den Auszug aus dem Elternhaus verlangen.
Junge Leute sind die von Sekten meistumworbenen. Denn bei ihnen haben die Pseudo-Gottheiten den meisten Erfolg. Gerade in der Zeit der Pubertät ist der junge Mensch für neue Ideen empfänglich. Er verspürt den starken Drang, sich vom Elternhaus zu lösen, ist noch wenig festgelegt in seinen Zielen und ungebunden, was Ehe und Beruf betrifft. Er ist voller Energie, die er nutzen möchte, die Welt zu verbessern. Und da kommen die Seelenfänger gerade recht mit ihren Patentrezepten von der vollkommenen Welt. Die Opfer werden von den Sektierern als Gleichwertige, Gleichaltrige angesprochen und so bestärkt in deren Selbstwertgefühl. Sie geben sich fortschrittlich, dynamisch, jung, schön, positiv – sind gegen viele Traditionen und treffen damit genau das Weltbild der jungen Leute.
Nachdem uns allen heutzutage ein ungeheuer großes, umfangreiches Wissenspotential zur Verfügung steht wie keinem Menschen früherer Jahre, sollten wir bei der Entscheidung für einen religiösen Glauben ganz nüchtern analysieren, was da gelehrt, geleert und erwartet wird. Erscheint euch das glaubhaft oder ist es ganz offensichtlich Humbug? Wird da vielleicht nur schwarz und weiß gemalt und nur vereinfacht? Ist die Religion tolerant oder nicht? Predigt sie vielleicht nur Liebe zu den Menschen, praktiziert sie aber nicht? Es wird immer Negativbeispiele geben. Sucht deshalb auch ehrlich und bemüht nach Positivbeispielen und wägt ab! Jesu Ideen sind bestimmt vorbildlich. Schlecht ist oft, was einige daraus machen.
Forscht nach und erkundigt euch notfalls bei der »Konkurrenz«. Dort erfährt man jeweils am ehesten die Nachteile. Vor allem laßt euch nicht drängen! Religion ist eine wichtige Lebensentscheidung. Man kann sie zwar wechseln, aber nicht so leicht wie eine politische Partei.
Beim Eintritt in Sekten ist vor allem zu beachten, daß ihr keinen Vertrag

blind unterschreibt! Überschlaft ihn mehrfach. Sprecht ihn durch mit Menschen eures Vertrauens und zieht notfalls einen Rechtsanwalt zu Rate! Wer euch – wie überall im Geschäftsleben – zur Unterschrift drängt, führt Unehrliches im Schilde. Ein korrektes Angebot ist auch morgen noch korrekt. Wo Menschen in ihrer Not oder Angst nicht mehr weiterwissen, lauern bereits Betrüger, die damit ihr Geld verdienen, den schmalen Grat zwischen Recht und Unrecht zu nutzen.

Was mich immer wieder erstaunt, ist, daß man ihnen überhaupt Glauben schenkt. Oft sind es sogar Leute mit Hochschulstudium, die sich z. B. ein Horoskop aufstellen lassen, und große Firmen, die den Sternen mehr vertrauen als ihrer Leistung und ihren Produkten. Und was mich immer wieder erschreckt, ist, daß seriöse Zeitungen und Zeitschriften ständig Inserate aufnehmen und Horoskope drucken, in denen Astrologen und Hellseher ihre Kunststückchen anbieten. Nicht einmal das Fernsehen macht Front dagegen, sondern bringt Madame Tessiers Phantastereien per Bild unters Volk. So festigt sich der Glaube bei vielen, »dann muß ja was dran sein!«

Und genau auf diesem Boden der Unsicherheit treiben die seltsamsten Pflanzen ihre Blüten.

Da vieles zwischen Himmel und Erde ungeklärt ist, kann sich jeder Bürger in dieses Spielchen einschalten. Ob er da plötzlich Geisterstimmen in seinem Haus wahrgenommen hat oder die Kunst beherrscht, Löffel zu verbiegen ohne Gewaltanwendung, oder »Operationen« ohne Narben durchführt. Damit ist das große Geld zu verdienen. Andere behaupten, schon mal gelebt zu haben, Stimmen aus dem Äther wahrzunehmen, versteigen sich sogar zu der Behauptung, Gott sei ihnen erschienen – kleine Mini-Propheten, Betrüger, Glücksritter oder einfach Schalke, die die Menschheit verdummen wollen. Denn den Seinen gibt's der Herr im Schlaf: das Geld, das reichlich dafür kassiert wird.

An der Universität Freiburg gibt es seit Jahren eigens einen Lehrstuhl für Parapsychologie, eine Pseudowissenschaft, die weltweit noch keinen einzigen wissenschaftlichen Erfolg nachzuweisen hat. *Alle* namhaften Kapazitäten, die sich dieses Themas angenommen haben, haben ihrem Metier bisher nur selbst geschadet. Sie geben sich zwar kritisch, geben vor, die offenen Fragen »streng wissenschaftlich« zu klären, sind aber – so ein englischer Forscher, der die Psi-Forscher erforscht hat – »subjektiv und unter Erfolgszwang, weil noch keiner ein einziges wahres Phänomen beweisen konnte. Sie haben sich – im Gegenteil – immer wieder bös blamiert.«

Es ist das Recht eines denkenden Menschen, sich für alle möglichen unerforschten Wissensgebiete zu interessieren und Licht in das Dunkel

zu bringen. Der echte aktuelle Wissensstand ist aber der, daß von den hier angesprochenen Themen alle unbewiesen und Unfug sind. Und es wird betrügerisch, wenn mit diesem Humbug Geld gemacht wird. Daß man beispielsweise die Astrologen mit ihren ›Horrorskopen‹ gewähren läßt, liegt auch darin, daß sie sich nie konkret festlegen, daß sie allgemeine Formulierungen loslassen, die nicht schaden können, die ohnehin gut sind, wenn man sie beachtet: »Achtung! Morgen könnte dir die Liebe begegnen!« »Seien Sie vorsichtig im Verkehr!« Nie würden sie sagen und dafür geradestehen: »Unterschreiben Sie morgen den Kaufvertrag. Er wird Ihnen den sicheren Erfolg bringen.«
Bleibt also gerade okkulten Auswüchsen gegenüber besonders skeptisch und kritisch und meidet deren Gefolgschaft! Was ihre Anhänger als Beweise anführen, sind Zufallserfolge. Wissenschaftlich sind ihre Thesen und Praktiken in keinster Weise haltbar.

Haß – Ohnmacht – Selbstmord

Der letzte Ausweg, den viele Jugendliche aus ihren Problemen sehen, ist der Selbstmord. Immer geht ihm ein großer Konflikt voraus, der seine Ursachen in gestörtem Familienleben oder Mißerfolgen in Schule, Liebe und Gesellschaft hat.
Es ist unmöglich, mit ein paar Sätzen Jugendlichen Rat und Hilfestellung zu erteilen, denn wenn sie ihre entscheidenden Depressionen haben, machen sie Schluß und lesen nicht erst Nehbergs und andere Ratschläge.
Hilfe und Rat müssen also von denen erteilt werden, die mit den jungen Leuten zu tun haben: Eltern, Lehrer, Erzieher, Freunde, von denen also, die sie gut kennen und denen Veränderungen am ehesten auffallen müßten. Sie sind es, die für mehr Menschlichkeit in ihren Bereichen sorgen müssen, damit solche Wege nicht gegangen werden. Niemand begeht Selbstmord »aus Bock« – dafür ist der Lebenswille jedes Lebewesens zu stark. Zudem gibt es Auswege aus scheinbar hoffnungslosen Situationen.
Mehr Verständnis und Anerkennung, mehr Lob fangen den Wankelmütigen sofort auf. Und dann heißt es, gemeinsam und vor allem dauerhaft neue Lebensperspektiven zu suchen.
Die schlimmste, aber typische Reaktion vieler Erwachsener auf den Tod eines Kindes ist: »Wie konnte es uns das antun!« Selten sagt einer: »Sein Tod ist meine Schuld.«

Nicht jeder junge Mensch ist den Anforderungen des Lebens, des Elternhauses und der Schule gewachsen. Die ständigen mahnenden, unüberlegten und phrasigen Redewendungen bewirken nur das Gegenteil von dem, was sich die Phrasendrescher erhoffen.
Gerade diese kleinen Äußerungen sind es, die so zermürben. Steter Tropfen höhlt den Stein. Es entsteht eine Eskalation: Haß – Ohnmacht – Auswegslosigkeit – bis hin zum Kurzschluß.
Nur vergiß auch eins nie: Leben ist mit Mühe und Streß verbunden. Ständig werden Forderungen gestellt und weitere Leistungsziele gesetzt; schließlich will ein Mensch auch etwas Neues erreichen.
Sicher ist es nicht einfach, berechtigte Forderungen von unberechtigten zu unterscheiden. Falsche Einschätzungen führen zu Enttäuschungen und Konflikten. Da hilft es, die eigenen Fähigkeiten richtig einzuschätzen, sich über die Notwendigkeit von Forderungen zu informieren und die Pflichten und Rechte aller Beteiligten zu kennen.
Wer sich mit dem Problem »Selbstmord« auseinandersetzen will oder muß, der findet die hilfreiche Broschüre SCHLUSS von der Bundesarbeitsstelle Aktion Jugendschutz, Salzstraße 8, in 4400 Münster.

2. Teil
Pro Future

»Ihr sollt mich kennenlernen!«

Entweder das Schicksal handelt oder du selber.

Peter Rühmkorf

Engagement

Die bisher angesprochenen Probleme haben euch einen kleinen Eindruck von unserer derzeitigen Welt und der Zukunft vermittelt. Gut sieht beides nicht aus. Fast ohnmächtig steht man den Problemen gegenüber. Am liebsten möchte man motzen und Demos machen. Man könnte auch resignieren, auf Gott und den Kanzler vertrauen, »weil sie es schon machen werden«. »Ihr da Ohm! Macht Watt Ihr Volt« (Graffiti)
Resignation ist immer falsch. Wer keine Lust auf Frust hat, mischt mit. Engagement ist wichtig. Alle Entwicklungen voller Obrigkeitsvertrauen so laufen zu lassen und nach Unterstützung zu rufen, wenn's bergab geht, ist auch nicht das Gelbe vom Ei. Um nicht zu sagen: Es ist unverantwortlich den Nachkommen gegenüber. Vieles kann und sollte man selbst in die Hände nehmen. Privatinitiative ist schneller und häufig wirkungsvoller als mühsame politische Entscheidungen mit Endlosdebatten. Wir Bundesrepublikaner haben das Glück, in einer Zeit und in einem Staatswesen geboren zu sein und zu leben, wie es keinem unserer Vorfahren je beschieden war. Wir haben Demokratie, Wohlstand und (noch) Frieden. Seit 1945. Was gäben die meisten Menschen der Welt darum, etwas von dieser Freiheit und von diesem Glück erwischen zu können! Aber sie werden geknechtet, ausgenutzt, gefoltert, sie hungern und haben keinerlei Rechte.
Wir hingegen kaufen uns – ohne zu zögern – eine neue Stereoanlage für 1000,– DM. Eine Summe, von der ein Afrikaner, ein Asiate oder ein Lateinamerikaner bis zu drei Jahre leben kann.
Dieses große eigene Glück zu erkennen, zu schätzen und zu erhalten und sich für die stark zu machen, die es aus eigener Kraft nie erreichen würden, ist so wichtig, daß ich mir nichts Bedeutenderes vorstellen kann.
Es ist heute mehr denn je nicht mehr damit getan, nur Steuern zu zahlen.

Man kann nicht alles dem Staat überlassen und lamentieren, wenn einem dies und jenes nicht paßt. Man muß selbst zupacken. Die Betätigungsmöglichkeiten sind unerschöpflich. Wenn da alte Rentner nebenan vereinsamen, kannst du dich um sie kümmern. Du kannst mit ihnen reden, sie auf Wochenendfahrten mitnehmen, ihnen helfen. Stell dir nur vor, *du* würdest da so allein und hilflos leben müssen. Dann fällt dir genug ein, womit du ihnen eine Freude bereiten kannst.
Oder engagiere dich für Naturschutz. Entwickle oder hilf Privatinitiativen, die verschandelte Landschaften restaurieren. Informiere dich bei den verschiedensten Organisationen, die sich mit demokratischen Mitteln für eine bessere Welt einsetzen: Greenpeace, World Wildlife, Gesellschaft für bedrohte Völker, Brot für die Welt, amnesty international ... Es ist schon ungerecht, hier nur so wenige aus der Vielfalt der Idealisten zu nennen. Frag deine Eltern und Lehrer, wozu sie dir raten, oder flöh die Zeitungen durch.
Firmen könnten sich ein Herz fassen und statt unsinniger Weihnachtsgeschenke die Gelder für gute Zwecke spenden.
Sogar bei vielen Feierlichkeiten, selbst bei Beerdigungen, heißt es in zunehmendem Maße »Wir bitten, von Blumengeschenken Abstand zu nehmen und das gedachte Geld lieber zugunsten der ... zu spenden.«
Wer helfen möchte, denke daran, daß die wertvollste Hilfe Eigeninitiative, Mut und die eigene Arbeitskraft sind. Es gibt nichts Gutes, außer man tut es.
Bei Geldspenden (wenn du später von deinem Verdienst etwas abzweigst) geht meist ein Teil für Verwaltungskosten drauf. Die fünfzig Pfennige, für die du aber selbst einen Baum kaufst und den du selbst pflanzt, sind die bestangelegten. Ohne Verwaltungskosten. Dennoch sind Spenden an seriöse Hilfsorganisationen nötig, weil es Aufgaben gibt, die du nicht bewältigen kannst, die nur die große und (finanz-)starke Gruppe schafft. Erkundige dich z. B. bei der Verbraucherzentrale, Pro Honore, oder deiner Zeitung, ob Organisationen dein Vertrauen verdienen und deine Mark gut angelegt ist. Schreib sie an und frag, wieviel Prozent der Spendengelder für Verwaltungsarbeit abgezweigt werden. Da es sich bei diesen Organisationen um eingetragene Vereine handelt, müssen sie das in ihrer Buchführung ausweisen. Wer die Auskunft verweigert, hat seine Gründe und kommt für deine Spende nicht in Frage. Laß dir die Auskunft aber schriftlich (frankierter Rückumschlag!) geben, damit der Absender befürchten muß, daß du die Richtigkeit der Angaben kontrollierst. Nur wenn jeder einzelne Bürger kritisch und aktiv mitmacht, ist die Zukunft hoffnungsvoll. Es

ist schon ein Anfang, wenn du keinen Müll mehr aus dem Auto in die Landschaft wirfst.
Gute Beispiele wirken ansteckend. Sie sind die angenehmste Seuche.

Die Kunst, Frieden zu schließen

Was auch immer du tust – nie kannst du es allen recht machen. »Wat dem einen sin Uuhl, is den annern sin Nachtigall.« Du findest Hard Rock super, dem Nachbarn fetzt er das Trommelfell aus dem Ohr raus. Er möchte dich am liebsten an die Wand klatschen.
Die Lösung ist der Kompromiß. Er setzt voraus, daß du deine Musik leiser drehst oder dir eine schalldichte Kabine baust, die Musik per Kopfhörer genießt und daß der andere sagt, okay, heute, wo der »Bengel« achtzehn wird, will ich mir Ohropax in die Lauscher schieben.
Er wird das um so entgegenkommender tun, wenn du ihn *vorher* um dieses Verständnis gebeten hast.
Viel, wenn nicht gar der meiste Ärger auf der Welt ließe sich vermeiden, wenn man das nötige Einfühlungsvermögen in den anderen hätte. Und den Takt und den Mut, ihn vorher um seinen Rat, seine Mitarbeit, sein Verständnis, sein Entgegenkommen zu bitten.
Was du im kleinen übst, kannst du überall im Zusammenleben gebrauchen: zu Hause, in der Schule, im Beruf, im Verein. Das A und O bleibt natürlich, daß beide Seiten guten Willens sind. In den meisten Fällen wirst du jedenfalls damit Erfolg haben: »Wie du in den Wald reinrufst, so schallt es zurück.« Durch Takt, Diplomatie und Toleranz wird dein Leben so um manches friedlicher verlaufen. Deine Energie kannst du dann für bessere Dinge sparen.

> Nimm dich in acht,
> Gerate nicht in Streit,
> Doch wenn es dazu kommt,
> sorge dafür, daß auch dein Gegner
> sich vor dir in acht nimmt.
>
> Polonius

Es kann der Frömmste nicht in Frieden leben, wenn es dem bösen Nachbarn nicht gefällt.
Leider gibt es aber auch Menschen, da kannst du machen, was du willst,

die wollen dich offensichtlich fix und fertig machen. Du meinst im ersten Moment, ja doch nichts dagegen ausrichten zu können. Du scheust den Streit, einen möglichen Prozeß und meinst als kleiner Mann kein Recht zu bekommen, weil die alle unter einer Decke stecken.

Daran ist etwas Wahres. Vor allem, wenn du arm und schwach bist und die anderen reicher, mächtiger oder Behörden sind, denn dann hast du es schwerer. Aber es ist nicht chancenlos. Es ist schon mal gut, wenn du in der Schule in Staatsbürgerkunde, oder wie das woanders heißt, aufgepaßt hast. Du hast nicht nur Pflichten, du hast auch Rechte. Und da Rechthaben und Rechtkriegen oft zweierlei sind, solltest du wissen, wie du dir dein Recht gegen die Goliaths verschaffen kannst und wo du Verbündete findest.

Da sind beispielsweise die vielen Streitschlichtungsstellen der Berufsorganisationen, wie z. B. Innungen oder – übergeordnet – die der Kammern (Ärzte, Handels-, Handwerkskammer ...). Schon ein Hinweis beim Kontrahenten, daß man ein Urteil der Gutachter einholen und dann – logo – respektieren werde, wirkt Wunder. Denn es zeigt, daß man grundsätzlich zahlungswillig ist. Und es stellt dem Gegner in Aussicht, sich eventuell vor seinen Kollegen bloßzustellen mit seiner überhöhten Forderung, der mangelhaften Ware, dem schlechten Service. In diesem Punkt sind viele Geschäftsleute eitel, es ist ihr Schwachpunkt.

Wichtig ist, sich in Streitsituationen nie zu ereifern und ganz cool zu bleiben. Jede Kritik muß sachlich vorgebracht werden.

Jeder Anbieter kann sich einmal irren. Jeder baut mal Schrott statt Qualität. Jeder ist mal schlecht gelaunt. Das sollte man auch kommentarlos akzeptieren, wenn der Betreffende sich entschuldigt.

»Wer schreit, hat unrecht«, sagt der Volksmund. Auf jeden Fall verliert der Schreier Pluspunkte. Mitunter verschlimmert er die Sache so, daß sie bis zu Gericht geht.

Rat wird nicht nur nachher erteilt. Oft kann es wichtig sein, ihn sich vorher einzuholen, weil man z. B. vorhat, einen Vertrag abzuschließen mit einer Firma, über deren Seriosität man im unklaren ist. Da helfen die Berufsverbände oder Pro Honore.

Wer Ärger mit staatlichen Behörden hat, wendet sich zunächst an sein Bezirksamt oder Rathaus.

Meist gibt es bei ihnen Beschwerdestellen und die »Öffentliche Rechtsauskunft und Vergleichsstelle«.

Wenn es um allgemein interessierende Probleme geht, kann vielleicht die Zeitung weiterhelfen. Wenn sie parteiisch, wenn sie abhängig ist, versuch's mit einem Inserat. Je nach dessen Inhalt, kann die Zeitung den Abdruck ablehnen. Dann geh zur Konkurrenz. Wie im Handel, Hand-

werk oder in der Politik ist es die einfachste Möglichkeit, Hilfestellungen und Tips zu bekommen.
Willst du wissen, ob Produkt A wirklich so einmalig ist, wie der Händler dir glaubhaft machen möchte, dann frag die Konkurrenz, die das Produkt A nicht führt und dir B aufdrängen möchte. Rechne damit, daß sie A übertrieben schlecht macht, daß sie sogar lügt – aber du erkennst plötzlich deutlich Ansätze dafür, wo Schwachstellen sind, wo du weiter nachforschen kannst.
Wer sich von allen im Stich gelassen fühlt und sich im Recht glaubt, der muß nicht aufgeben. Es gibt Gerichte, Organisationen und Petitionsausschüsse und und und.
Natürlich bleibt jedem darüber hinaus die Möglichkeit, eine Bürgerinitiative ins Leben zu rufen. Du kannst in einer der demokratischen Parteien aktiv werden und versuchen, deine Ansicht politisch, parlamentarisch durchzusetzen oder gar eine eigene Partei gründen.
Und wenn du mit all diesen Hilfestellungen kein Recht bekommen hast, dann mußt du dich notgedrungen den demokratischen Zwängen beugen.
Vielleicht hast du die Sache wirklich zu subjektiv gesehen, vielleicht hatte der andere doch die besseren Argumente. Denn eines muß dir klar sein: Zusammenleben ist immer ein Kompromiß. Es kann nicht jeder ausschließlich nach seiner Façon leben.
Irgend jemand hat das so formuliert:
»Du bist frei, zu tun, was immer du willst.
Du mußt nur bereit sein, die Konsequenzen zu tragen.«

Ideale, Idole und Freunde

Das allererste auf der Welt machst du instinktiv. Du weinst, wenn du Hunger hast, und machst in die Windeln, wenn dir danach zumute ist.
Dann fängst du an zu kopieren. Du erwiderst das Lächeln deiner Mutter und klapperst mit der Klapper, wenn sie dir gezeigt hat, wie das geht.
Nebenbei tüftelst du auch vieles selbst aus. Du ziehst die Decke vom Tisch und erfreust dich am Klirren des zersplitternden Geschirrs.
Aber das meiste schaust du dir ab. Und zwar von denen, die um dich sind. Wo sonst auch – du kannst schließlich schlecht den Eskimo spielen, den du nie gesehen hast, noch wirst du als Einjähriger auf die Idee kommen, alle Regeln menschlichen Lebens zu ignorieren und als

Schildkröte in einer Holzkiste umherzukrabbeln, dich mit einem Salatblatt zu begnügen und dir hin und wieder den Rücken ölen zu lassen.
Jedes Lebewesen ahmt nach. Eigentlich ein Leben lang, aber bei den Eltern fangen wir an.
Sie sind die ersten und die stärksten Bezugspersonen. Ihr Verhalten ist es, was du zunächst für richtig hältst, denn du spürst, daß sie es gut mit dir meinen. Ihr Vorbild prägt dich fürs Leben. Deshalb ist es gerade für Eltern und Erzieher so wichtig, mit bestmöglichem Beispiel voranzugehen.
Mit zunehmendem Alter erweitert sich der Lebenskreis. Man ertastet sich immer neue Bereiche, lernt immer mehr Leute kennen, lernt lesen und fernsehen und findet dies und das und die und den toll. Man schwärmt für Winnetou und die Fernsehansagerin und möchte genauso sein wie sie.
In einer Schule sollten die Zwölfjährigen einmal ihre Vorbilder zeichnen. Bei den meisten waren es die Eltern und älteren Geschwister. Bei anderen Professor Grzimek, »weil er immer so lieb zu den Tieren ist«, Pippi Langstrumpf, »weil sie so tolle Streiche weiß«, und die Beatles, »weil ich ihre Musik so gern höre«. Ein Mädchen hängte ein weißes Blatt aus und schrieb dick darüber: »Ich habe keine Vorbilder.« Und klein darunter: »Wenn ich sie näher kennenlernte, waren sie doch nicht so wie in meinen Träumen.« Und ein anderes Mädchen zeichnete »Meine Vorbilder sind gute Taten«.
Ich fand, diese Zeichnungen sagen mehr aus als lange Sprüche derer, die sich gern als Vorbild hinstellen. Schaut man hinter ihre Kulissen, ist die Ehe zerrüttet, sind sie unkollegial, unsozial, habgierig. Dennoch mag jeder gute Seiten haben. Der eine macht etwa geistreiche Witze, der andere hat immer Zeit für Kinder, der dritte singt so schön, der vierte ist tolerant. Es gibt so vieles, das man gutfinden kann, so daß das Fazit eigentlich dieses sein muß: Wählt eure Vorbilder mit Bedacht. Bei vielen Einzelmenschen, Völkern und Organisationen werdet ihr etwas entdecken, das ihr für kopierenswert haltet. Dann übernehmt es und baut euch eure eigene Persönlichkeit auf. Versteift euch nicht nur auf ein einziges Idol, das ihr nicht persönlich kennt, dem ihr hinterherrennt, das ihr kopiert – ihr würdet einseitig werden und oft auch noch enttäuscht dazu. Erst die Mischung aus vielem macht euch vielseitiger und interessanter und dann zu einer eigenen Persönlichkeit.
Das wäre ja geradezu vorbildlich!

Zeige mir deine Freunde, und ich sage dir, wer du bist, denn Umgang formt den Menschen.

Jeder Mensch hat das Bedürfnis, einen guten, d. h. zuverlässigen Freund oder eine Freundin zu haben, denen man absolut vertrauen kann, die Verständnis und Zeit aufbringen, mit denen man seine Ängste und Freuden teilen, Erfahrungen austauschen und all das bereden kann, was man mit Eltern nicht besprechen mag. Freunde, die vor allem auch dann noch zu einem halten, wenn man im Dreck sitzt.
Es gibt viele zuverlässige Menschen. Aber deshalb paßt noch lange nicht jeder zu jedem, und wenn du einen gefunden hast, halt ihn dir warm. Sei ihm ein ebenso wertvoller Freund, der in dir den gleichen Rückhalt hat. Eltern kannst du dir nicht aussuchen. Du kriegst sie mit in die Wiege gelegt. Wie sie sind, ist Glückssache. Aber Freunde kannst du dir aussuchen. Mit etwas Geduld und Geschick wirst du sie finden.

Vom Neugierigsein, Interesse haben und Lernen

Das Schlimmste ist, zu denken, mit Verlassen der Schule, mit Abschluß der Lehre höre das Lernen auf. Ich sagte es schon früher: Man lernt bis in den Tod.
So wie das Kleinkind neugierig seine Umwelt abtastet, so sollten wir ständig voll gesunder (nicht primitiver) Neugier sein. Niemand kann alles wissen. Selbst Sokrates wußte schon, daß er nichts wußte.
Wenn ihr etwas seht, das euch interessiert, gebt das Interesse gern zu, sagt, daß ihr davon keine Ahnung habt, und bittet um Auskunft. Schon, wenn ihr jemanden nur nach einer Straße fragt, merkt ihr, wie gern Menschen bereit sind zu erzählen. Über die Themen Kinder, Hobby und Beruf lockt man sie alle aus der Reserve. Versucht's mal bei der nächsten Party. Wie oft stehen oder hängen da Leute herum, die zu gehemmt sind, um Kontakte zu knüpfen. Sprich sie mal an! Frag nicht nur oberflächlich (»Fix warm hier, nicht?«), sondern bau ein richtiges kleines Interview auf. Sie werden nur so überquellen vor Mitteilungsdrang! Und du wirst häufig staunen, wenn du erfährst, was für unglaubliche Spezialisten es auf der Welt gibt. Man mag's vorher oft nicht glauben, wenn sie da so still und blaß herumdaddeln. Informiertsein, Meinungen hören und gegeneinander abwägen, lernen – das ist so wichtig wie Notwehr – ja, es *ist* Notwehr. Zur ständigen Weiterbildung gehören auch Kurse. Ob du Töpfern lernst oder Sprachen – alles hilft dir weiter.
Ein Großteil des Survivals für Zivilisation (und Wildnis) ist theoretischer Art und scheinbar »trocken«. Es sind nicht nur Kurse, es ist auch Einzelunterricht, Einzelinformation, es sind wahrgenommene Beob-

achtungen, Erlesenes aus Zeitung und Buch, Gesehenes in Film und TV.
Alles ist Survival. Survival ist alles.
Nun, den Themen sind keine Grenzen gesetzt. Sie alle begeistern, wenn man motiviert ist. Auf Reisen oder hier in der »Zivilisation« überleben wollen – das sind ausreichend Motive. Wichtig ist nur, daß du sofort damit beginnst. Heute also.

Achtung! Heute beginnt der Rest des Lebens! Let's fetz!

Überlebenstraining – wofür?

Wer in eine bedrohliche Situation gerät, wird sich häufig instinktiv zu helfen wissen. So könnte man sagen. Denn: Not macht erfinderisch, wie jeder weiß. Aber darüber hinaus noch mehr zu können, schwierige Dinge schon mal praktiziert, geübt, wiederholt zu haben – das ist ungleich besser. Nicht von ungefähr sind Erste-Hilfe-Kurse für Autofahrer Pflicht, und nicht aus Schikane wird empfohlen, sie alle zwei Jahre oder öfter zu wiederholen.
Überlebenstraining stärkt das Selbstvertrauen, es verlagert Angstgefühle, es kräftigt den Körper, es macht ihn widerstandsfähiger, und es macht auch gleichzeitig den Geist wendiger, d. h. die Geistesgegenwart nimmt zu.
Und körperliche Robustheit, geistige Gewandtheit sowie körperliche *und* geistige Vielfalt sind es, die dem Menschen (und allen Lebewesen schlechthin) den harten Kampf ums Dasein besser bestehen lassen.
Überlebenstraining macht dich um vieles unangreifbarer, aber es macht dich nicht allround-immun. Unverwundbarkeit gibt es nicht.

Was ist »Abenteuer«?

Wenn du jetzt denkst, ich packe hier die große Definitionskiste aus und erzähle dir, was ein Abenteuer ist und was nicht, dann hast du dich geschnitten. Denn erstens ist es doch piepe für dich, ob ich meine, es ist ein Abenteuer, wenn einer nur mit Badehose bekleidet und mit Zahnbürste und Zahnpasta ausgerüstet nach Amerika schwimmt, und zweitens ist es genauso piepe für dich, wenn ich der Meinung bin, daß der Typ mit Badehose, Zahnbürste und Zahnpasta schlichtweg einen Hammer hat. Wenn ich hier tatsächlich mit dem Herumdefinieren anfinge und du es gar von mir erwarten würdest, dann brächten wir beide ganz schrecklich was durcheinander. Ich will nämlich nicht der Abenteuer-Guru sein, und du solltest es nicht von mir erwarten.

Mir geht es nur darum, dich ein wenig autark, ein bißchen selbständig zu machen, Fähigkeiten, die du in dir hast, herauszulocken, etwas zu aktivieren. Denn eigentlich bist du neugierig und willst leben, nur Elternhaus, Schule und Gesellschaft versuchen dich mit ihren Regeln und Konventionen zu lähmen, dich einzupassen. Nun ist das allerdings nicht so schlecht, wie du vielleicht meinst, denn Gemeinschaften brauchen Regeln, sonst kann das Miteinander nicht funktionieren, allerdings sollte man es mit dem Einpassen nicht zu toll treiben, denn auch eine Gemeinschaft braucht lebende Mitglieder, allerdings kann sie auch ›tote‹ gebrauchen, die geben nämlich das Reservoir der ›nützlichen Idioten‹ ab. Es sind die Lebenden in einer Gemeinschaft, die sie weiterentwickeln, allerdings, und das ist damit vermacht, in eine Richtung, die ihnen wichtig ist. Kurzum: Leben, aktiv sein kann man lernen. Und Survival ist ein Weg dahin, davon bin ich felsenfest überzeugt. Es gibt dir nämlich die Möglichkeit, Ungewöhnliches zu lernen und Ungewöhnliches zu ertragen, damit kommst du aus den Konventionen raus und beginnst, dich auf dich selbst zu verlassen, dir selbst etwas zuzutrauen. In dem dich Elternhaus, Schule und Gesellschaft auf die eingefahrenen und bewährten Schienen setzen, du weißt schon, es sind die Schienen, auf denen die meisten fahren, kaufen sie dir den Schneid ab. Und wenn ich ›kaufen‹ sage, dann meine ich das auch so, denn natürlich bezahlen sie dich: sie geben dir Sicherheit dafür. Diese Sicherheit ist ein angenehmes Gift, denn es ermöglicht, daß du wenig auszuhalten hast. Du stehst nicht allein, denn mit dir sind viele der gleichen Meinung, du erkennst dich in den anderen wieder, denn sie haben das gleiche Schicksal, du weißt, wo du hingehörst, dahin nämlich, wo die anderen schon stehen. Aber diese Sicherheit ist sterbenslangweilig, denn du hast nicht das Gefühl, etwas zu bewegen, sondern nur das Gefühl, daß du bewegt

wirst. Und dein Mut, dich auf dich selbst zu verlassen, dir selbst zu vertrauen, schwindet und schwindet und schwindet. Da ist dann schon bald keine Kraft mehr vorhanden, Entscheidungen zu treffen, und irgendwann ist der Punkt erreicht, wo es einem lieber ist, wenn die anderen die Entscheidungen für einen selbst treffen ... Aus diesem Kreis mußt du raus, du schaffst es, da bin ich mir sicher – du brauchst nur ein bißchen Mut. Vergreise nicht, bevor du das entsprechende Alter erreicht hast. Nur ein bißchen Mut, und du wirst am eigenen Leib erfahren, daß es viele Möglichkeiten gibt, eine einzige Sache zu tun. Du schläfst immer in einem Bett, versuch es doch einmal mit einem Wochenende im Wald. Du gehst immer als Fritz Meyer durch die Stadt, versuch es doch einmal als Jussuf Mhemal in der eigenen Stadt. Du bist sehr darauf bedacht, möglichst nicht anzuecken, dann eck doch einmal an. Du bist leicht geneigt, anderen nachzugeben, sag doch einfach einmal NEIN. Schon bei solchen (kleinen?) Aktionen wirst du für dich selbst ungeheure Wirkungen erleben, denn dir wird auf einmal bewußt, daß nicht immer alles gleich verlaufen muß, sondern genausogut auch anders verlaufen kann. Bei solcherart Erfahrungen beginnen die Abenteuer und nicht erst in der Wüste, auf einem Achttausender oder 10 000 Meilen unter Wasser.
Also erwarte nicht von mir, daß ich hier für dich katalogisiere, was ein Abenteuer ist und was nicht. Dein Leben kann ein Abenteuer sein, wenn du es willst – wichtig ist, das du endlich anfängst, die Dinge anzupacken. Die Abenteuer beginnen in deinem Kopf, mit deiner Einstellung zu der Welt, in der du lebst, in die du dich in deinem unverwechselbaren Stil hineinlebst. Darauf zu warten, daß die Welt sich ändert, damit du leben kannst, ist vergebliche Liebesmüh und garantiert kein Abenteuer. Denn woran willst du dich messen, wenn alles so ist, wie du es haben willst? Erst wenn du gefordert wirst, dann bringst du Leistungen – und erst wenn du für dich selbst Leistungen vollbringst, dann spürst du dich, dann merkst du, daß du lebst. Du lebst heute, hier und jetzt, und nicht morgen. Wer nur in der Zukunft lebt, weil er meint, daß dann alles so ist, wie er es haben muß, um leben zu können, der wartet vergeblich. So viele ›Morgen‹ hat keiner.
Und denk bloß nicht immer, die Gesellschaft hat Schuld. Denn auch das ist langweilig und ödet nur an. Es wird zu leicht und zu schnell als Entschuldigung für alles herangezogen. Die Gesellschaft hat ihre Gesetze, und die sind – im Gegensatz zu den Naturgesetzen – zwar schon veränderbar – nur muß das jemand tun. Durch Nichtstun entsteht nichts. Durch Bewegung wird etwas bewegt. Also bewege dich endlich. Lerne zu leben, besinn dich auf dich selbst. Trainiere dir Fähigkeiten an,

die dich selbstsicher und selbstbewußt machen. Lerne zurechtzukommen, auch wenn du allein bist. Entziehe dir das angenehme Gift der Abhängigkeit. Dieses Buch bietet dir reichlich Trainings, nutze sie, aber vergiß dabei nie, daß nichts über deine Kreativität, deine Initiativen und deinen Willen geht. Survival ist nur ein Mittel zum Zweck, niemals der Zweck selber. Denn du sollst nicht ein Survivor um des Survivals Willen sein, sondern um deinetwillen. Es geht um dich, um dein einziges Leben und nicht um irgend etwas Abstraktes. Und wenn du das geschnallt hast, dann ist es egal, ob du dein Abenteuer in der Wüste oder auf einem hohen Bergmassiv erlebst, bei deiner Arbeit für Greenpeace oder dabei, wie du dich beruflich selbständig machst.
Ein Streit darüber, was ein Abenteuer ist und was nicht, ist ein Streit um des Kaisers Bart. Hast du dafür Zeit?

Wie überzeuge ich meine Eltern?

> *... doch als ich meinen Eltern zeigte, wie ich, ohne Ekel zu empfinden, einen lebenden Regenwurm verschluckte, da verboten sie mir, deinen Namen je wieder in unserer Familie auszusprechen.*
> *Aus einem Leserbrief*

Nun, die Eltern dieses einen Jungen stehen nicht allein da. Ein anderer Vater wollte mir gar die Polizei auf den Hals schicken, als er erfuhr, daß sein achtzehnjähriger Sohn an einem Wochenend-Survival-Kurs bei mir teilnahm. Außerdem schablonisierte er mich als »Würmerfresser«, ohne sonstige Informationen zu haben und sich beschaffen zu wollen.
Ich verstehe derartige Reaktionen zwar, aber ich empfinde auch Mitleid wegen der Oberflächlichkeit und geringen Toleranz. Wer nicht ist wie sie, der ist Aussteiger, Außenseiter und muß 'ne Macke haben.
Sie zeigen mir aber auch, wie wichtig es ist für den Young-Survi, nicht mit der Tür ins Haus zu fallen oder mit dem Wurm auf den Mittagstisch.
Ich kann mir lebhaft vorstellen, wie dir zumute ist: Du findest Survival gut. Du willst den Eltern eine kleine Kostprobe erster Lernübungen präsentieren und bringst die Wurm-Schocker-Nummer. Klar, daß un-

vorbereitete Mitmenschen, die dreimal täglich mit Mundwasser gurgeln und sich aus ästhetischen Gründen nicht mal küssen mögen, vom Hocker rutschen.
Aber das muß ja nicht sein. Was nutzen unnötig verscherzte Sympathien?! Besser ist es, solche zwar wirksamen aber doch nebensächlichen Gags auf später zu verschieben und erst mal mit z. B. dem sportlichen Training anzufangen. Oder mit einem Englischkursus. Und mit mehr Neugier in der Schule. Als nächstes könntest du eure Wohnung gegen Einbruch sichern und aus eurem sterilen Garten einen lebenden Biotop zaubern, oder überhaupt: Du führst einen deiner Zaubertricks vor. Das mögen sie nämlich alle: Männlein und Weiblein, weiß oder weiß-ich-was, jung oder alt, also von der Krippe bis zur letzten Kiste. Und das sind zugleich wertvollere Beweise deiner neuen »Wissenschaft« als das Gewürmgeschlucke. Und wenn du dann eines Tages doch den obligatorischen Wurm anschleppst, ist deine Mutter inzwischen so weit, daß sie dir glatt einen Sondertisch aufbaut mit schneeweißer Decke, einem leckeren Mäuschen und einem Drink aus Teichwasser mit lebenden Wasserflöhen. Wetten?

Trainingsgrundsätze

Die viele Theorie läuft nebenbei, das Praktische gliedert sich in drei Kategorien. Und zwar in das, was du häufig wiederholst, was du selten ausführst, und das, was du nur einmal machst. Dauerläufe etwa gehören zum häufigen, Schießen vielleicht zum selteneren und Wildschweine – per Hand – fangen zum einmaligen Üben. Mein Training ist nicht fanatisch und nicht verbissen. Es ist mehr sporadischer Natur, locker und witzig. Ich will kein Weltmeister werden, der sich jedesmal neu müht, seinen eigenen Rekord zu halten oder zu verbessern, aber ich kontrolliere dennoch meine Zeiten, um eine Leistungsorientierung zu haben. Ich respektiere – wie schon im früheren Kapitel gesagt – die Naturschutzgesetze, was dann auch heißt, daß ich nicht quer durch jedes Gestrüpp laufe und das Wild aus seinen letzten kleinen Verstecken vertreibe.
In der Gruppe wird entweder Rücksicht genommen auf den Schwächeren, oder es wird eine festgelegte Strecke gelaufen, die jeder kennt und die jeder so schnell oder langsam läuft, wie er in Form ist. Es ist unwichtig, als erster durchs Ziel zu kommen: man stützt den Schwächeren und kommt gemeinsam an.

Dort, wo du Camp machst, darfst du es auch, denn du hast vorher den Eigentümer oder Verwalter (Bauer, Förster ...) gefragt und ihnen deine Naturverbundenheit bekundet. Vielleicht hast du ihnen sogar deinen Ausweis gezeigt – das schafft Vertrauen. Diese Leute haben dir auch gesagt, ob und welchen Baum du benutzen oder gar rupfen darfst, weil die Schonung, in der er steht, demnächst sowieso ausgelichtet werden soll. Oder der Förster gibt dir einen Tip, wo in seinem Gebiet ohnehin gefällte Bäume liegen, an denen du das eine oder andere praktizieren kannst.

Denk daran: Wer *vorher* fragt, wird meist Entgegenkommen erfahren. Ein geeignetes Trainingsgebiet zu finden, wo man auch mal ein Feuerchen machen darf, ist vielerorts schwer, aber nie unmöglich. Es liegt an euch.

Außer am zertrampelten Gras sieht man nach dem Training nicht, wo du gewirkt und gehaust hast. Keine Spur von Müll liegt in der Landschaft, das Feuer ist völlig gelöscht, deine Notdurft hast du verscharrt. Sie liegt nicht als Tellermine in der Landschaft. Tut sie es doch, wirst du verstehen, wenn der Bauer sagt: »Du stinkst mir. Das war das letzte Mal!«

Warnung

> *... möchte ich hiermit einmal Nehbergs Buch bestellen: Die Kunst zu sterben.*
> *Aus einem Kundenbrief an den Kabel-Verlag*

Alle Übungen, die ich erkläre, machst du auf eigene Gefahr! So, wie du als Nichtschwimmer garantiert nicht einfach in tiefes Wasser springen wirst, so wirst du auch viele dieser Übungen Schritt für Schritt, zum Teil nur mit einem bewachenden Partner und dem Trostpflaster eines Erste-Hilfe-Päckchens machen können und wollen.

Beherzige immer:

Sicherheit geht vor Erfolg!

Es nutzt dir nichts, wenn du dich leichtfertig von der dritten Etage an der Hauswand abseilst und auch unten ankommst – aber nicht per Seil, sondern per Sturz.

Du willst Überleben lernen und nicht Sterben!

Partner

Wenn du das Überlebenstraining und mögliche Reisen nicht allein machen willst – und warum solltest du auch? –, dann beginnt für dich die Zeit der Partnersuche. Natürlich, du hast Freunde, aber was ist, wenn sie nicht mitmachen wollen? Denn du veränderst dich, und die anderen haben vielleicht gar keine Lust, sich auch zu ändern.

Das Partnerproblem ist meist eines der ersten, das sich dem jungen Survivor stellt. Ich hatte es früher selbst. Im nahen Umkreis ist niemand zu finden, der sich dir anschließen möchte. Jungen sind oft noch relativ gut dran, während Mädchen nun hören, daß sie »als Mädchen das unmöglich wagen können, von wegen der Gefahren und so«.

Diese Gefahren sind nicht zu leugnen. Sie können aber jedem begegnen. Und wenn er noch so plietsch ist.

Bleibt die Frage: Wie finde ich den Typ, die Typen?

Kostenlos sind die Anschläge in Schulen und bei den Globetrotterausrüstern, die meist Schwarze Bretter haben. Aber die Erfolge solcher Aushänge sind mäßig.

Meine eigenen ersten Leute fand ich per Kleinanzeige in der Tageszeitung. Sie kostet zwar ein paar Mark, aber dieses Geld ist eine wichtige und nötige Investition. Die Alternative würde bedeuten: nicht inserieren und du, Junge, mußt allein fahren, und du, Mädchen, »darfst« gar nicht erst los. Eine Kleinanzeige muß nicht wortreich sein. Sonst hieße sie ja auch Großanzeige. Wählt zum Inserieren diejenige eurer Tageszeitungen, die den größten Anzeigenteil hat, und inseriert am Tage mit der größten Auflage. Das ist meist samstags der Fall. Nachteil: Die Anzeige ist dann teurer. Vorteil: Sie wird dafür von mehr Leuten gelesen und sogar zwei Tage lang – nämlich Samstag und Sonntag. Also echte Vorteile. Am Geld darf's also nicht scheitern, denn wie man mal eben 'ne Mark dazumacht, werde ich in einem anderen Kapitel noch erzählen.

Das beste für den, der zum erstenmal inseriert, ist, zur Anzeigen-Aufnahmestelle der betreffenden Zeitung hinzugehen. Den Text habt ihr vorher bereits entworfen, und der Anzeigenmensch dort wird euch beraten, wenn etwas unvorteilhaft ist. Wichtig ist: Gebt eine Telefonnummer an! Neugierige wollen sofort die Möglichkeit haben, mehr zu erfahren, und nicht erst lange schreiben. Inserate mit Chiffre, mit Kennummer, sind weniger erfolgversprechend.

Als Test hatte ich an zwei Samstagen dieselbe Anzeige im Hamburger Abendblatt. Einmal war sie chiffriert, das andere Mal mit Telefon. Ergebnis: nur zwei Zuschriften, aber 18 Anrufe.

Am Telefon melden sich natürlich nicht nur Idealleute. Auch Neugie-

rige, Quatschköppe und Laberheinis sind darunter. Aber am Telefon kannst du schon vieles vorab klären und »heraushören«, ob er/sie dir überhaupt sympathisch ist. Es nutzt kein Begleiter etwas, der Zeit und Lust hat und qualifiziert wäre, aber den du wegen seiner Arroganz nicht ausstehen kannst. Es gibt genügend Weiblein und Männlein, die Partner suchen. Und es ist ein Irrtum, zu denken, unter den Mädchen wären nur wenige reiselustige und ungenügend sportliche! Das ist überhaupt nicht der Fall. Daß das anders ist, habe ich immer wieder festgestellt und zuletzt bei den Survival-Kursen für Jugendliche: Mädchen, mit denen man durch dick und dünn gehen kann! Traumtypen, bei denen es ein Jammer wäre, wenn sie mangels Partner die Trainings- und Reisepläne ändern müßten!
Ideal ist das eingeschliffene Team. Egal, ob nur als Duo oder größer. Da hat dann jeder seine Aufgaben, und er meistert sie mit seinen Stärken und auch seinen Schwächen. Einer hilft dem anderen und ergänzt ihn, damit das Vorhaben ein Erfolg wird. Das kann die besagte Radtour sein oder ein Naturschutzprojekt oder oder. Es ist weniger sinnvoll, einen Partner mitzuschleppen, der nichts zu bieten hat, der nicht fotografieren kann, nicht ausdauernd oder unterhaltsam ist. Ein Partner, in dessen Begleitung du alles allein machen mußt und der sich lediglich von dir »reisen läßt«. In einem Team, in dem jeder alles kann, sind alle gleichwertig und somit auch gleichberechtigt. Gleichberechtigung erschien mir bei meinen Vorhaben immer die beste Art der Partnerschaft. Egal, ob auf Reisen, im Betrieb, in Familie oder bei anderen Vorhaben. Nur wenn jeder Teilnehmer in gleicher Weise verantwortlich ist und am Erfolg teilhat, wird er auch gleichen Einsatz bringen. Es kann deshalb trotzdem einen Primus inter pares, einen Ersten unter Gleichen geben. Der ergibt sich oft automatisch, weil er die Idee zu diesem Projekt hatte oder weil er der einzige ist, der das Land kennt, in das ihr wollt.
Im Falle strittiger Fragen wird demokratisch abgestimmt. Bei Stimmengleichheit entscheidet das Los. Und jeder sollte sich fair danach richten. Wer es nicht tut, fliegt raus. Das sollte man alles klar, eventuell schriftlich, festlegen.

Zeichenerklärung

Ab jetzt tauchen diese sechs Symbole auf. Beachte diese Hinweise in den Action-Kapiteln, sie sind wichtig für dich und bedeuten:

1 Guter Vorschlag!
oder
Achtung!

2 Bitte Vorsicht!

3 Gefährlich!

4 Nebenverdienst!

5 Naturschutz

6 Ächt stark!
Ein Nehberg-Speschel!
Auf eigenem Mist gewachsen!
Absolut neu!

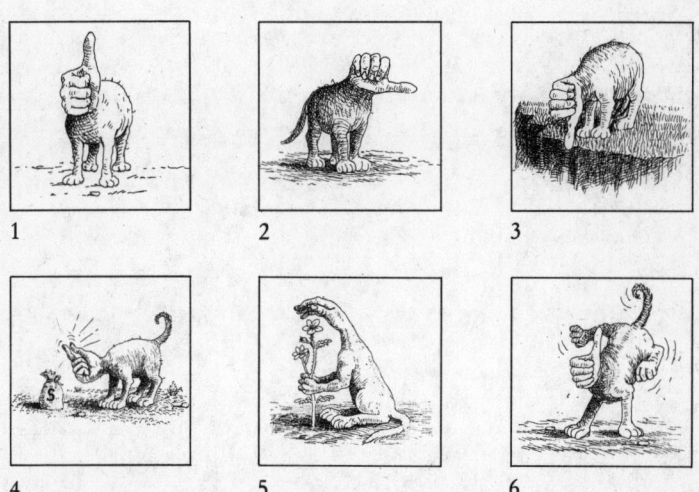

3. Teil
Oh, Future

Training

Laufen, Schwimmen, Eisbaden

Schwimmen ist der Sport, der alle Muskeln aktiviert, und Laufen beschränkt sich auf die Beine, das Herz und die Lunge. Aber es bietet sich allerorts bequem an. Eine Laufstrecke hat man überall direkt vor der Haustür, während man für Wasser weitere Wege in Kauf nehmen muß. Zum Laufen benötigst du nichts als irgendeine alte Hose, ein Hemd und Schuhe. Es braucht wahrhaftig kein teurer Trainingsanzug zu sein, auf dem auch noch modisch schick JOGGING steht, damit es jeder weiß und der Hersteller 'ne Mark mehr verdient. Auch Turnschuhe sind nicht Voraussetzung für einen Lauf, obwohl es sich damit weit angenehmer, »gelenkiger« sprinten läßt als in Stiefeln. Im echten Notfall hast du solche Komfortausrüstung ohnehin nicht zur Hand. Also üb auch gern mal mit unpassender Garderobe. Wenn du dir dennoch die Erstausrüstung neu anschaffen willst, nimm eine Badehose, ein Paar stabile, abwaschbare Turnschuhe mit dicker Sohle und Fußbett, ein T-Shirt und einen Overall, der eine Mischung aus Baumwolle (hautfreundlicher) und Synthetik (stabiler) sein kann. Es gibt Overalls billig als Second-Hand-Ware in den Militärshops oder im Berufswäsche-Fachgeschäft. Nicht kaufen würde ich den Overall in einer Mode-Boutique. Dort mag er zwar eleganter sein, aber er ist auch teurer und für deinen Zweck zu schade, weil ich vorhabe, dich im Verlaufe des Buches (und Trainings) noch quer durch die »Landschaft« zu scheuchen. Du wirst einen regen Verschleiß haben.

Wenn du zum ersten Mal läufst, fängst du klein an. Nicht klitzeklein – also nicht fünfhundert Meter und ähnlichen Spielkram, sondern mindestens zweitausend Meter. Egal, wie langsam. Du stoppst die Zeit, um in den nächsten Tagen zu sehen, ob du besser geworden bist. Und allmählich verlängerst du die Strecke auf mindestens fünf Kilometer, lieber noch zehn ka-em. Spitzenleute trimmen sich auf Marathondistanzen (42 km). Ob ihr das anstreben wollt, entscheidet selbst. Survivors sind nicht so sehr Spezialisten und Rekordler in *einer* Disziplin, sondern sie sind auf vielen Gebieten bewandert und dann vielleicht weniger gedrillt, weniger gut. Mehr Zehnkämpfer also als Einzeldisziplin-Weltrekordler. Wer ein schwaches Herz hat, wird das wissen. Er wird seinen Arzt fragen und nur das machen, was er sich zumuten kann. Das gilt für viele Übungen natürlich auch.

Laufen könnte jedem Survival-Training vorangehen und ist diejenige Sportart, die am meisten oder immer wiederholt wird. Besonders beim Anfänger kommt nach drei Kilometern ein Punkt, wo er ein Päuschen einlegen möchte. Mal eben pieschern und so. Auf die Toilette gehen kannst du vorher, denn im Ernstfall kannst du auch keine Pausen machen. Du läufst deinen Turn also in einem Stück und erreichst schwitzend das Ziel.

Da wäre eine kurze kalte Dusche oder ein Bad im See genau richtig. Wenn dein ganzer Körper bebt und kocht, ist die Abschreckung das, was ihm fehlt (sofern dein Herz okay ist). Zu kalt ist es nie, auch dann nicht, wenn Eis auf dem See ist. Das Loch hackst du dir schon vor dem Laufen hinein. Vorm Baden spritzt du dich einmal kurz ab und jumpst für ein paar Augenblicke hinein. Aber nie untertauchen und nie die sichere Kante verlassen! Wenn du dann herauskommst, wirst du dich warm und sauwohl fühlen.

Eventuell ein Handtuch und trockene Klamotten für den Heimweg parat legen!

Sowohl das Laufen als auch das Schwimmen und Eisbaden lassen sich erschweren für Fortgeschrittene.

Beim Laufen probier's mal mit einer dicken Falte im Strumpf, mit Sand oder einem Steinchen im Schuh! Und dann denk, jemand sei hinter dir her, so daß du keine Zeit hast, die Störungen zu beheben.

Besonders erschwerend ist es, mit Gepäck zu laufen. Eine halbe Gehwegplatte, ein Sack Sand bis zu fünfundzwanzig Pfund schwer, mit viel Stoff umwickelt, *fest* auf den Rücken gebunden: Ich wette, deine Lende ist nach fünf km durchgescheuert. Nach vierzehn Tagen ist die Schürfstelle verheilt. Eine Hornhaut kriegst du auch bei vielen Wiederholungen nicht. Immer wieder fetzt es dort durch. Wichtig sind vor allem die gute Polsterung und das totale Festbinden an den Körper, damit der Stein dich nicht aus dem Laufrhythmus bringt.

Wenn es nicht dem Naturschutz zuwiderläuft, wähle mal eine Strecke schnurgeradeaus. Egal, ob ein Sumpf, ein Berg, ein Fluß im Wege sind. Denn auch das Durchqueren der Wasser mit Gepäck will geübt sein. Du wirst nicht in der Lage sein, fünfzig Meter mit dem schweren Stein

zu schwimmen. Also mußt du ihm Auftrieb verschaffen. Das geht auf drei Weisen. Entweder hast du als Rucksack einen wasserdichten Kanister (s. Kapitel »Rucksack«) – das wäre optimal – oder du hast die Allround-Silber-Folie vom Überlebensgürtel, in die du den Stein und sperrige Kleinäste packst, die dann ein Luftvolumen schaffen. Oder du baust ein Minifloß. Das kann aus Holz sein, einem Bündel Stroh (möglichst in die Folie oder in Plastiktüten gewickelt, weil es sich dann langsamer oder gar nicht vollsaugen kann), leeren Dosen oder Flaschen, die du – umweltbewußt – vorher aus den Chausseegräben gesucht hast.

Das Gepäck muß immer Auftrieb haben, weil du selbst nach dem Lauf so sehr außer Puste bist, daß du die verbleibende Kraft für dich selbst brauchst und nicht vergeuden kannst mit aufwendigen Stemmakten.

Schwimm auch mal mit deiner Laufkluft! Du wirst merken, wieviel schwerer das ist als mit der Badehose. Und nebenbei wird dein Overall gleich sauber.

Und wenn du das Eisbaden erschweren willst, hack mal mindestens zwei Löcher (am besten geeignet dafür ist die Kreuz- oder Pickhacke) im Abstand von nur fünf Metern ins Eis und tauche von einem zum andern: aber nur unter Aufsicht! Vor allem abends, in der Dämmerung oder wenn der Himmel wolkenverhangen ist, ist dies eine schwierige Übung. Du kannst dann die Öffnungen von unten nämlich nicht ausmachen und lernst so, Angstgefühle zu verlagern. Mach es nie ohne die folgenden doppelten Sicherungen! Denn wenn du erst im Frühjahr wieder auftauchst, nutzen dir die neuen Erfahrungen nichts mehr.

Sicherung Nr. 1: Auf die Spitze eines mindestens fünf Meter langen Stockes knotest du dein (mindestens 12 m langes) Seil und schiebst es jetzt unter der Eisdecke von Loch zu Loch. Am anderen Loch nimmst du das Seil entgegen, löst es vom Stock, holst den Stock aus dem Wasser und verknotest beide Seilenden so miteinander, daß das Seil stramm ist.

Dieses Seil ist dein Leitfaden während du tauchst. Laß es *nie*(!) los! Da du dich mehr daran langhangeln wirst als schwimmen, kann es sein, daß das Seil rotiert. Dagegen kannst du es sichern mit einer Eisschraube (Bergsteiger-Ausrüstungsläden) oder mit einem kleinen dritten Loch (neben einem der anderen beiden), damit du die freien Enden des Seiles um diese Eisbrücke knoten kannst (s. Zeichnung 1).

Prüf vorher von oben mit kräftigem Zug, ob alles hält. Verlaß dich nicht darauf, daß dein Begleiter das Seil auch halten könnte. Denn er muß frei sein für die weitere Sicherung:

Sicherung Nr. 2: Binde dir ein zweites Seil um die Taille, dessen anderes Ende dein Begleiter hält, damit er dich notfalls mit Gewalt zurückziehen kann, wenn du nach zwanzig Sekunden nicht am anderen Loch aufgetaucht bist oder er merkt, daß du die Richtung aus irgendeinem Grund verloren hast. Die Eislöcher sollten immer weit entfernt von Unterwasserpfählen (Stegen) und Gestrüpp geschlagen werden, damit man sich nie verheddern kann. Und noch ein letzter Tip: Eisbaden ist um vieles leichter, wenn man alles vorher vorbereitet hat, sich dann heißläuft und dann die Aktion zügig durchzieht. So kalt die Außentemperaturen auch sein mögen und so eisig der Wind, der da bläst: im Wasser ist es stets relativ mollig, zwischen einem und drei Grad Celsius über null. Wenn das nichts ist! Ein Eskimo würde schwitzen.

Hindernisse

Ein anständiges Kernmantelseil gehört zu den Ausrüstungsteilen, die man schlecht selbst basteln kann. Wünscht es euch zu Weihnachten und nehmt dann gleich etwas Dauerhaftes: 9–11 mm ⌀, 45 Meter (Norm) lang. Wir benötigen es später auch zum Bergsteigen, und da ist Ersatz gefährlich.

Für unsere Übungszwecke in geringster Höhe mag es vorerst auch ein altes, *ausrangiertes* Bergseil tun (frag die Profis im Alpenverein! oder die Schiffsbesitzer in den Häfen, die immer mal einen alten Tampen aussortieren, wenn er ihr Boot nicht mehr zu halten vermag). Dich und deine Freunde wird er dennoch bequem tragen und ertragen.

Um überhaupt erst einmal Gefühl für den Vorgang zu bekommen und Vertrauen zu gewinnen in Gerät und Körperkraft, beginnst du in nur einem Meter Höhe. Du spannst das Seil von Baum zu Baum. Bevor du es festknotest, schling es mehrmals um den Stamm, weil dadurch der Knoten nicht mehr belastet wird und sich leichter öffnen läßt. Dann legst du dich drauf. Ein Bein wird angewinkelt, und mit dem Fuß desselben Beines verhakst/verklemmst du dich am Seil (Zeichnung 2a).

Das andere Bein baumelt runter. Es ist deine Balancier-»Stange«, wie beim Eichhörnchen der Schwanz. So – und nun ziehst du dich vorwärts, Griff um Griff. Du wirst dich wundern, wie einfach, wie leicht das geht. Wiederhole es einige Male und versuche die zweite Möglichkeit: Unter

dem Seil hängend, die Beine scherenartig über dem Seil zusammengeschlagen, mit den Händen ziehst du dich voran. Ob du dich lieber ziehst oder schiebst, mußt du selbst herausfinden. Diese Übung erfordert mehr Kraft (2b).
Nun steigerst du die Schwierigkeit abermals, indem du es auf Schnelligkeit oder mit Gepäck tust. Wenn du mit einer Last hinüber willst, empfiehlt sich die erste Überquerungsart: das Rutschen *auf* dem Seil. *Unter* dem Seil, hängend, kostet dich die Übung unnötig Kraft, weil du das Gewicht des Gepäcks und dein eigenes *halten und vorwärtsbewegen* mußt. *Auf* dem Seil hingegen brauchst du die Kraft nur zum Vorwärtsziehen.
Wenn du das beherrschst, spann das Seil höher. Zur Erhöhung des Reizes befestige es über einer Schlucht, einem Bach. Wenn du es waagerecht spannst, ist es viel schwerer hinüberzugelangen, weil jedes Seil durchhängt und du drüben »bergan«-klettern mußt. Spann es deshalb mit Gefälle zur anderen Seite. Anfangs und bei Schwächeren und bei Leuten, die nicht schwindelfrei sind, ist eine Sicherung ratsam. Du bindest dir einen Tampen um den Brustkorb (ideal und eine Anschaffung fürs Leben ist ein Bergsteiger-Brustgeschirr oder Ganzkörper-Sitzgurt) und wirfst von diesem einen weiteren lockeren Seilring um das gespannte Langseil. Das muß dann aussehen wie zwei ineinander verschlungene Ringe. In einem hängst du selbst, der andere ist durch deinen Brustring über das Langseil geworfen und läuft wie eine Öse mit. Einfacher ist, einen oder mehrere Karabinerhaken als Kette zu verwenden, die deinen Brustring mit dem Überquerungsseil verbinden. Auch Karabiner gehören später zur Standardausrüstung, falls du des öfteren Bergübungen machst. Sie gehören, wie das Seil, zu den wenigen Dingen, die nicht bastelbar sind, weil zu hohe Anforderungen an sie gestellt werden.
Für junge Leute, die trotz gelungener 1-Meter-Übung in größerer Höhe Beklemmungen bekommen, ist bei ersten Hindernisüberquerungen das Einklinken in eine Laufrolle zu empfehlen (2c). Dann kann man sich einfach hängen oder fallen lassen und rollt trotzdem von selbst rüber. Diese Methode empfiehlt sich auch für Schwache und Kranke, weshalb die gekaufte Aluminiumrolle später zur Ausrüstung für den großen Trip gehört.
Konnte man ein Seil nicht schräg spannen und sind dennoch Kranke hinüberzutransportieren, wird der Betreffende mit einem zweiten (eventuell viel dünneren) Seil hinübergezogen (Zeichnung 3).
Der erste und der letzte Mann sind jeweils diejenigen, die das Hindernis mühsam und konventionell überqueren müssen, um das Seil hinter sich

herzuziehen, drüben zu befestigen oder zum Schluß zu lösen. Es sei denn, man ist in Gefahr und hat für das Lösen keine Zeit. Dann sollte man es drüben zumindest kappen oder – hinterlistiger – so weit einschneiden, daß die Verfolger es nicht benutzen können und der erste gar ... Mein Gott, bin ich ein fieser Typ.

Abseilen

Es passiert täglich. Feuerwehren, Polizei und die Schlüsseldienst-Unternehmen können ein Lied davon singen.
»Oh, Gott, was soll ich machen? Ich habe meinen Schlüssel innen in der Wohnungstür steckenlassen, und nun komme ich nicht mehr rein.«
Mitunter wird das teuer: Schloß herausschrauben oder gar die Tür aufbrechen. Auf jeden Fall sind die meisten Einsätze kostenpflichtig und relativ teuer. Billiger ist es, in Zukunft euch zu rufen. Ihr steigt aufs Dach oder klingelt ein paar Etagen über der betreffenden Wohnung und bittet um die Erlaubnis, von einem der oberhalb gelegenen Fenster oder

Balkons euch abseilen zu dürfen zur verschlossenen Wohnung. Möglichst landet ihr unten auf dem Balkon oder dort, wo ein Fenster offen ist, oder dort, wo man nur eine kleine Scheibe einzuschlagen braucht, um das Fenster von innen zu öffnen und einzusteigen.

Wer im Hochhaus wohnt, kann sich so immer mal schnell ein Täßchen Kaffee oder 'ne Mark verdienen oder an der Außenfassade entkommen, wenn es brennt und Treppenhaus und Fahrstuhl blockiert sind.

Wie nun geht das vor sich? Einfach am Seil wie an einer Turnstange runterzurutschen, bedeutet, sich die Hände durch Reibungswärme zu verbrennen.

Bleibt der Dülfersitz.

Auch ihn lernen wir zuerst in der Horizontalen. Ihr werft das Seil um einen Baum und setzt euch rittlings darauf, so daß beide Enden gleichlang zwischen euren Beinen hindurchlaufen. Ihr sitzt quasi auf dem Seil mit dem Gesicht zum Baum.

Nun führt ihr das Doppel-Seil durch die Gesäßspalte über die linke Taille zur rechten Brust. Von dort über die rechte Schulter wieder hinter den Körper über die Schulterblätter: vom rechten zum linken, zur linken Hand am ausgestreckten linken Arm. Mit dieser Hand reguliert ihr nun, ob ihr abrutschen oder verweilen wollt. Infolge der mehrfachen Reibstellen am Körper (lieber dicker anziehen und Kragen hochklappen!) wirken diese wie eine Bremse. Was du nun noch mit der linken Hand zu tun hast, erfordert kaum Kraft. Mit der rechten umfaßt du das Doppelseil, vor dir, vor deinen Beinen und lehnst dich mit ganzem Gewicht zurück. Solange du mit der linken Hand das Doppelseil festhältst, kommst du nicht von der Stelle. Sobald du mal die linke, mal die rechte Hand lockerst, rutschst du peu à peu vom Baum fort (Zeichnung 4).

Wichtig ist hierbei, das Doppelseil in genau der richtigen Weise um den Körper zu legen. Dann ist genug Reibungs- und Bremsstrecke vorhanden, und du hängst gleichzeitig, gegen das Rauskippen gesichert, in den Windungen.

Wenn diese Übung klappt, such dir als nächstes einen schrägen Hang. Dort wiederhol den Vorgang. Jetzt bekommst du schon das Gefühl fürs Bergab-Seilen. Und schließlich kannst du es wagen, eine 2-Meter-Senkrechtwand abzufahren. Denk immer daran, den linken Arm weit vom Körper zu halten, so unlogisch das zunächst scheinen mag. Gut ist es, wenn du fast im Winkel von 70° zur Wand stehst und dich mit gegrätschten Beinen ständig von der Wand abfederst.

Du wirst staunen, wie simpel diese Übung ist. Sie ist echt im Eigentrai-

4

ning zu erlernen und bestens geeignet, dir zu zeigen, was alles möglich ist, wenn man es einmal erklärt oder gezeigt bekommen hat.
Unten »im Tal« angekommen, holst du das Seil ein. Das ist möglich, weil du es ja nur lose um den Baum gelegt hattest. Sollte die Wand höher sein als dein halbes Seil, dann mußt du unterwegs einen Podest finden, auf dem du verweilen und neu beginnen kannst, oder – im Notfalle – knotest du es oben fest und läßt es in voller einfacher Länge hinab. So gelangst du doppelt so tief, aber du mußt das Seil hängenlassen, weil du es nicht einholen kannst.
Ach so – noch etwas: Während der ersten Male – bei der Zwei-Meter-Übung – solltest du einen Helfer unten postieren, damit du gegebenenfalls weich fällst.

Noch sicherer als der
Dülfersitz:
Der Karabinersitz

5

Auf die Bäume

> ... denn es war das erste Mal in meinem Leben, daß ich einen glatten Baumstamm raufgekommen bin. Im Überschwang der Freude machte ich dann in sechs Meter Höhe einen Fehler und stürzte ab. Nun liege ich im Krankenhaus mit gebrochenem Bein.
> Keine Angst – ich will Dich nicht haftbar machen, sondern Dir für das Glücksgefühl danken und Dir den beigefügten Strauß per Fleurop zukommen lassen.
>
> *Aus einem Leserbrief*

Was für unsere Ururvorfahren sicherlich ein Klacks war, ist für uns Geistesmenschen oft von Schwierigkeit: das Erklettern von Bäumen. Was soll man auch da oben, wird der Laie fragen, während der Fachmann weiß, daß es sehr wohl nötig sein kann, sich nach oben zu begeben. Entweder will man von oben die Landschaft nach dem besten Weg absuchen, oder man hat Appetit auf des Baumes Früchte, oder man will sich verstecken.

Die ganz dicken und glatten Stämme sind die schwierigsten. Vor allem, wenn keine Hilfsmittel zur Verfügung stehen. Zunächst wird man dann Ausschau halten, ob man vom Nachbarbaum rüberklettern kann oder nicht ein Ast so tief hängt, daß man ihn per Hand oder mit einem langen Hilfsast herunterziehen kann, um dann daran hochzuklettern (Zeichnung 6).

Oder es bringt ein schräg angelegter Stamm Erfolg, ein Steinhaufen, eine Äste-Leiter, eine Treppe aus kleinen Stämmen oder eine selbst gebastelte Normalleiter. Je nachdem, ob Mühe und Erfolg in vernünftigem Verhältnis stehen. Als Flecht- und Bindematerial sind viele Rinden von Ästen geeignet und die feinen äußersten Wurzeln der Bäume, die parallel und dicht unter der Erdoberfläche verlaufen (z. B. Kiefer).

Leichter ist es, wenn du ein Seil dabei hast. Du wirfst es über den untersten starken Ast und ziehst dich hoch. Hast du nur ein kurzes Seil, das gerade bis oben hinreicht, das du also schlecht dort oben befestigen kannst, machst du dir einen Wurfanker, der sich entweder verhakt oder der sich drei-, viermal um den Ast wickelt.

Wem das Seil zu glatt zum Klettern ist, der macht alle halbe Meter einen Knoten oder Queräste hinein.

An schlankeren Bäumen kann man sich mit dem Fußring versuchen, der auch aus zäher Baumrinde sein könnte (6b). Oder man macht sich Steigschlingen. Am besten zwei Stück. Hat man nur eine zur Verfügung, dient sie mehr dem Ausruhen. Man kann bequem in ihr stehen. Will man höher, muß man sich mit den Beinen verklemmen und dann die Schlinge lockern und höherschieben (6a).

Das eigene Gebirge

Nicht jeder hat Berge vorm Haus. Nicht jeder kann, um Bergsteigen zu lernen, erst in die Alpen fahren. Dennoch braucht er aufs Üben nicht zu verzichten. Jeder Anfänger kann sich das Grundwissen selbst beibringen. Am eigenen Gebirge. An der privaten Steilwand. Und wenn ihn diese Kunst begeistert und er sich steigern möchte im Steigen, wird er ohnehin die Fortbildung im echten Gestein suchen, weil dessen Vielseitigkeit und Schönheit nicht zu ersetzen sind.

Was ihr braucht, um euren Berg anzulegen, ist eine Wand. Fünf Meter sollte sie mindestens hoch sein. Ideal ist eine eigene Hauswand. Wenn ihr die habt und die Erlaubnis eurer Eltern oder die des Hauseigentümers, dann kann es losgehen.

Ihr sucht beim Schrotthändler all die Teile zusammen, die ihr auf der Zeichnung 7 und 8 erkennen könnt. Im Grunde sind eurer Phantasie keine Grenzen gesetzt. Denn auch im Gebirge gibt es nichts, das es nicht gibt, und nichts, das haargenau zweimal existiert.

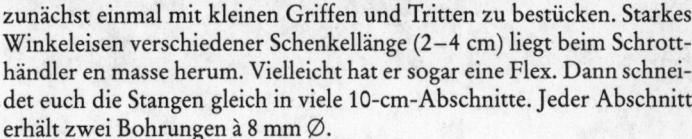

Da ihr jedoch ohne Vorkenntnisse starten wollt, empfehle ich neben allen Phantasie-Kletterhilfen, die Mauer zunächst einmal mit kleinen Griffen und Tritten zu bestücken. Starkes Winkeleisen verschiedener Schenkellänge (2–4 cm) liegt beim Schrotthändler en masse herum. Vielleicht hat er sogar eine Flex. Dann schneidet euch die Stangen gleich in viele 10-cm-Abschnitte. Jeder Abschnitt erhält zwei Bohrungen à 8 mm Ø.

Diese Griffe und Tritte schraubt ihr im Zickzack von unten bis oben an eure Wand. Mit Hilfe des Schlagbohrers, mit Kunststoffdübeln (10 mm Ø), Unterlegscheiben und Sechskantschrauben. Alle 60 cm einen solchen Winkel. Ihr braucht bei der Montage noch nicht zu »klettern« und macht das per Leiter.

Nach den Winkeleisen montiert ihr Haken.

Statt der teuren Bergsteiger-Wandhaken kauft euch im Handel Schaukel-Schraubhaken. Auch davon braucht ihr alle 60–100 cm einen, der mit 10-mm-Kunststoff-Dübeln tiefstmöglich in die Wand geschraubt wird.

Diese Ösen braucht ihr, um euch später mit euren Karabinern zu sichern. In der Praxis würdet ihr natürliche Schlitze zur Befestigung dieser Ringhaken nutzen. Und da die an der glatten Mauer nicht vorhanden sind und ihr eure Haken immer wieder verwenden wollt, machen wir's halt so. In den sogenannten »Klettergärten«, den Übungsfelsen in den Bergen, sind die Sicherungsringe auch dauerhaft einbetoniert.

Wichtig ist, daß jede einzelne Schraube absolut festsitzt. Trefft ihr mit dem Bohrer mal auf eine Fuge und der Bohreinsatz geht rein »wie Butter«, dann sucht eine andere Stelle. Jeder Ringhaken und jede einzelne Sechskantschraube (auf keinen Fall nur Schlitz- oder Kreuzschrauben!) muß stramm und schwer einzudrehen sein. Wenn alle Haken, »Griffe und Tritte« befestigt sind (Zeichnung 8), verteilt die anderen, die Phantasie-Hindernisse wahllos an der gesamten Wand.

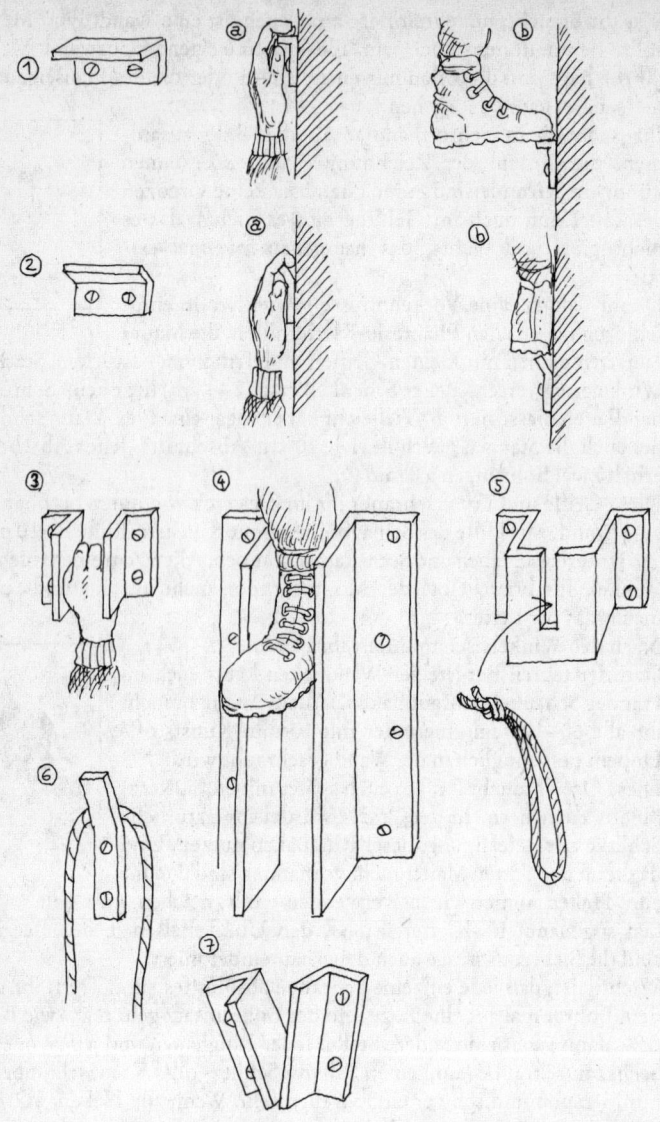

9

Besondere Sorgfalt erfordert der Überhang. Er sollte aus mindestens 8 mm starkem Eisen und gegen das Abknicken mit zwei verschweißten Winkeln gesichert und mit acht *Keil*-Schrauben in der Wand verankert werden. Dübel sind hier nicht ausreichend, denn beim Überwinden dieses »Überhangs« hängt ihr später pendelnd am äußersten Punkt. Da kommen große Belastungen zustande. Es genügt eine abstehende Schenkellänge von 60 cm. (Zeichnung 10)

Während die anderen Hindernisse kaum zu sehen sind, fällt der Überhang auf. Er könnte es sein, der das Gesamtbild der Kletterwand stört, und durch ihn könntet ihr Schwierigkeiten mit dem Hauswirt bekommen. Dann seid nicht traurig. Als Ersatz bieten sich die Decken eurer Werkstatt und des Schlafzimmers an oder ein starker waagerechter Ast am Baum (Zeichnung 9).

Während ihr am Eisenmodell und in den Betondecken wieder dauerhafte Ringösen in Dübeln montiert, dürft ihr den Baum nicht verletzen und helft euch dort mit Seilmontagen. Das heißt, was ihr an die Mauer geschraubt habt, das wird hier mit mindestens 5 mm ⌀-Lawinenschnur angebunden. Natürlich ist es ein wackeliger Ersatz – aber besser als gar nichts.

Der bessere Ausweg wäre, irgendwo zumindest einen (gekauften) Baumstamm oder eine Dickbrettwand aufzustellen. Sie könnt ihr sowohl mit Hindernissen und Hilfsmitteln beschrauben wie auch beschnitzen: Ritzen in allen Variationen, Griffe, Tritte und Löcher schlagt ihr hier mit Hammer und Meißel hinein (Zeichnung 10).
Bei all diesen genannten Kunst-Gebirgen fehlt der Kletter-Kamin. Ihn aus Eisen zu machen oder gar zu mauern, wäre möglich, aber unverhältnismäßig aufwendig. Verzichtet lieber darauf und haltet Ausschau nach zwei engstehenden Bäumen. Zwischen ihnen lernt ihr das Kaminsteigen (Zeichnung 11).

Wenn ihr die Zubehörteile und das Werkzeug für die Kletterwand oder den Kletterstamm vorbereitet habt, dauert die Montage selbst nur wenige Stunden. Wenn ihr die relativ geringen Kosten dennoch wieder reinholen möchtet oder euer Taschengeld auffixen, dann muß jeder fremde Benutzer einen Obolus entrichten. Laßt euch aber immer bescheinigen, daß er auf eigene Gefahr klettert.

Vielleicht montiert ihr unten sogar ein deutliches Schild »Klettern nur auf eigene Gefahr«.

Und wenn ihr meint, euer Trainingsberg sei euch besonders gut gelungen, dann könnt ihr den Tag der Erstbesteigung ja schriftlich und per Foto festhalten, eure »Eiger-Nordwand« mit Kamillentee taufen und – als Krönung des Ganzen – oben das obligatorische Gipfelkreuz errichten. »Das ist ja wohl der Gipfel!«

Klettern

> *Wir sind übern Berg. Es geht bergab!*
>
> *Grafitto*

Bei meinem Kletterunterricht für völlige Laien beginne ich in der Praxis am einfachen Abhang einer Wiese. Um erst einmal das Prinzip des Sich-

11

befestigens, des Steigens und Sicherns im Fels kennenzulernen, kann das Terrain sogar waagerecht sein. Selbst mit geringster Phantasie kann man sich dann vorstellen, ob und wie es im Senkrechten anders wäre.
Wir hier fangen gleich an der vorbereiteten Wand an. Bevor ihr an dieser ersten Übungsstunde per Buch teilnehmt, vorweg zwei Tips: Besser wäre es, wenn ihr einen Fachmann fändet, der euch alles vormacht. Ihr entdeckt ihn am ehesten in den überall vertretenen Alpenvereinen. Notfalls per Inserat. Und zweitens solltet ihr euch das sehr gute Lehrbuch kaufen »Bergsteigen heute« von Hermann Huber, Verlag Bruckmann, München.
Was ihr jetzt bei der Einführung ins »Alleinklettern an der Steilwand« lernen sollt, geht nicht barfuß.

- Ihr braucht ein Paar hohe Schuhe (gern auch preiswerte gebrauchte Fallschirmspringerstiefel vom Militärshop)
- einen Brustgurt oder – besser – einen Ganzkörper-Sitzgurt, oder ihr müßt wissen, wie man ihn sich aus Kernmantelseil (Zeichnung 12 + 13) selbst bindet

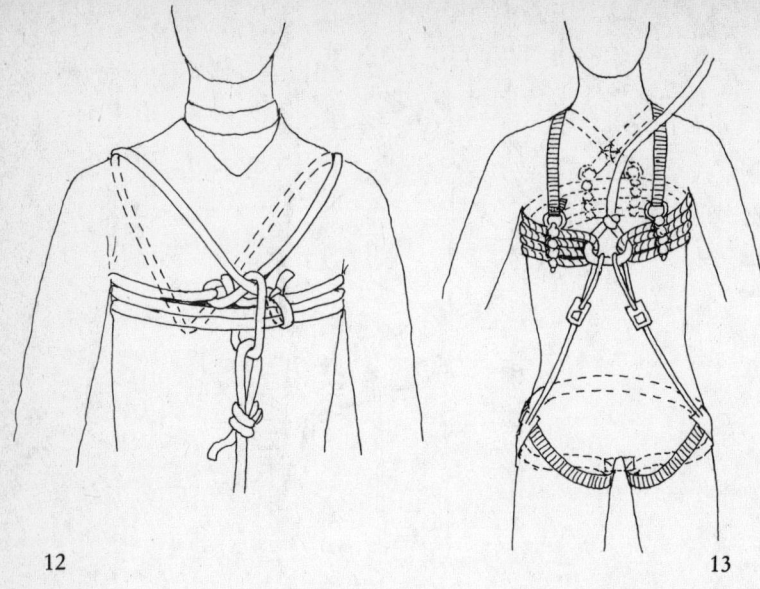

12   13

- ein Bergsteigerseil, 45 m, Perlon, Kernmantel (Z 14)
- 2 Fifis (= Leitern mit ca. 4 Aluminium-Stufen), verknüpft mit 5-mm-Lawinenschnur (Zeichnung 15)
- mindestens 7 Karabinerhaken (Zeichnung 16)
- je einen der 10 gebräuchlichsten Wandhaken, um deren Anwendung zumindest übungsweise zu erproben (Zeichnung 17)
- einen »Bohrer« (Zeichnung 17a)
- einen Spezialhammer mit 1 m Lawinenschnur als Sicherung (Zeichnung 18)
- zwei ca. 40 cm lange Sicherungsseile mit Schlaufen an den Enden (9-mm-Kernmantelseil) (Zeichnung 19)
- zwei Fuß- bzw. Handschlingen mit Knoten, wie Zeichnung 20.

Ihr habt eine Hose an und ein Hemd. Alles hat reichlich Taschen. Da ihr euch zum Schluß abseilt, sind Jacke mit Kragen oder ein Rollkragen-Pulli zu empfehlen. Sonst gibt's Schürfwunden. Ihr schnallt euch den Sicherheitsgurt um und schließt ihn vorn mit einem Karabiner. Das Seil für den Rückweg habt ihr auf dem Rücken oder im Rucksack.

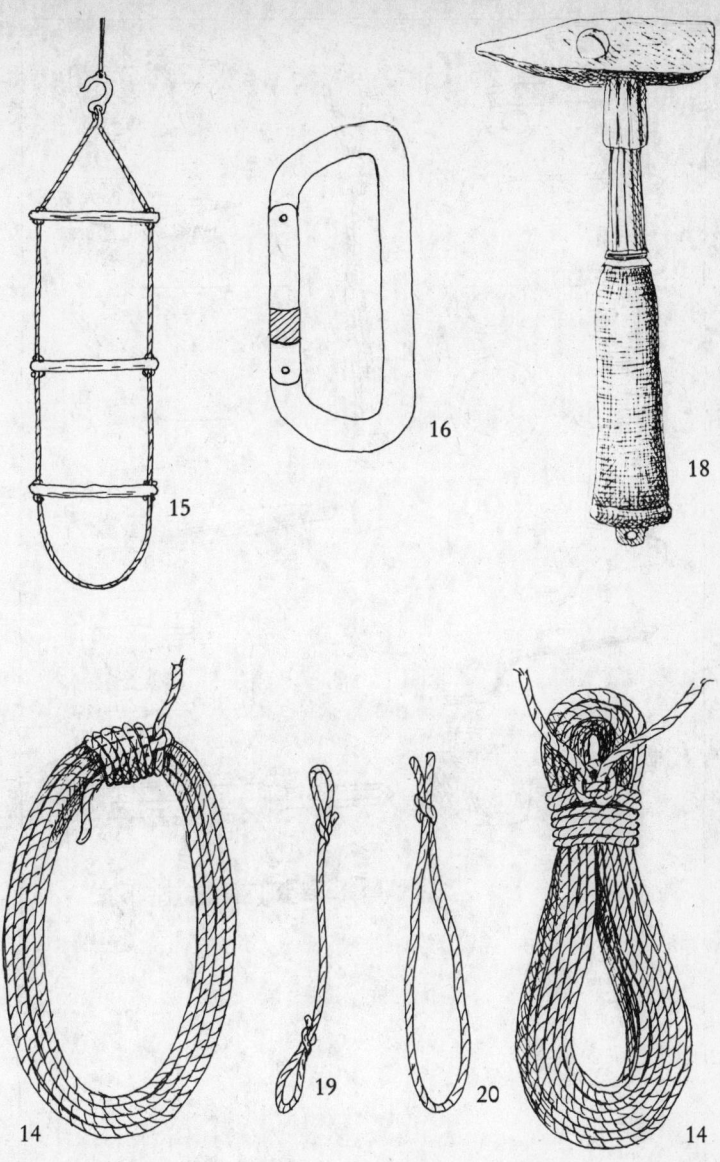

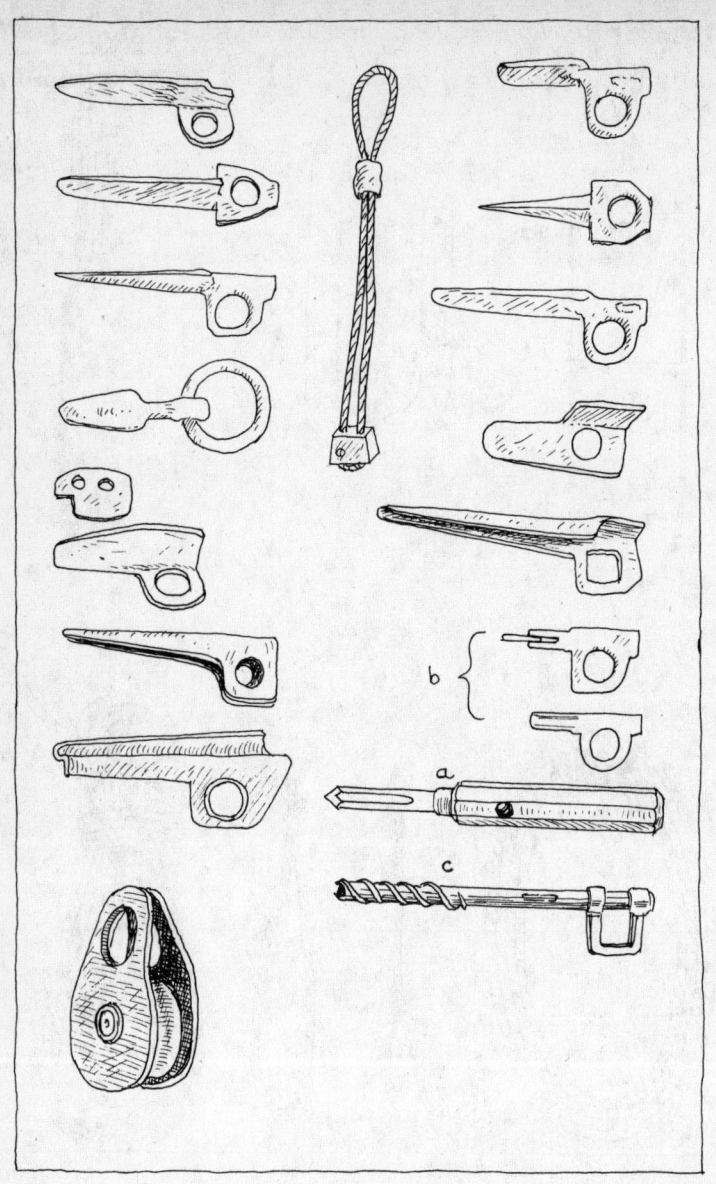

Sämtliche weiteren Karabiner hängt ihr links und rechts an den Gurt.
Rechts baumelt der Hammer, dessen ca. Ein-Meter-Sicherungsschnur fest am Gurt verknotet ist.
Die Fifis hängen links und rechts. Sie sind ebenfalls mit ihren Ein-Meter-Sicherungsseilen fest am Gurt verknotet. So können sie nie hinunterfallen.
Bohrer und Haken braucht ihr nicht mitzunehmen, weil eure Kletterroute fertig ist und sie keine neuen Haken erfordert. Dennoch solltet ihr sie besitzen für grundsätzliche Übungen, zu denen wir später kommen.
Die beiden 9 mm Ø starken Sicherungsseile mit den Schlaufen sind mit einem Karabiner an eurem Brustgeschirr befestigt. Jetzt erfaßt ihr den ersten Metallgriff an der Wand, der recht hoch sitzen sollte. Gut ist es, wenn ihr springen müßt. An ihm zieht ihr euch so hoch (Klimmzüge üben!), daß einer eurer Füße den ersten Halt an einem anderen Metallgriff (= -tritt) findet, der irgendwo viel tiefer liegt. Mit den Fingern der rechten Hand müßt ihr nun den ganzen Körper an der Wand halten. Wenigstens so lange, bis ihr das erste Sicherungsseil mit seiner zweiten Schlaufe und einem Karabiner an einer der Ringösen in der Wand eingeklinkt habt. Jetzt seid ihr gesichert und könnt bereits nicht mehr abstürzen. Ihr könnt entspannen.
Erst vorsichtig, dann mit vollem Gewicht, könnt ihr euch sogar völlig loslassen, wenn die zittrigen Beine zu Anfang den Dienst verweigern wollen.
Wenn ein zweiter Haken zu erreichen ist, sichert euch auch mit dem zweiten Sicherungsseil.
Dann hakt ihr, höchstmöglich, den ersten Fifi ein und wechselt vom schmalen Tritt auf die Leiter. Dort steht ihr viel bequemer.
Wäret ihr nicht in der Übungswand, sondern im echten Fels, wo kein Riß und all die Griffe und Tritte nicht vorhanden sind, müßtet ihr nun den Bohrer hervorholen, den Hammer ranziehen und so hoch es geht ein Loch bohren für den neuen Haken. Ihr würdet ihn einschlagen, und dorthinein käme zunächst ein weiterer Karabiner, dann der Fifi, dann das zuunterst befestigte Sicherungsseil, das nebst Karabiner vorher ausgeklinkt wurde. So ist man wieder doppelt gesichert, so steht man wieder in der Leiter und so sucht man nach einem weiteren Griff, einem Tritt, einer Spalte. All die Griffe, die du montiert hast, sind dir als zusätzliche Hilfe gedacht. Du kannst genausogut mit den Leitern von Haken zu Haken höhergehen. Dort, wo im Naturfels keinerlei Griffe vorhanden sind, müßtest du es auch tun.
Wenn du diese ersten tapsigen Schritte vom ersten zum zweiten Haken

überstanden hast, steig wieder ab. Selbst, wenn du abgestürzt wärest – aus dieser Höhe hättest du kaum Schaden genommen.

Im Prinzip hast du es nun begriffen. Die vielen Karabiner und Gehängsel verwirren dich anfangs. Aber das wird ebenso zur Gewohnheit wie die vielen Handgriffe beim Mofa- oder Autofahren, die du im Traum beherrschst.

Diese Mini-Übung wiederholst du ein paarmal. Bis du mehr Routine erlangt hast. Dann gehst du höher und nutzt auch die anderen Hindernisse.

Schwierig wird's beim Überhang. Du hast auch bei ihm zwei runde, schwere Ösen fest in der waagerechten Platte verschraubt (Zeichnung 10). Wenn du den ersten erreichst, klinkst du dich mit dem Sitzgurt ein und schwebst frei in der Luft. So könntest du lange und recht bequem hängen, ohne Kräfte vergeuden zu müssen. Die zweite Sicherung besteht per Sicherungsseil noch zur Wand. Dann hängst du die eine Leiter in den nächsten Ringhaken, steigst mit einem Bein auf die unterste Sprosse der Leiter, verlagerst dein Körpergewicht auf diese Leiter. Dadurch wird dein Sitzgurt entlastet, er hängt locker und du kannst ihn ausklinken. Du stehst nun mit einem Bein auf der Leiter, sicherst dich mit dem zweiten Sicherungsseil in der ersten Öse des Überhangs (wo du soeben den Sitzgurt gelöst hast) und löst jetzt das erste Sicherungsseil von der Wand. Du bist jetzt wieder doppelt gesichert und stehst in der Leiter.

Wenn du dich sicher fühlst, löst du die Sicherung in der Nähe der Wand und versuchst, in der Leiter hochzusteigen, bis du über die Kante kommst.

Du löst, wenn du sicher da oben liegst, auch das zweite Sicherungsseil und ziehst den Fifi nach.

Da dieses eine schwierige Übung ist, sollte der *Überhang*, zumindest für den Anfänger, *in geringer Höhe montiert* sein!

Du wirst merken, wie sehr deine Muskeln beansprucht werden und wie in gleicher Weise dein Geist gefordert wird, wenn du dich ständig vergewissern mußt, ob du wirklich ausreichend gesichert bist und wo der nächste Haken sitzt.

Man kann diese Übung später in mehrfacher Weise steigern: Auf Schnelligkeit, ohne Sicherung, mit Gepäck, bei Regen, bei Vereisung.

Wenn du die Spitze deiner Wand erreicht hast, kannst du, statt abzusteigen, dich auch von oben abseilen. Im Dülfersitz natürlich, den wir ja bereits geübt haben.

Bliebe in diesem Zusammenhang noch die wichtige Übung: Wie schlägt

man Haken ein, wie bohrt man ein Loch, wenn man *keine* vorbereitete Wand hat?
Hakenschlagen ist eine Übungsstunde extra.
Sucht euch einen Steinhaufen, einen Trümmerberg oder echten Fels. Und nun sucht nach kleinen Spalten, Rissen oder Löchlein und wenn sie noch so klein sind. Schaut nach, welcher Haken mit welchem Profil am besten wo hineinpassen würde. Dann schlagt ihn ein!
Schaut euch die Zeichnungen 21, 22 und 23 an, damit ihr die Eisen bestmöglich und nie falsch einschlagt.
Hängt euch mal dran! Hält er? Auch, wenn ihr zappelt?
Dann löst den Haken wieder. Denn möglichst sollte man immer alle Haken wieder mitbringen. Jeder Haken kann mehrfach benutzt werden, und wo käme die Natur hin, wenn jeder seine Eisen dort zurückließe! Ehrensache also, Naturfreunde! Das Lösen geht so vor sich: Du hämmerst den Haken dezent von links nach rechts und oben nach unten. Bis er sich bewegt. Er wird sich immer mehr bewegen – bis du ihn per Hand oder per Hammer und Hebelwirkung rausziehen kannst.
Am Klang des Einschlagens merkt der Profi schon, ob der Haken hält, ob das Gestein gesund ist oder brüchig. Reine Erfahrungssache. Und deswegen diese Trockenstunden am Trümmerhaufen. Wo keinerlei Öffnung im Fels vorhanden ist, am total glatten Stein also, wird gebohrt. Der Einfachheit halber nehmt ihr zum Üben einen Ziegelstein. Der Bohrer (Zeichnung 17a) wird angesetzt und tuck-tuck-tuck-tuck darauf gehämmert und gleichzeitig gedreht. So entsteht ein Loch wie mit einer Bohrmaschine. Und dort hinein kommt der entsprechende Haken (Zeichnung 17b) mit oder ohne Keil. Für das Eis (Winterübung auf dem zugefrorenen See) gibt es spezielle Eisschrauben (Zeichnung 17c). Das billigste Informationsmaterial ist entweder ein Salewa-Katalog, den ihr im Fachhandel erhaltet, oder ihr schaut euch die Sachen im Fachgeschäft selbst an. Wie viele Sportarten, kann auch das Klettern zur Besessenheit werden. Denn es eröffnet einem Welten, die dem Durchschnittsbürger verschlossen bleiben.
Es müssen nicht immer die Achttausender sein.
Es genügt »schon« die überwundene Gefängnismauer in einem undemokratisch regierten Land.
Was gäbe mancher Gefangene darum, die winzigen Tricks und Hilfsmittel zu beherrschen, um seinem Käfig zu entfliehen!
Wenn ihr vor lauter Klettergier Höhenflüge beginnt und eines Tages glaubt, einen Neuntausender erklommen zu haben – dann wird's Zeit. Zeit, auch mal eine Couch zu besteigen. Beim Psychiater.

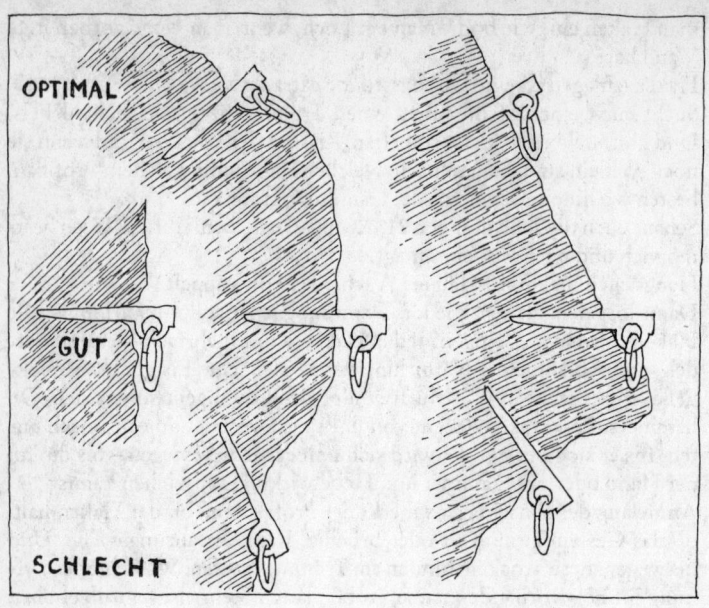

21

22 23

Feuer

Den in meinem ersten Survalbuch erklärten Feuermethoden sollen heute weitere folgen. Man kann gar nicht genug dieser Möglichkeiten kennen, um im Notfall immer noch einen Trick mehr parat zu haben, wenn z. B. geeignete Hölzer zum Reiben fehlen oder Patronen, um sich Feuer zu schießen.

Zum Feuerreiben mit Hölzern muß ich meinem ersten Buch noch eine wesentliche Ergänzung hinterherschieben. Zwei Leserbriefe offenbarten mir das Manko: »Nachdem ich mit dem Feuerreiben keinen Erfolg außer Qualm erzielte, habe ich die Versuche mit Wissenschaft wiederholt.

Ich habe eine Bohrmaschine in eine bewegliche senkrechte Halterung geschraubt und statt des Bohrers ein Rundholz eingegeben.

Dann habe ich den Rundstab rotieren lassen und auf eine hölzerne Grundplatte gedrückt – mit verschiedenem Druck und verschiedenen Geschwindigkeiten.

Was ich erreichte, war Qualm, aber nie Feuer. Den Trick solltest du im nächsten Buch streichen.«

Sorgfältiger kann man einen Trick eigentlich nicht erproben, als der Schreiber es getan hat. Warum hat er dennoch kein Feuer erhalten, obwohl jeder Buschbewohner es mühelos schafft und ich es auch schon ausgeführt habe?

Des Rätsels Lösung war einfach: Der Reibestab muß Weichholz sein, die Grundplatte Hartholz. Nicht umgekehrt. Der Stab reibt sich schnell zu Sägemehl auf. Dieses Mehl verliert durch die beim Drehen entstehende Wärme seine letzte Feuchtigkeit, speichert gleichzeitig die sich steigernde Hitze, verkohlt und glüht schließlich. Wie dieser Zündfunke weiterbehandelt wird, soll das nächste Beispiel zeigen.

Jedenfalls riet ich dem Schreiber, darauf zu achten, und postwendend kam seine Antwort: »Hurra, es brennt!«

Die nächste Methode habe ich von Claus Möller, der sich als Hobby die vorgeschichtliche Kultur gewählt hat. Er und sein Freund Klaus Friedemann, beide bei Hamburg ansässig, haben sich u. a. auf das Nachbauen von Stein- und Knochenwerkzeug spezialisiert, worauf ich später noch komme, und verstehen es also auch meisterhaft, Feuer zu »schlagen«.

Dazu benötigst du einen Flint- oder Feuerstein. In Norddeutschland liegt das Zeug millionenfach herum. Es ist mit den Gletschern in der Eiszeit aus Skandinavien hierhergedrückt worden. Im restlichen Teil der Republik mußt du den Stein fürs Training kaufen.

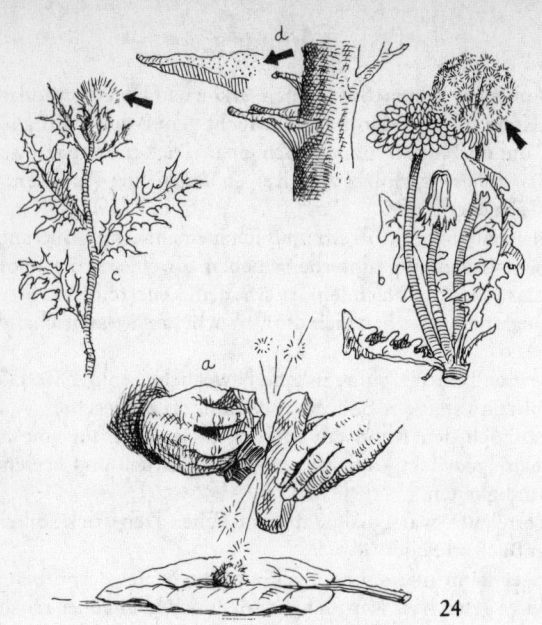

24

Außerdem benötigst du ein Stück Markasit oder Pyrit*. Dieser Stein enthält Schwefelteile, die – gegenüber anderen Funken – länger glühen. Du hältst den Markasit in der linken Hand und schlägst mit dem Flint nicht zu stark von oben im schrägen Winkel (Zeichnung 24a) darauf. Die absprühenden Funken müssen in den unmittelbar darunterliegenden Zunder fallen.

Dieser Zunder besteht aus allen Fallschirmsamen, die ihr im Spätsommer finden könnt und sammeln müßt: das kann der Samen von Pappeln oder Löwenzahn (24b) sein, vor allem aber von Disteln (24c), weil sich bei ihnen das Sammeln lohnt. Auch Baumwolle wäre solcher Zunder. Da sie bei uns nicht wächst, wir sie aber dennoch besitzen in Form von Watte und Garderobe, kommt auch dazu gleich noch eine Erklärung.

* Als Schlagstein geht außer Flint auch fast jedes andere harte Gestein. Man muß nur durch Abschlagen eine scharfe Ecke oder Kante erzeugen. Ideal ist als Schlagstein auch ein zweites Stück Markasit oder Pyrit.

Der »deutsche« Zunder läßt sich noch anreichern mit der filzartigen Substanz des Zunderschwammes (24 d).
Sie sitzt über den Lamellen. Also nicht die Lamellen selbst nehmen!
Auch die feinen, pergamentpapierartigen Abblätterungen der Birke sind sehr geeignet.
Für die Trainingsversuche genügt die reine Distelwolle. Nimm so viel, daß sie zwischen den Händen zu einer harten Kugel gerollt, walnußgroß wird. In lockerer, flauschiger Distelwolle verglüht der Funke wirkungslos. Im gepreßten Knäuel hingegen breitet sich der Funke sofort aus.
Außer der Distelwolle habt ihr vorm Funkenschlagen das Brennmaterial vorbereitet.
Das ist trockenes Stroh oder Heu. Sucht Heu nicht von der Erde, sondern pflückt dasjenige verdorrte Gras, das frei in der Luft steht. Das gilt auch fürs Holzsammeln. Freischwebende, tote Äste sind – wie das freischwebende Trockengras – besonders trocken und entzünden sich sehr schnell. Was auf dem Boden liegt, hat sich mit Bodennässe vollgesaugt und brennt höchstens, wenn schon viel Glut im Feuer ist, so daß es vorm Verbrennen blitzgetrocknet wird.
Sobald der Funke in der Distelwolle gezündet hat, d. h. daß er um sich greift, bläst du ihn behutsam größer. Wenn das Glutnest erbsengroß ist, steck es in die Hand voll Stroh. Nun blase weiter. Der Qualm steigert sich von Sekunde zu Sekunde, und urplötzlich zuckt die erste Flamme.
Meister Möller hat noch einen weiteren Gag parat:
Nimm eine Handvoll Baumwollwatte und eine Prise Asche (aus einem alten Feuer oder von Zigaretten). Vermisch sie miteinander und heb das Gemisch in einer Dose auf. Es ist dein heimliches Feuerzeug. (Ideal für Kriegsgefangenschaft, wo niemand Streichhölzer besitzen darf. Die »dreckige« Watte jedoch wird nie als »Feuerzeug« zu identifizieren sein.) Wenn du nämlich Feuer brauchst, holst du die Dose hervor, zupfst ein Stück der Watte in längliche Form wie ein Buchenblatt und rollst es stramm auf wie eine Zigarette, legst diese auf den Fußboden und trittst mit dem Fuß darauf. Besser noch ist, zwischen Watte und Schuh ein Brett zu legen, denn nun wird's heiß: Mit mäßigem Druck schiebst du den Fuß hin und her. Ohne das Oberbrett kann es sein, daß dir die Socken qualmen. Das wäre zwar schlecht für die Socken, aber sehr gut gegen Fußpilz, wenn vorhanden. Aber dann schlägst du eben zwei Fliegen mit einer Klappe. Also, wenn's qualmt, Rolle vorsichtig aufbrechen und zart pusten. Auf jeden Fall wirst du in weniger als 60 Sekunden Glut haben (Zeichnung 25 a).
Ohne Asche ist die Chance gleich Null. Der Grund, weshalb die Wolle

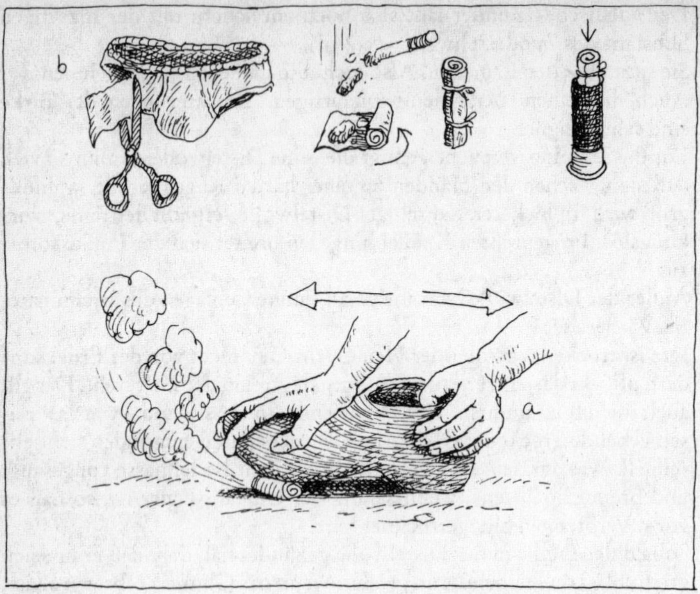

25

mit Asche viel schneller entflammt, mag der gleiche sein wie der, daß Kerzen, die schon gebrannt haben, sich ebenfalls schneller entzünden lassen.

Und zu guter Letzt sei noch ein weiterer Trumpf ausgespielt: Meister Möllers Unterhosen-Feuerzeug! (Patent angemeldet) Du nimmst ein Stück Stoff deiner verschlissenen *Baumwoll*-Unterhose oder eine *Baumwoll*-Mullbinde aus dem Verbandskasten, Watte und deutschen Zunder (Flugsamen gehen ebenfalls sehr gut) und wikkelst sie so fest wie möglich zu einer zigarrengroßen Rolle. Gegen das Öffnen verschnürst du sie mit Bindfaden. Stopf sie in ein leeres Röhrchen, z. B. in eine Schrotpatronenhülse (Zeichnung 25b), und brenn sie oben an. Sobald sie angesengelt ist, steck sie mit der Glut in die Patronenhülse und warte auf deinen Einsatz. Der wird nicht lange auf sich warten lassen. Du kennst ja die Smokies, die ständig rauchen wollen und ebenso beständig kein Feuer dabeihaben. »Nein, Streichhölzer habe ich nicht – aber warten Sie mal!« sagst

du dann betont lässig. Du holst die Patronenhülse hervor, einen kleinen Flint oder Quarzitstein und ein Stück Eisen, hältst das Ganze so wie auf Zeichnung 24 a und schlägst einen Funken in die Baumwolle. Durch das Angekohlte und infolge des Strammgewickelten wird er sofort um sich greifen und so viel Glut ergeben, daß Schnorri Smoky sich seinen Sargnagel entzünden kann. Danach schiebst du die Glut in die Hülse und steckst alles wieder ein. So lässig wie Streichhölzer. (Achte darauf, daß die Asche an der schwarzen Spitze nicht abbröselt!) *Die* Story wird der Typ noch als Großvater erzählen!
Eine wesentliche Verbesserung gibt es in Sachen »Feuer aus Wasser«. Ich schrieb im ersten Survivalbuch, wie man sich aus Eis eine Linse schmilzt und diese als Brennglas benutzt ... Ich erwähnte auch, daß es mühsam ist, weil man den Klumpen Eis zunächst mal grob behacken und dann per warmer Hand nachpolieren muß.
Ein gewisser Matthew G. Wheeler nun hat den Trick vereinfacht und verfeinert. Er ist jetzt so gut und so verblüffend einfach, daß man sich an den Kopf faßt und sagt »Mensch, daß ich da nicht selbst draufgekommen bin!«. Vor allem aber ist er dadurch ein interessanter Programmpunkt für das Training geworden.
Wheeler hackte sich seine Linse nicht etwa, sondern er *goß* sie sich. In den hohlgewölbten Dosenboden einer Spraydose, eines Uhrglases, einer Autoradkappe goß er Wasser und ließ es frieren. Im Winter also eine gute Übung für draußen, im Sommer etwas für Mutterns Froster.
Von diesen Linsen gießt und friert er sich jedenfalls *immer zwei* Stück und klebt sie – mit Wasser – an den ebenen Flächen zusammen. So erhält er eine konvexe Linse (Zeichnung 26).
Selbst wenn er auf einem Gewässer nur eine dünne, aber möglichst klare und bläschenfreie (das ist wichtig!) Eisdecke vorfindet, kann er sie in die gewölbte Form hineinlegen und diese dann mit z. B. Körperwärme so erwärmen, daß die Ränder allmählich schmelzen und sie sich der gewölbten Form anpaßt. Bis also aus dem waagerechten Eisstück die Linse wird. Achte darauf, daß die Linse bei Kälte nicht beschlägt. Du verhinderst es, indem du sie mit Salz, Urin, Öl oder ähnlichem einreibst.
Die so hergestellten Linsen sind derart brillant, daß Wheeler sie sogar vor seine Kamera montierte und damit überraschend gute Bilder geschossen hat (SPEKTRUM DER WISSENSCHAFT, 2/84).
Bei all diesen Ersatzmöglichkeiten wollen wir eins nie aus dem Auge verlieren: Die beste Methode, Feuer zu machen, bleibt die per Streichholz oder Feuerzeug. Ehe man die relativ schwere Markasitknolle mitschleppt, kann man ebensogut und besser ein Feuerzeug einstecken.

26

Die Kunst besteht darin, es stets gut geschützt gegen Feuchtigkeit *dabeizuhaben*. Aber die anderen Möglichkeiten sollen dir vor allem zeigen, wie hoffnungsvoll Notsituationen sein können. Es nutzt dir nichts, wenn du dich nach einem Unglück gerettet hast und erfrieren mußt, weil dir der rettende Funke fehlt. Dann verlischt auch schnell jeder Funke Hoffnung.

Karate. Kurze Schläge – lange Wirkung

»Mit Karate sind Sie so schnell, wie Sie es sind, wenn Sie als Nicht-Karateka einen elektrischen Schlag bekommen.« Mit anderen Worten: Der Schlag des Spitzen-Karateka kommt mit 14 m/sec. und der des Laien mit lahmen 3 Metern pro Sekunde.
Helmut Degen, jahrelanger deutscher Karatemeister und Chef der bekannten Hamburger »Karateschule Degen«, erklärt mir die Vorteile des altjapanischen Kampfsports gegenüber anderen Nahkampfarten.

»Sie beenden den Kampf im Grunde schon da, wo andere sich erst groß an der Wäsche herumfummeln, sich zu Boden werfen und würgen.«
Beim Karate vermeidet man den Clinch. Man kämpft auf Distanz und – schnell. Die Schnelligkeit harter Schläge gegen empfindliche Körperteile sind Geheimnis und Stärke des guten Karateka. Damit schaltet er auch mehrere messerbewehrte Angreifer gleichzeitig aus.
Wenngleich ich es nicht beherrsche, ich habe früher mal Judo gemacht, ist Karate wohl diejenige Kampfsportart, die der Survivor erlernen sollte. Sie sichert ihm immense Vorteile selbst in bedrohlichsten Lebenslagen.
»Auch 20 % Mädchen haben wir unter den fortgeschrittenen Teilnehmern. Bei den jüngeren (8–13 J.) sind es sogar 50 %.«
Karate ist eine der fairsten Kampfsportarten. Weder beim Training noch beim Wettkampf wird echt zugeschlagen. »Dafür sind die Schläge, Stöße und Tritte zu endgültig.«
Wer erst einmal einen Volltreffer vor den Solarplexus oder den Kehlkopf bekommen hat, würde kaum weiterhin am Karate teilnehmen. Echt zugeschlagen wird nur im Notwehrfall (Zeichnung 27).
Es gehört schon große Selbstbeherrschung dazu, die wuchtigen Schläge kurz vorm Ziel abzublocken, zumal der Kampf in rasantem Tempo abläuft, der Gegner also in Bewegung ist. Aber das ist es, was man vor allem beim Training lernen muß. Und so sind Disziplin, Körperbeherrschung und Fairneß die Haupttugenden, die den echten Karateka auszeichnen.« Nur ein einziges Mal ist ein Schüler meiner Schule straffällig geworden. Und das war einer, der nur zwei Monate bei uns gewesen ist. Er brüstete sich mit seinen Karatekenntnissen, aber er verfügte noch über kein brauchbares Wissen, das er hätte anwenden können.« Die verhältnismäßig lange Lehrzeit mag vielen vielleicht als Handicap erscheinen: »Man muß schon zwei Jahre eisern zur Stange halten, bevor man beginnt, ein guter Karateka zu werden. Aber was sind schon zwei Jahre für das, was man sich dabei aneignet!«, meinte Degen.
Natürlich wollte ich wissen, was der Laie, der Ungeübte denn zumindest für den Notfall kennen sollte.
»Es gibt keinen Pauschalrat. Jeder Angriff läuft anders ab. Es kommt z. B. darauf an, wie der Gegner angreift, wo er seinen Schwachpunkt hat. Deshalb ist Vielseitigkeit in Sachen Abwehrtricks immer von Vorteil. Wo der eine Schlag nicht angebracht werden kann, hilft der andere.«
Der Anfänger und Laie sollte sich, laut Degen, auf sieben Zielpunkte konzentrieren. Sie muß er mit vollster Kraft zu treffen versuchen.
Das sind vor allem die Hoden (27 c). Solange man sich noch nicht im

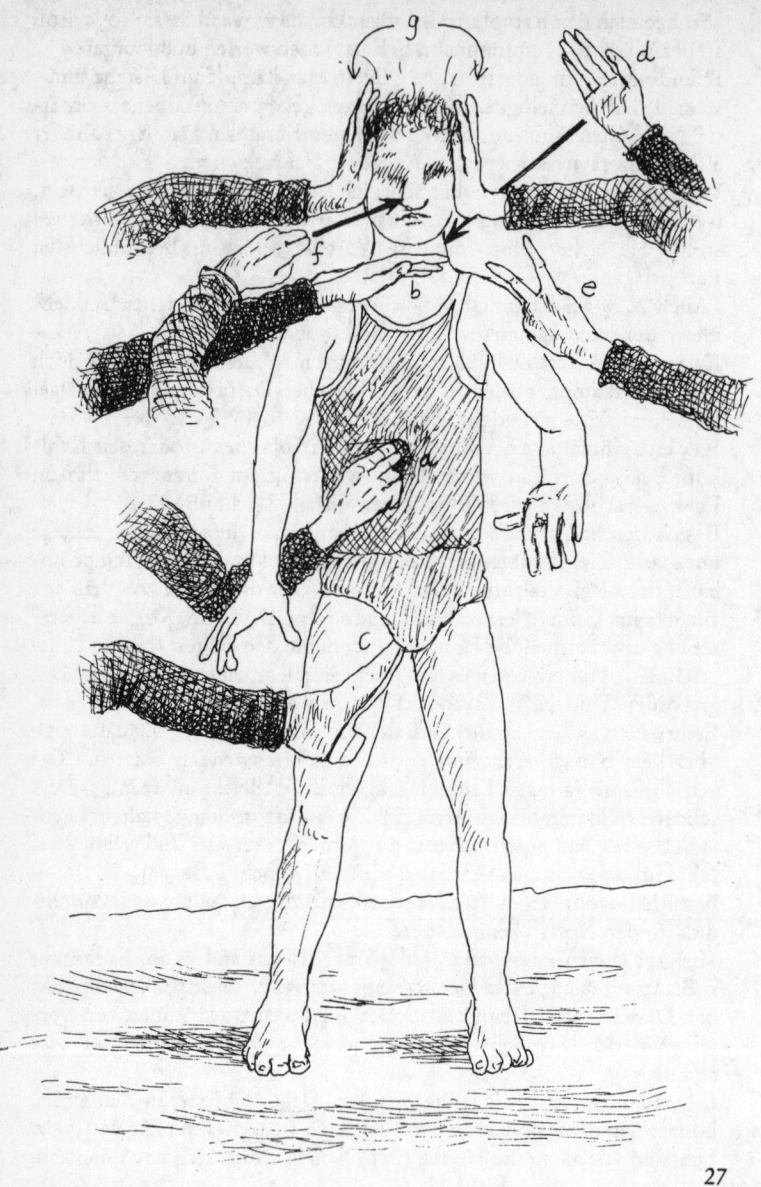

Handgemenge befindet, tritt oder schlägt man mit voller Kraft hinein. Ist man hingegen schon umfaßt, quetscht man sie mit den Händen so fest es nur irgend geht. Der Gegner ist sofort kampfunfähig. Ebenso wirksam ist der Tritt oder Schlag gegen den Solarplexus (27 a). Das ist die Stelle zwei fingerbreit unterm Brustbein, wo besonders viele Nerven zusammenlaufen. »Diesen vitalen Nervenknotenpunkt kann man mit einer elektrischen Verteilerdose vergleichen. Wer dort hineinschlägt, legt die Stromversorgung des ganzen Raumes lahm.«
Auch der Box- und Handkantenhieb gegen den Kehlkopf (27 b) oder die Halsschlagadern (27 d) schalten den Gegner auf der Stelle aus. Desgleichen der Fingerstich in die Augen (27 e). Die Möglichkeit dazu ergibt sich häufig bei Umklammerungen von vorn.
In diesem Falle wirkt auch der Aufwärtsschlag gegen die Nase (27 f). Und schließlich ist da der gleichzeitige Schlag mit beiden flachen Handinnenseiten auf die Ohren (27 g). »Durch ihn entsteht ein Überdruck im Kopf, der sich auf das Nervenzentrum überträgt. Sofortige Gleichgewichtsstörung und eventuell dauerhafte Konzentrationsschwäche und Schwindelanfälle sind die Folgen.«

Wegen der nachhaltigen Schäden muß man sich bei all diesen sieben Abwehrarten unbedingt darüber im klaren sein, daß sie den letzten Ausweg in echter Notwehrsituation darstellen. Nie darf man sie zu Übungszwecken erproben oder anwenden, solange es noch andere Rettung gibt.

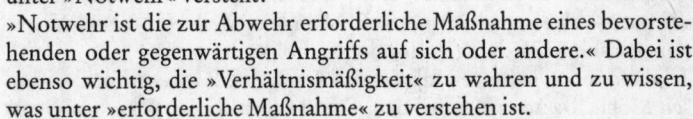

Deshalb sollte euch auch klar sein, was der Gesetzgeber unter »Notwehr« versteht:
»Notwehr ist die zur Abwehr erforderliche Maßnahme eines bevorstehenden oder gegenwärtigen Angriffs auf sich oder andere.« Dabei ist ebenso wichtig, die »Verhältnismäßigkeit« zu wahren und zu wissen, was unter »erforderliche Maßnahme« zu verstehen ist.
Das heißt: Du kannst nicht jemandem in die Hoden treten, auf daß sie ihm wie geschwollene Mandeln um den Hals hängen, nur weil er dir nicht gesagt hat, wie spät es ist. Kommt derselbe Typ jedoch mit dem Messer auf dich zugestürzt, brauchst du nicht erst mit dem nassen Daumen die Schärfe seiner Klinge zu kontrollieren. – Dann mußt du schnell reagieren und sehen, wie du dich deiner Haut wehrst!
Beinahe noch wichtiger als jeder Trick ist der Mut. Degen: »Wer sofort wegläuft, hat schlechte Karten. Er wird verfolgt, eingeholt und zusammengedroschen. Wer jedoch ohne mit der Wimper zu zucken stehen bleibt, der verunsichert den Angreifer dermaßen, daß die Siegeschancen keineswegs geringer sind als bei dem, der fortgelaufen ist. Im Gegenteil.

Oft genug macht der andere einen Rückzieher. Wenn es aber feststeht, daß der Widersacher unbedingt auf Zoff aus ist – dann sollte man als Ungeübter nicht lange warten und ihm nicht den ersten Schlag überlassen.

»Dadurch würde man in eine Verteidigungssituation gedrängt, die von Nachteil ist. Statt dessen sollte man – gerade als Laie – lieber die alte Weisheit beherzigen: Angriff ist die beste Verteidigung.«

Zaubern

Wer nie mit Zaubern zu tun hatte, denkt, es handle sich dabei um Geschicklichkeit, Schnelligkeit, jahrelanges Training – und bei Zauberern um gottbegnadete Künstler, denen das Schicksal eine besondere Gabe mit in die Wiege gelegt hat. Man sieht ihre Darbietungen allerorten, in Varietés oder im Fernsehen, staunt, möchte ihnen hinter die Schliche kommen und ahnt nicht, daß auch Zauberer »nur mit Wasser kochen«.
Es bleibt unbestritten, daß Weltkoryphäen sich Nummern ausgeknobelt haben, die wirklich großen Ideenreichtum beweisen und die viel Übung erfordern.
Ihnen wollen wir auch nicht Konkurrenz machen. Auch weiterhin wollen wir uns der Illusion hingeben, sie könnten wirklich zaubern. Ob besondere Gewandtheit, Fingerfertigkeit, raffinierte Mechanik, optische Täuschung – alles ist Trick. Es gibt keine wirkliche Zauberei. Es gibt fantastische Illusionen – Kunststückchen, die weltweit jedermann erfreuen – ob jung, alt, arm, reich, Männlein, Weiblein, Russe, Amerikaner, Eskimo, Beduine, Jude oder Katholik.
Ich fand schon in jungen Jahren, daß gerade das Zaubern eine der idealen Möglichkeiten ist, jemandem Freude zu bereiten. Wenn man nicht mehr weiß, was man jemandem schenken soll, wenn man als Globetrotter nicht mehr weiß, wie man sich für die bei allen Völkern existierende unendliche Gastfreundschaft bedanken soll – man kann schließlich

nicht auf langen Reisen für jeden lieben Menschen ein Geschenk mitnehmen – dann ist Zaubern der rettende Ausweg.
Wer singen, musizieren, tanzen, Pantomime, Schnellzeichnen oder Akrobatik kann – kann sich ebenso geeignet damit revanchieren. Wer diese schönen Dinge nicht beherrscht, sollte einen Ausweg suchen: Er sollte das Zaubern lernen.

Denn: Zaubern ist erlernbar. Tricks tauscht oder kauft man (Anschriften der Zauberläden im Anhang), und sie müssen nicht teuer sein. Es gibt Tricks, von denen zehn Stück eine Mark kosten und es gibt andere, da kostet ein einziger 100 000,– DM. Dafür gibt's diese womöglich nur ein- oder dreimal auf der ganzen Welt. Daß die Sache, wie man eine Jungfrau zersägt, nicht für eine DM zu haben ist, sollte schon deshalb logisch sein, weil Jungfrauen knapp sind. Und was selten ist, ist eben teuer. Vielleicht sind sie gerade deshalb so selten, weil Zauber-Grobiane sie ständig zersägen.
Tricks sind Geheimnisse, die viel von ihrem Reiz einbüßen, wenn man sie erklärt. Einfach deshalb, weil sie oft so idiotisch simpel funktionieren.
Wer einen Trick erwerben und dann erlernen will, erbittet zunächst einen Katalog der Zaubertrick-Händler. Der Katalog wird vielleicht nur ein dünnes Heft mit einem gewissen Standardprogramm sein. Aber er ist einer von drei idealen Anfängen. Die anderen zwei seien gleich vorweggenannt. Das ist entweder die »Vererbung von Meister zu Lehrling« oder das »Selbsterlernen per Buch«. Ich selbst fand das Falken-Handbuch »Zaubern« ideal. Es führt den absoluten Laien ein in die vielseitige Kunst der Illusion, bis hin zum Meisterniveau. Das beginnt mit simplen Ratschlägen, was man an Grundsätzlichem zu beachten hat, wie man ein regelrechtes Programm aufbaut und durchführt und lehrt Tricks, die jeder schnell begreift. Mit Hilfsmitteln, die überall zur Hand sind oder mit raffinierten Basteleien, die jeder selbst machen kann, wenn er die Anleitung hat. Nun – und die hat er mit dem Buch »Zaubern«.

Es gibt so unendlich viele Tricks, daß man sie gar nicht alle können kann. Man wird sich spezialisieren. Wer ein kleines Programm erlernt hat, um auf privaten Veranstaltungen (Kindergeburtstagen, Jubiläen ...) sein Taschengeld (erheblich) aufzubessern, kann ganz andere Kunststückchen bieten als der Rucksackreisende, der bei Beduinen aufkreuzt. Seine Tricks dürfen weder schwere noch voluminöse Hilfsmittel erfordern, weil  sie im Rucksack stören würden. Für ihn haben auch nur Tricks Zweck, die der zu Beglückende versteht. Also wäre es hirnlos, einem Papua mit Steinzeitkultur zu zeigen, wie man die Herz-Dame in einen Pik-Buben verwandelt. Wenn ihr dem Papua aber zeigt, wie ihr ein Seil durchschneidet, das plötzlich wieder heil ist, wird er Bauklötze staunen.
Der Globetrotter spezialisiert sich also mehr auf *international verständliche* Magie und darauf, daß seine Tricks auch dann vorführbar sind,

wenn er *umringt* ist, er im *Hellen* steht und er sie *wiederholen muß*. Diese 4 Kriterien solltet ihr beachten!

Wer einen Trick kaufen will, begibt sich (vor allem zu Anfang) in einen der besagten Läden (schau mal bei dir im Branchenverzeichnis unter »Zaubern« nach!). Erst später, wenn man mehr Ahnung hat, kauft man ebenso gut per Katalog.

Nie vergesse ich meinen ersten Besuch in solchem Laden. Es war bei Frau Bartl in der Warburgstraße in Hamburg.

An der Stelle, wo heute die GEO-Redaktion residiert, stand in einem zugewucherten Garten ein kleines Einfamilienhaus. Der Weg zum Eingang war völlig überrankt mit wildem Wein und Efeu. Man mußte die Hände oder eine Machete zu Hilfe nehmen, um durchzukommen. Denn Frau Bartl war unschätzbar alt und zudem Witwe und hatte weder Zeit noch Kraft, sich neben der Zauberei auch noch um solche Lappalien wie Wegbegradigung zu kümmern.

Ich trat ein. Viel sah ich nicht, denn das Licht war gedämpft. Mein Eintritt wurde deutlich gemeldet. Von allen Seiten bimmelte, gongte, blökte und klimperte es. Totenschädel wackelten neugierig, rote Lämpchen leuchteten hektisch, ein Kuckuck rief. Flur, Verkaufsraum, Vorführbühne – alles war bis zum Geht-nicht-mehr vollgestopft mit Kisten, Kästen, Ringen, Urnen, Särgen, Lampions, Papierblumen, Girlanden, Taschentüchern, abgehackten Gummihänden, Silberreifen, Zylindern und Skeletten. Irgendwo aus all diesen verstaubten Utensilien schoß plötzlich Frau Bartl hervor. Sie war klein, faltig und zwischen siebzig und hundert Jahre alt. Unwillkürlich mußte ich an Hänsel und Gretel denken.

»Frau Bartl wünscht einen guten Tag«, krächzte sie, und ich erwiderte den Gruß, mich irritiert umschauend.

»Was kann Frau Bartl für den jungen Mann tun?«

Ich riß mich zusammen und sagte, ich wolle einen Trick kaufen.

»Wieviel will der Herr bei Frau Bartl ausgeben?«

Ich druckste herum. Viel Geld besaß ich nicht, auch wußte ich nicht, was so was kostet. Preisschilder, ihr habt's erraten, gab's natürlich nicht, und einen Katalog hatte ich bis dato nie gesehen.

»Zehn Mark«, sagte ich dann entschlossen, als der blöde Kuckuck gerade eine Pause einlegte.

»Der Herr will zehn Mark ausgeben«, vergewisserte sie sich noch mal. Und ich wußte nicht, ob sie das für viel hielt oder wenig, und ob das Echo als Respekt oder Verachtung zu werten war. Heute weiß ich, sie wiederholte einfach den Preis.

»Kennt der Herr schon ›Cortini‹?«

»Nein«, gab ich zu, »es soll mein erster Trick sein.«
»Dann zeigt Frau Bartl dem jungen Herrn jetzt ›Cortini‹.«
Ohne, daß ich es bemerkt hatte, hatte sie aus all dem »Müll« um sich herum eine Zeitung genommen. Sie hielt sie vor sich hin, blätterte sie auf, redete ständig irgendwelchen Schwachsinn, daß das Datum unwichtig sei, und man dazu jede Zeitung nehmen könnte. Dann riß sie sie völlig kaputt. Sie zerlegte sie in hundert kleine Schnipsel, die sie dann in ein größeres Reststück einwickelte. Das Ganze knetete sie zwischen ihren knochigen Händen hin und her, verkündete, daß der Inhalt einer Zeitung ohnehin wertlos sei, und dann entfaltete sie plötzlich aus dem Schnipselklumpen die wieder völlig intakte Zeitung. Die Schnipsel waren verschwunden, die Zeitung war nicht etwa ein Mosaik aus hundert geleimten Stellen. Der Geleimte war ich – ich war gefesselt, begeistert.
»Ja, den nehme ich!!« reagierte ich schnell und kurzentschlossen, ja, fast ängstlich, weil mir noch jemand zuvorkommen könnte. Obwohl ich allein war. (Den blöden Kuckuck mal nicht mitgerechnet.)
»Dann gibt der Herr Frau Bartl erst einmal zehn Mark.«
Ja – in der Zauberbranche wird erst bezahlt, und dann kriegt man die Ware. Hatte ich eben noch an Hänsel und Gretel denken müssen, so erinnerte mich die Situation jetzt eher an ein Freudenhaus (woher ich das weiß? Man ist ja schließlich belesen!). Erst das Geld – dann die Ware.
Sie schob mir für mein vieles Geld nur einen Zettel und eine Zeitung über die Theke. Ich hatte offenbar den ganz dicken Hammer erwartet – und sie schob mir einen Zettel und eine Zeitung rüber. Ob ich eine Kiste oder einen doppelten Boden erwartet hatte – ich weiß es nicht. »Ist das alles?« reklamierte ich zaghaft, und einer der Totenschädel mit den roten Glühaugen grinste hämisch.
»Das ist alles, mein Herr. Es ist genau das, was Frau Bartl ihm gezeigt hat.«
So zockelte ich von dannen. »Hexen- oder Freudenhaus«, dachte ich noch einmal. Ich glaube, es war beides. Jedenfalls sah ich daheim, daß ich den Trick nun wirklich bombensicher selbst nachmachen konnte. Ich war Zauberer! Und als ich ihn dann schließlich vorführte und sah, wie die Leute staunten, da geriet ich in Euphorie und stand anderntags schon wieder bei Frau Bartl auf der Matte.
Es ist schon eine merkwürdige Freude mit diesen Häusern! Vielleicht geht es euch nun ebenso. Drei Zaubereien will ich verraten. Haargenau. Zum Selbststudium. Zum Erfreuen. Zum Geldverdienen. Zur Entspannung.

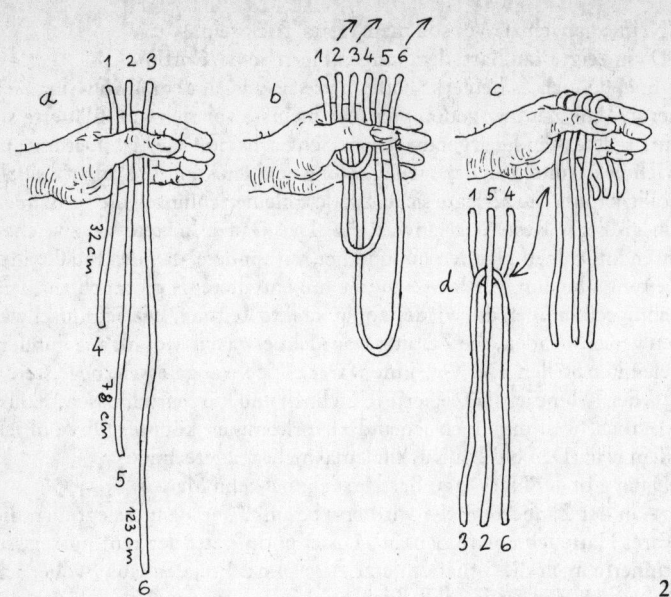

28

Seiltrick 1

Fangen wir mit dem ebenso verblüffenden wie simplen Trick an, drei verschieden lange Seile gleichlang zu machen. Für diese Zauberei schneidet ihr euch vorher von einer Perlonschnur (wegen deren Geschmeidigkeit, bis zu 10 mm Ø) je ein Stück à 32 cm, à 78 cm und à 123 cm Länge. Bei der Vorführung zeigt ihr diese drei unterschiedlich langen Seile dem Publikum, das sie getrost untersuchen kann. Dann nehmt ihr die Seile nacheinander so in die Hand, wie die Zeichnung 28 a es zeigt.

Nun hebt ihr das herunterhängende Seilende 4 hoch und plaziert es neben 3. Nummer 5 neben 4, Nummer 6 neben 5. Jetzt schauen die Zipfel 1–6 nacheinander aus der Hand und zwar ca. 8 cm lang. (b) Um sie nun auf »eine Länge« zu bringen, faßt ihr Nr. 2 und 3 und 6 gleichzeitig mit der rechten Hand und zieht sie vorsichtig rechts aus der Hand heraus, bis sie tatsächlich alle gleichlang sind (c + d).

Nun schüttelt ihr sie durcheinander und gebt sie erneut zum Untersuchen. Sobald ihr sie aus der Hand legt, sind sie wieder verschieden lang.

Seiltrick 2

Wenn ich ihn euch vorführen würde, seht ihr als Zuschauer dieses: Eine zwei Meter lange Gardinenschnur, die gern jeder untersuchen kann, wird in der Mitte durchgeschnitten, zusammengeknotet, beschnitten und – ist wieder ganz!

Aus Sicht des Zauberers sieht das natürlich anders aus. Der Einfachheit halber halte ich mich weitgehend wörtlich an die Trickerklärung der heutigen Firma Zauber-Bartl, Wandsbeker Chaussee 41, 2000 Hamburg 76. Natürlich haben mir die Inhaber das erlaubt. Es ist quasi ein Bonbon, ein Köder, der euch ein neues Hobby oder einen möglichen Beruf bescheren soll: Ihr braucht eine Gardinenschnur von 2 m Länge und eine Schere. Gardinenschnur deshalb, weil sie meist aus Perlon ist und glatt durchhängt. Mit sperrigen z. B. Hanfbindfaden oder dünnem Garn geht das nicht.

Zunächst gebt ihr es dem Publikum zur Untersuchung. Das könnt ihr beruhigt tun, denn es gibt ja nichts daran zu verbergen.

1. Dann nehmt ihr es so in die linke Hand, wie Zeichnung 29, Figur 1 es zeigt.
2. Das untere Ende, die Schlaufe, in die Hand legen wie in Figur 2 und die rechte Hand leer vorzeigen.
3. Das Seil dort ergreifen, wo in Figur 2 Pfeil I hinzeigt und dieses Seilstück
4. mit einem schnellen Griff nach oben ziehen. Figur 3.
5. Die Stelle, zu der Pfeil II zeigt, wird durchgeschnitten.
6. Die beiden durchgeschnittenen Zipfel festhalten, während die beiden äußeren langen Seilenden runtergelassen werden: Figur 4
7. Das rechte herunterhängende Seilende zu einer Öse legen: Figur 5 (natürlich alles hinter verbergender Hand)
8. Diese Öse über die zwei Kurzenden werfen: Figur 6
9. Über das Kurzstück hinwegstülpen: Figur 7
10. Im Schutze der Hand strammziehen und dann vorzeigen: Figur 8
11. Nun die beiden Kurzzipfel so bündig schneiden, wie Figur 9. Es darf nichts mehr hervorstehen.
12. Jetzt ein paar beschwörende Worte – an beiden Enden kräftig gezogen – und der Knoten ist verschwunden, das Seil ist wieder ein unversehrtes (aber um 3–4 cm kürzeres) Stück: Figur 11. Die winzigen Perlonfaserreste, die die Schere nicht erwischt hat, zerstäuben und segeln durch die Luft.

Um den Trick mehr in die Länge zu ziehen und die Zuschauer auf falsche Spuren zu führen, kann man beispielsweise das Seil im Zustand 10

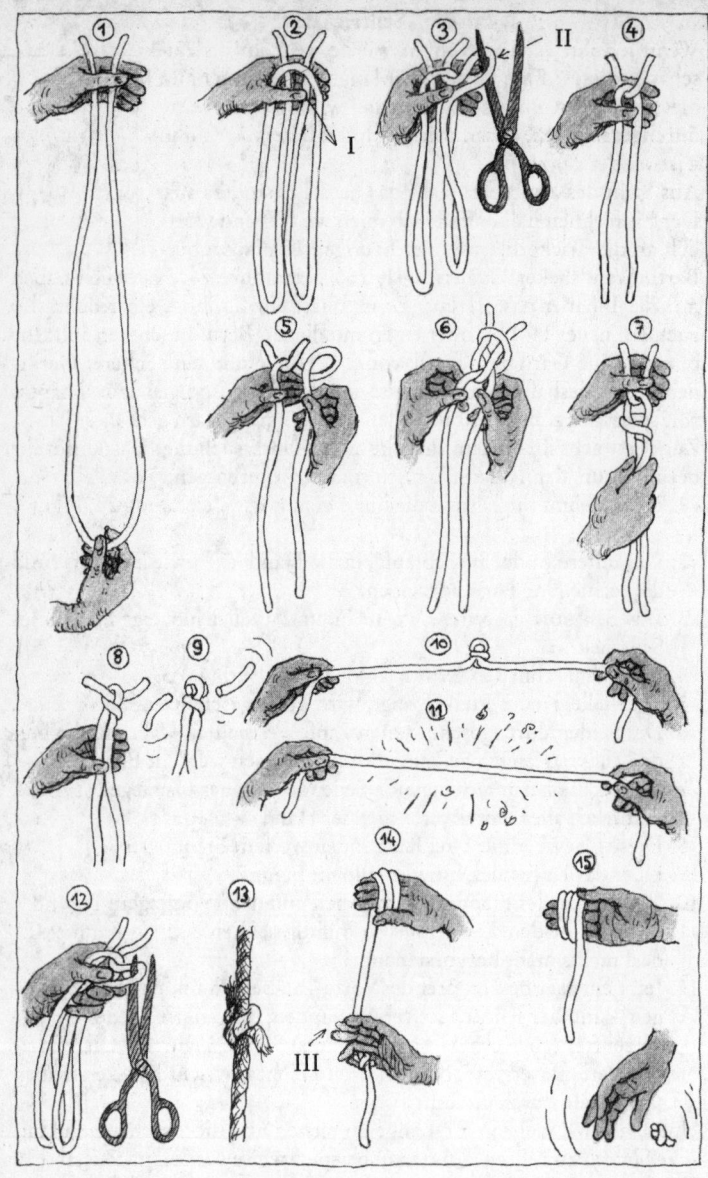

29

auf den Tisch legen, sich ein sauberes Taschentuch ausleihen, es kontrollieren lassen, die eigenen Hände langsam von beiden Seiten leer vorzeigen, dreimal drauftippen, geheimnisvoll murmeln und jemanden das Tuch vorsichtig abheben lassen. Dann macht man die Figur 11 und gibt das Seil abschließend noch einmal zum Untersuchen.
Damit ist der Trick zu Ende. Die Leute werden verblüfft sein und ihn eifrig diskutieren. Dann sagst du, du könntest ihn ja noch einmal in Ruhe vorführen.
Viele vermuten, du hättest das Seil nicht wirklich durchgeschnitten. Deshalb läßt du diesmal jemanden aus dem Publikum durchschneiden. Nimm am besten den größten Klugschnacker! Denn dann muß er sich hinterher rechtfertigen und beschwören, daß er wirklich geschnitten hat.
Auf diese Weise hast du den Trick mit einer kleinen Variante zeitlich genau verdoppelt.
Nun kommt die 3. Version (bei Bartl »Indian Rope Trick II« genannt).
Man macht es wie oben bis zur Figur 11 zügig durch, ohne große Unterbrechung, legt das Seil erneut zusammen bis Figur 3, schneidet dann wie Figur 12 die Kurzschlaufen und die beiden Zipfel Stück für Stück fort (macht also nicht erst den Knoten), um dann wieder (11) das heile, lange Seil vorzuzeigen.
Die letzte Variante in diesem Zusammenhang ist diese:
Arbeitet euch vor bis Figur 4, verknotet nun aber den Zipfel selbst um das Langseil (Figur 13). Faßt das Langseil an einem Ende an, laßt es lang in der rechten Hand herunterhängen: Figur 14. Dann greift ihr mit Daumen und Zeigefinger der linken Hand das Seil bei Pfeil III – zieht mit der rechten Hand das Seil zwischen diesen beiden Fingern hindurch – wikkelt das durchgezogene Seil gleichzeitig um die rechte Hand. Der Knoten rutscht auf dem Seil weiter, bis er – am Ende – in eurer linken Hand unbemerkt liegen bleibt (Figur 15).
Sobald das Seil durchgezogen ist, schaut ihr demonstrativ auf die rechte Hand und alle Zuschauer werden ebenfalls dort hinschauen.
Den Knoten in der linken Hand werft ihr im selben Moment unbemerkt nach hinten und wickelt nun das Seil von der rechten Hand ab. Jetzt sieht der Zuschauer: der Knoten ist fort, das Seil ist wieder ganz.
Man könnte diesen Seiltricks weitere hinzufügen und hätte, ohne besondere Hilfsmittel mitschleppen zu müssen, jederzeit etwas dabei, das überall vorführbar wäre.
Hier in der Zivilisation könnt ihr Seil und Schere meist von euren Gastgebern ausleihen. Auf großen Reisen um die Welt gehören die beiden Utensilien ohnehin in den Überlebensgürtel. Ihr werdet euch wundern,

welche Verblüffung ihr mit den Darbietungen auslöst! Anfangs seid ihr noch gehemmt. Ihr übt deshalb fleißig vorm Spiegel, weil ihr dabei sehen könnt, wie der Zuschauer die Vorführung erlebt. Ihr denkt, eure plietschen Eltern, der clevere Lehrer – die durchschauen alles sofort. Aber keine Bange! *Die* merken es garantiert nicht, denn je intelligenter der Zuschauer, desto weniger kommt er dir auf die Schliche. Damit kannst du sie trösten. Ich habe einmal dieselbe Vortragsnummer vor den Kollegen meines Vaters (Banker) gezeigt und später vor Beduinen in Jordanien.

Die Bedus, mit ihrer unverkorksten Denkweise und »Bauern-Schläue« errieten fast jeden Trick. Die Banker redeten sich die Köpfe heiß und waren immer auf der falschen Spur.

Der letzte Trick, den ich verrate, ist das Feuerspucken. Ich lehre ihn auch während der Survivalkurse und es waren noch kein Mädchen oder Junge darunter, die es nicht erlernt hätten. Ich wiederum habe ihn von meinem Freund Heinz Rox-Schulz erworben, der heute ein kleines Abenteuermuseum »Zum Anfassen und Zuhören« in Saarbrücken führt (Altes Rathaus). Ihr solltet es und ihn einmal besuchen und könnt euch bei der Gelegenheit das Feuer*spucken* von ihm in natura zeigen lassen, falls ihr es anhand der folgenden Beschreibung nicht kapiert. Oder das Feuer*schlucken*. Das ist nämlich etwas anderes. Roxy macht übrigens auch (gegen Bezahlung) Abenteuer-Kurzfahrten auf Wildwassern in der Nähe des Saarlandes und mehrtägige Ausritte mit Pferden.

Feuerspucken wirkt durch die gewaltige Stichflamme. Der Zuschauer glaubt, der Speiende müsse vor Hitze zu Bratfleisch werden. Aber das ist nicht der Fall. Wenn er es richtig macht. Wer es falsch macht, hat die Anleitung nicht gewissenhaft gelesen und ist dann selbst schuld. Von solchen verabschiede ich mich hiermit schon mal. Die Rückzahlung des Geldes für dieses Buch wird ihm nichts mehr nutzen.

Vier Warnungen vorweg:
Nie gegen den Wind spucken!
Nie in Räumen mit automatischer Feuerlöschanlage vorführen!
Nie in Räumen mit leicht entflammbaren Materialien spucken!
(Macht's am besten im Freien.)
Und: Rüdiger haftet nicht für Schäden, die ihr anrichtet!
Und nun geht's los (Zeichnung 30):

30

Zuerst übt ihr mit Wasser. Nehmt einen großen Schluck in den Mund und sprüht ihn *staubfein mit* dem Wind aus.
Solange ihr noch Tröpfchen spuckt, gelingt der Trick nicht. Also: Lippen zu und mit voller Puste staubfein raus mit dem Wasser!
Wenn ihr das könnt, nehmt ihr statt des Wassers Petroleum. Nichts anderes. Nur Petroleum. Dann entzündet ihr eine Fackel oder eine aufgerollte Zeitung. Es muß eine große Flamme sein. Kerzen und Feuerzeuge sind ungeeignet. Diese Fackelflamme haltet ihr 20 cm vor den Mund und blast das »staubige« Petroleum mit größtem Druck durch die Flamme.
Eure ausgeatmete Luft enthält noch reichlich Sauerstoff. Dieser Sauerstoff, vermischt mit dem Petroleum-Staub, ergibt das Explosionsgemisch. Sobald es die Flamme erreicht, entzündet es sich und knallt los. Pustet also stark, damit das Gemisch und somit die Flamme kräftig nach vorne wegschießen.
Das hört sich zunächst so an, als sei damit eine große Gefahr verbunden. Ein gewisses Herzklopfen wird sich anfangs auch nicht vermeiden las-

sen. Aber es ist sehr einfach. Übung macht den Meister, den Brandstifter.

Übrigens kriegst du das Petroleum nicht mit einem Mal ausgestoßen. Ein Mund voll ergibt vier bis fünf Stichflammen. Und danach hast du natürlich den Petroleumgeschmack im Mund. Spül ihn also gut aus, sonst küßt dich an dem Tag niemand. Iß einen Pfefferminzbonbon! Wenn du mal einen Tropfen runterschluckst, schadet das nichts. Roxy meint sogar: »Seit ich feuerspucke, wobei immer mal ein Tropfen Öl in den Magen gerät, habe ich nie Würmer gehabt.«

Nur weiß ich nicht, ob das wirklich von Vor- oder eher von Nachteil ist. Denn: Wer Würmer hat, kann immer angeln. Oder: Wer Würmer hat, ist nie allein. Außerdem hilft Feuerspucken gegen Erkältungen. Sagt man.

Notlager

Wie man in der Wildnis auf großer Fahrt ein Camp baut, wie man es mit selbstgebastelten Alarmanlagen sichern kann, das habe ich bereits im ersten Band (Die Kunst zu überleben) näher beschrieben und will es hier nicht wiederholen, denn viele Grundsätze gelten für Reisen in Deutschland genauso. Ich will auch nicht darauf eingehen, welche Zelte für wen geeigneter sein können als für andere.

Ich möchte euch statt dessen Tips geben, wie man sich ohne den Komfort einer perfekten gekauften Ausrüstung durchschlägt und unterbringt. Das dürfte vor allem jene interessieren, die noch gar nicht oder wenig verdienen, die mit dem Pfennig rechnen müssen, und solche, für die Abenteuer erst dort beginnt, wo der Komfort aufhört.

Der Lagerbau gehört zum Trainings-Programm wie das Hindernis-Überwinden. Beim ersten Mal übt ihr vielleicht so, daß ihr notfalls zurück könnt ins warme Bett, zum Bauern ins Stroh oder in den vorsichtshalber ausgeliehenen Daunenschlafsack.

Die zweite Trainingsregel: *Praktiziert Naturschutz!* Lagert nicht irgendwo, sondern bittet den Besitzer um Erlaubnis! Gerade heutzutage – mit zunehmendem Interesse an Survival – erfordert es der dringend notwendige Naturschutz, daß ihr ihn respektiert. Denn wenn wir uns recht verstehen, wollt ihr euch an den Resten dieser Natur erfreuen und sie nicht vernichten. Also fügt euch taktvoll in sie ein. Sie gehört dem verfolgten Wild, und ihr seid nur zu Gast dort. Sie wird sich revanchieren mit unwiederbringlichen Erlebnissen.

Wenn ihr euch nach dem körperlichen Training oder einer langen Wanderung entschlossen habt, das Nachtlager aufzuschlagen, dann sucht ihr euch eine Stelle, wo ihr niemanden belästigt und auch euch niemand stören wird. Es ist gut, wenn keine Menschenseele beobachtet, wo ihr euch verkriecht (außer dem Besitzer, den ihr gefragt habt), weil kriminelle Elemente euren Schwachpunkt des tiefen Schlafes für Beraubung und Schlimmeres nutzen könnten.

Grundsätzlich sollte der Schlafplatz im Wald liegen, weil auf Wiesen Tau fällt. Ihr werdet feucht und friert wie die Schneider. Im Wald hingegen fällt kein Tau und es fehlt der Wind, der die Auskühlung beschleunigt.

Ihr beginnt mit der Naturmatratze. Die gekaufte Isoliermatte ist bereits die Steigerung, der Luxus. Da sie billig ist, würde ich sie mir irgendwann anschaffen. Aber wichtig ist, auch ohne sie auszukommen. Also bauen wir sie selbst. Die Matratze (wie die Isoliermatte) soll euch nicht etwa den Rücken polstern, sondern gegen die Bodenkälte isolieren. Die Bodenkälte ist es nämlich, die eurem Körper im Schlaf große Mengen Körperwärme entzieht. Sie ist mit schuld, wenn ihr friert. Sucht armweise abgestorbenes Tannenreisig, legt es bettartig und mindestens, in gepreßtem Zustand, 10 cm dick aus. Da Tannenreisig rauh ist, erübrigt sich die Einzäunung der Matratzenrahmen. Bei weniger hakigen Ästen baut einen Bettrahmen (Zeichnung 31). Er wäre auch zu empfehlen, wenn ihr trockenes Laub, Tannennadeln, Stroh, Heu oder Papier nehmen müßt, statt der Äste. Schön und praktisch sind Schlafplätze unter umgestürzten, dicken Bäumen, weil sie den Regenschutz erleichtern. Ihr stellt nun schräge Äste von der Längsseite der Matratze schräg an den Stamm und legt auch quer einige gerade Stöcke. (Um die Natur nicht unnötig mit eurem Gerupfe zu belasten, legt eure Plastik- oder die Aluminiumfolie darüber. Dann habt ihr blitzschnell ein regensicheres Dach.)

Im Notfalle oder irgendwo in ferner Wildnis deckt ihr das Dach, von unten beginnend, mit großen Blättern, Farnen, Gras oder Baumrinde. Der Giebel soll nicht hoch sein. Am Fußende macht ihr den Unterschlupf dicht. Dort liegt auch, diebstahlsicher, euer Gepäck. Euer Messer, ein Knüppel und/oder der Schlagdorn (siehe »Kleine Basteleien«) liegen griffbereit für alle Fälle am Kopfende.

Ein ruhiges Gewissen ist zwar ein sanftes Ruhekissen – aber schlaft immer mit einem Rest an Wachsamkeit.

Verschließt möglichst auch die Öffnung am Kopfende. So hält sich eure

31

abgestrahlte Körperwärme etwas länger im Unterschlupf und verlangsamt das Auskühlen.

Eine Kopfbedeckung (Lappen, Pudelmütze, Fell) hilft sehr gegen zu schnelle Auskühlung.

Als Zudecke habt ihr nun entweder einen gekauften Schlafsack oder einen der beiden selbstgebastelten Gratis-Modelle à la Sir Vival (Kapitel »Schlafsack«), oder ihr deckt euch zu mit vorher gesammelten Zeitungen (sehr gut) oder einer dicken Schicht belaubter, großer Äste. Zu kleine Äste rutschen nachts zur Seite.

Ich habe auch schon mal in einem leeren Fuchsbau geschlafen. Gegen den leichten Durchzug, der darin herrschte, hatte ich die anderen Bauöffnungen dick mit Laub zugepackt und es mir im größten Eingang bequem gemacht.

Solche Schlafröhren lassen sich auch ohne Hilfe des Fuchses in jeder senkrechten Erdwand schnell herrichten (Zeichnung 32). Wer seine Finger dabei schonen will, bedient sich eines Astes als Kratz- und Grabstock (32a). Der Eingang wird kleingehalten, weil von dort die Kaltluft einströmt. Gegen die Gefahr des Einsturzes kann man sich *etwas* absi-

32

chern, in dem man die Decke als Bogen arbeitet (Bögen ersetzten in früheren Zeiten die heutigen Eisenträger) und wenn man mit dem Kopf zur Öffnung hin schläft, um sich sofort ein Atemloch freischaufeln zu können.

Je nach Witterung kann es vorkommen, daß man trotz allem höllisch friert, vielleicht gar erfriert. Dann ist es ratsam, nicht in Apathie zu versinken, sondern rechtzeitig die Siebensachen zusammenzuraffen, weiterzumarschieren und den Schlaf in der Wärme des Tages nachzuholen.

Oder aber man entfacht vor seinem Schlafplatz ein Feuer. Um auch mit wenig Glut viel Wirkung zu erzielen, baut man hinter ihr eine Wand auf, die die Hitze reflektiert. Wer kein Loch zum Hineinkriechen hat, baut sich die Reflektorwand (32b) und schläft zwischen Feuer und Reflektor.

Die unmögliche Mahlzeit

> *... aber alle zwei Stunden unterbricht er sein Überlebenstraining im Wald und kommt nach Hause, um den Kühlschrank leerzuräubern.*
> *Wie hoch wäre Ihr Honorar, wenn Sie nach Stuttgart kämen, um ihn Beherrschung zu lehren ...*
>
> *Aus einem Leserbrief*

Vieles am Wegesrand ist eßbar. Aber nur weniges enthält Eiweiß, Fett oder Kohlehydrate, diejenigen Nährstoffe also, die uns Kraft und Wärme verschaffen. Die übrigen schluckbaren vegetarischen Angebote der Natur bieten hauptsächlich Mineralien, Vitamine, Wasser. Nicht, daß das schlecht wäre, aber Spurenelemente enthalten die für uns nahrhafteren Dinge nebenbei und Wasser gibt's an frischen Quellen viel köstlicher. Diese Trostpflanzen sind etwas für Rehe und Rinder, für uns sind sie lediglich von Bedeutung, wenn wir absolut nichts zu schlucken haben und unseren Verdauungstrakt beschäftigen, bluffen möchten, damit er Ruhe gibt und wir uns auf Wichtigeres konzentrieren können. Wie man unbekannte Pflanzen auf Genießbarkeit testet, habe ich im ersten Survival-Buch bereits erklärt.

Ausgeklammert sind in *diesem* Zusammenhang alle kultivierten und geschützten Pflanzen und sonstwie Verbotenes. Denn dem Bauern vom Acker die Kartoffeln zu stibitzen, ihm die Kühe leerzumelken und dem Jäger das jagdbare Wild wegzufangen – sind keine Kunst, sondern Diebstahl oder Wildern und nicht Sinn dieses Trainings. Während meines Marsches durch Deutschland ohne Nahrung, Geld und Ausrüstung (s. Rüdiger Nehberg: »Yanonámi«), lebte ich über drei Wochen bei täglicher Marschleistung von 30–50 Kilometern u. a. von folgenden Leckereien (Herbst):
Haselnüsse, Bucheckern, Pilze, Blaubeeren, Preißelbeeren, Wurzeln der Königskerze und Wilden Möhre, Klette, Sonnenblumenkerne, Grassamen, Hagebutten, Holunder.
An Kleinfleisch waren es vor allem das Freiwild, wie Heuschrecken (roh und geröstet, ohne Sprungbeine), Würmer (roh, gekocht, um einen Stock gewickelt und gegrillt) Zeichnung 33, Weinbergschnecken, Wespen (ohne Giftstachel), Wasserflöhe, Maden ...
Da Würmer und Flöhe für unseren Gaumen in großen Mengen nicht

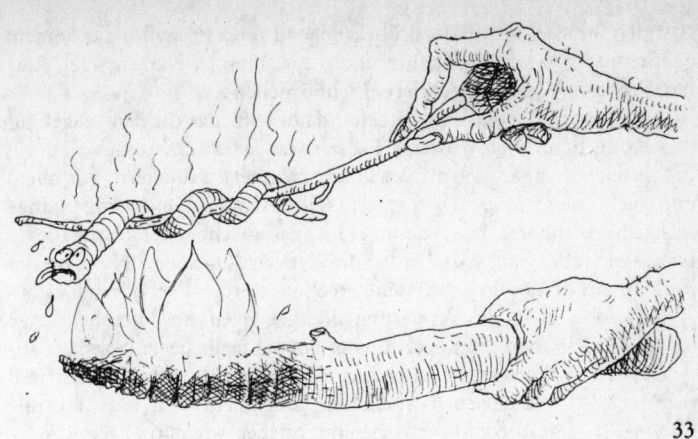

unbedingt eine Köstlichkeit sind, habe ich sie vorzugsweise gekocht. Und um den Geschmack zu verfeinern, habe ich die Suppen abgerundet mit Mengen von z. B. Quecken, Entenflott, Baumflechten, grünen Algen (lieblich wie Kopfsalat) und vor allem Brennesseln. Obwohl diese Pflanzen zu den »kraftlosen« gehören, sind sie für diesen Zweck sehr brauchbar. Wer gekochte Brennesseln mit geschlossenen Augen ißt und sie von Spinat unterscheidet, kann einem Feinschmecker-Club beitreten. In den Ratgeberheften wird immer empfohlen, z. B. die Blätter der Brennessel nur von Mai bis Juli zu nehmen. Ich habe sie nicht nur von April bis zum ersten Frost im November verzehrt, sondern auch von der Wurzel über den Stengel mit allem Ungeziefer und Wegestaub bis zur Spitze. Und immer schmeckten sie gut.

Das große Fleisch bleibt uns beim Training versagt. Wer einen Angelschein für die Meere und Wasserstraßen hat, kann angeln und pöttern. Im übrigen bleibt fürs Training nur, tote Tiere von der Straße zu kratzen. Tabu sind auch hier alle jagdbaren Tiere, die ihr im Jägerkursus im einzelnen kennenlernt. Einen solchen Jägerkursus (zu erfragen bei den Landesjagdverbänden) empfehle ich euch dringend. Nicht, weil Deutschland mehr Jäger brauchte, sondern weil ihr dort euer Survival-Wissen abrunden und mit bestandener Jägerprüfung *legal Waffen erwerben* könnt (s. Nehberg: Die Kunst zu überleben, »Waffenbeschaffung«). Ihr lernt die heimische Fauna kennen, Fährten und Flugbilder lesen, Schonzeiten, Waffen- und jagdbezogene Rechtskunde usw. Also alles Dinge, die euch nicht dümmer machen.

Auf den Straßen liegt jedoch überwiegend totes Freiwild, das keinem gehört und das keinem Schutz unterliegt: Hunde, Katzen, Igel, Ratten, Frösche, Vögel, Kriechtiere, Eichhörnchen...
Wenn ich vorhin sagte »abkratzen«, dann trifft das oft den Nagel auf den Kopf, denn mein längster Frosch war auf 80 cm ausgewalzt, ein Igel erreichte sogar 2,60 m! (zwinker, zwinker). Nüchtern, vor allem mit nüchternem Magen betrachtet, wird er mit zunehmender Länge nicht ungenießbarer. Es sei denn, er ist unabwaschbar verschmutzt.
Ist das nicht der Fall, entscheiden die eigenen Augen und Nase, ob das Verkehrsopfer zum Frischfleisch gerechnet werden darf oder ob es bereits in Verwesung übergegangen ist. Hier beherzige man die Regel: Lieber einmal mehr liegenlassen als angewestes Fleisch essen. Das ist Hunden, Geiern und Bakterien vorbehalten und nichts für uns sensible Großstadtmenschen mit hochentwickelter Eßkultur.

Ferner ist zu bedenken, daß alle Tiere, die von Fleisch leben (und wenn sie es nur sporadisch nehmen), Trichine enthalten können. Das sind kleine, putzmuntere Fadenwürmchen, die sich nicht scheuen, im Menschen weiterzuleben. Ein einziges Weibchen (4 mm) gebärt bis zu zweitausendfünfhundert (!) Babys, die über das Blut in die Muskeln gelangen. Sie sorgen für Fieber, Schmerz und Tod. Deshalb müssen Hund, Katze, Igel und Ratte besonders gut gekocht oder well done gebraten werden. Bei Ratten ist noch unbedingt zu bedenken, daß sie durch Einwirkung von Gift verhaltensgestört und deshalb überfahren worden sein könnte! Also, mehrfache Vorsicht! Laßt sie lieber aus dem Programm!

Als Bratpfanne tut's eine frischgeschnittene Astgabel, die man mit einigen Querästen durchzieht (Zeichnung 34). Auf ihnen brutzelt das Fleisch, und bevor die Äste verbrennen, ist der Braten längst gut. Als Salz nimmst du saubere Holzasche ohne Zusätze – wie verbranntes Papier oder gar Plastik!
Als Topf kannst du Dosen nehmen, die in jedem Chausseegraben liegen. Du mußt sie lediglich vorher gründlich im Feuer ausglühen, damit eventuelle Lackanstriche verbrennen. Draht als Henkel liegt ebenfalls im Straßengraben. Vielleicht hast du auch etwas Blumendraht im Überlebensgürtel. Sonst tut's eine Astgabel (Zeichnung 35) mit Kerben an den Stellen, wo die Dose einrastet.
Pilze, Wilde Möhre, Quecke – das garst du in mehrlagig gewickelten großen Blättern, verschnürst die Rolle mit mehreren Grashalmen,

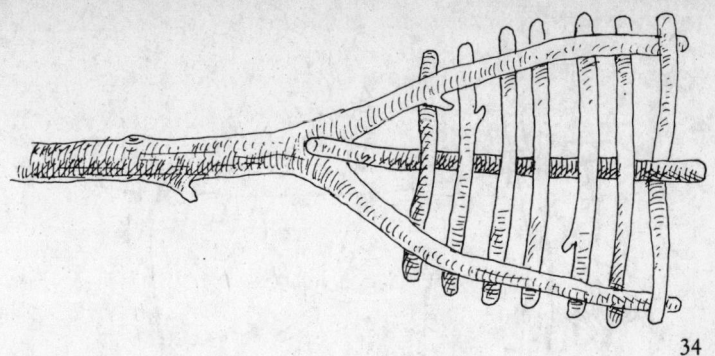

34

Grashalmen, Baumwurzelfasern oder Rinde von feinen Ästen und legst das Paket in die Glut, *nicht in die Flammen.*
Statt der Blätter geht auch Silberpapier, das du ebenfalls am Straßenrand findest: in Zigaretten- und Schokoladenpackungen. Wenn da nichts ist, schau in die Papierkörbe an Wanderwegen.

Ekelüberwindung

> *Mit Ihrem Buch haben Sie mehr erreicht, als ich in all den Jahren mühevoller Erziehung! Mein Sohn, der nie aufgewärmte Essensreste aß, läßt neuerdings nichts mehr umkommen. Sogar die Käsereste und -rinden sind vor ihm nicht mehr sicher. Auf meine Frage, worauf das zurückzuführen sei, antwortete er: »Ich trainiere Ekelüberwindung.«*
>
> *Aus einem Leserbrief*

Wenn du dir zum erstenmal einen solchen »Tabu«-Naturalien-Tisch deckst, wird dein Magen womöglich gegen das Rachenzäpfchen stoßen, weil er raus will.
Das läßt du natürlich nicht zu. Sag ihm, daß du seine Abneigung gegen

35

Wasserflöhe nicht teilst. Sag ihm, daß vergrößerte Wasserflöhe beinahe wie Krabben aussehen, die er doch so liebt.
Sag ihm, er solle sich nicht so anstellen. Schließlich äße er auch Austern und Muscheln – roh und gekocht – und wie sehen *die* erst mal aus! Igitt!
Sag ihm, daß ihr beide jetzt lernen wollt, *unbegründeten* Ekel zu überwinden. Ihr wollt Partner werden, eure Vorurteile abbauen und sie in vernunftgesteuerte Urteile umfunktionieren. Und ich glaube, dann läßt er mit sich reden und hört auf, dein persönliches Rachen-Zäpfchen zu kitzeln. Als Trost sagst du ihm, daß du volles Verständnis für ihn hast, wenn er bei Faulfleisch revoltiert. Da hätte er die Nase ja auch voll auf seiner Seite und du fügtest dich der Mehrheit. Nur eben bei Lappalien wie Heuschrecken, da müßte er zurückstecken. In Afrika wäre das für manchen Gaumen einer der besten Leckerbissen. Wie für manchen Asiaten die Ratte vom Grill. Und dann erzählst du ihm noch die kleine Geschichte von Rüdiger, der mal ein Kaninchen fand:
Es war ein Mischling von Wild- und Hauskaninchen, saß auf dem Parkplatz einer Großstadt, fiel also nicht unters Jagdgesetz. Daß

das Tier nicht fortlief, lag daran, daß es im Sterben lag. Es hatte Myxomatose, eine Epidemie, die dafür sorgt, daß Kaninchen nicht überhandnehmen und zur Plage werden. Augen, Nase und Mund eitern völlig zu. Die Tiere müssen elendig verhungern. Ich fand, hier war uns beiden geholfen, als ich es tötete. Es war von seinen Qualen erlöst, und ich hatte zu essen. Myxomatose ist auf den Menschen nicht übertragbar und Eiter ist nahrhaft. Schließlich besteht er aus weißen Blutkörperchen und Blut ist, wie jeder weiß, reine Kompaktnahrung. Ein klassisches Beispiel also, unbegründeten Ekel überwinden zu lernen. Eine Logik, der sich kein vernünftiger Magen entziehen kann.

Als Nachtisch gibt's Hagebuttenmus, roh. Ein paar Kerne (auch als Juckpulver beliebt), die mit in den Magen gelangen, schaden dir nicht. Schon gar nicht fangen sie an, dich zu jucken (sollten sie es doch tun, schluckst du Stacheldraht und schlägst Purzelbäume! Das kratzt besser als Topfschwamm!).

Bevor du zum letzten Gang ansetzt, wäschst du dir die Hände mit den Blättern des Seifenkrauts. Sie enthalten Seifenstoffe, die fast so gut schäumen, wie die teuren Toilettenartikel bei dir daheim (Zeichnung 83 g).

Das abschließende Getränk könnte ein Pfefferminz- oder Kamillentee sein. Oder ein Kaffee aus Haferkörnern, die du auf Aluminiumpapier geröstet hast.

Hafer und anderes Getreide wächst verirrt am Straßenrand und bei Müllhalden. Auch mit Grassamen erzielst du den Röstgeschmack.

Vielleicht bist du auch bald der ganz große Genießer und dein krönender »Tabu«-Naturalien-Mahlzeit-Abschluß ist Teichwasser mit lebenden Wasserflöhen. Weil sie dir den Prickel von Sekt vermitteln.

Mit solchen Fähigkeiten ausgestattet, kannst du leicht und locker auch manche Wette gewinnen (»Wetten, daß ich die Spinne aufesse?«).

Würmerfang und -haltung

Ohne Würmer leben zu müssen – das kann einen fix wurmen! Der Wurm ist die stille Hoffnung eines jeden Survivors. Nicht nur wegen der bereits zitierten Geselligkeit, die der Einsame durch ihn hat. Das bestimmt auch, aber vor allem, weil man seiner relativ gut habhaft werden kann, weil er der Idealköder für bessere Nahrung ist und weil er, wenn er sich als Köder zu dumm anstellt, notfalls selbst zum Lebensmittel werden kann. Da nutzt es ihm wenig, wenn er mit sandigem Mageninhalt gegen den Verzehr protestiert. In der Not frißt sogar der Teufel Würmer, erst recht gekocht – da erinnern sie an Spaghetti.

Hier jedoch wollen wir nicht des Wurmes vielseitigen lukullischen Aspekt beleuchten, sondern seinen Wert als Köder. Ich leugne nicht, daß mir Würmer, wenn ich sie schon essen muß, nicht gut schmecken. Ihr werdet mich kaum Nachschlag verlangen hören und vor Gier mit dem Teller wackeln oder ihn gar ablecken sehen.

Aber um mir mit ihm ein appetitliches Fischchen aus dem Wasser zu holen – mag ich den Wurm regelrecht gern.

Doch dann passiert es nicht selten, daß gerade dann und dort und weit und breit null Würmer aufzuspüren sind.

Zum einen gilt auch für den Überleber die goldene Regel: Nicht erst bei Bedarf, sondern rechtzeitig einen Köder einstecken! In meinem Vieltaschen-Overall war auf den Reisen immer ein Behältnis für mögliche Köder reserviert. Diesen stillen, gesicherten Zufluchtsort muß man ihnen einfach gewähren. Nicht nur aus Gründen des Tierschutzes.

Ohne Spaten und andere Hilfsmittel ist es gar nicht so leicht, sie zu fassen zu kriegen. Sie reagieren sehr flink, sehr rege (deshalb: Regenwürmer?) auf Bodenerschütterungen und ziehen sich sofort in die Tiefe zurück. Also geht der Wurmfangmeister leise. Ohne Werkzeug hat er am ehesten unter Steinen Erfolg, oder er reißt Grassoden aus.

Ein Behelfsgerät ist der vor 15 000 Jahren (Schätz, schätz) erfundene Grabstock. (Zeichnung 32 a) Man macht ihn aus einer kräftigen Astgabel und benutzt ihn als Haken zum Aufreißen des Erdreichs oder als Spaten. Auch in eurem »Survival-Museum« macht sich ein Grabstock gut. Besonders leicht fängt man Würmer auf feuchten Wiesen und bei Regen. Und noch besser ist die Jagd bei Nacht und mit einer Taschenlampe. Sobald es dunkel ist, stecken die Krabbelmänner nämlich ihre Nasen besonders gern an die Luft, und dann braucht ihr sie nur einzusammeln. Da sie aber auch lichtscheu sind, sollte die Lampe abgedunkelt oder mit rotem Papier überspannt sein.

Ein Freund von mir schwört auf diese Methode und fängt in wenigen guten Nachtstunden mühelos 1000 Würmer.
Das reicht für lange Zeit. Wichtig ist jetzt, die Beute richtig aufzubewahren. Da kann man eine Kiste, voll mit gutem Mutterboden, in die Erde graben und sie dort wie in einem Käfig halten.
Es kann sich aber auch lohnen, sie zu züchten. Wenn ihr ein Dauerlager einrichtet oder professionelle Angler seid, mit einem Garten, dann solltet ihr die simple Methode anwenden, einen Komposthaufen anzulegen. Auf ihn schüttet ihr Gartenabfall und etwaige Essensreste. Damit ernährt ihr auch die Tiere in der eben geschilderten Kiste. Es dauert nicht lange, und ihr werdet einen kaum versiegenden Wurmquell haben, der jederzeit für euch sprudelt und der andere, die solche Fundgrube nicht besitzen, fürchterlich wurmen wird.

Fischfang

Jeder Angler hat zwar sein Geheimrezept für Köder – aber Insekten und Würmer sind immer noch diejenigen Lockmittel, an die man am leichtesten gelangt und die bei Fischen gern gesehen sind. Durch sein Zappeln lockt der Wurm diejenigen, die auf Bewegung reagieren und durch seinen Geruch die anderen, die mit der Nase arbeiten. Zum Beispiel Aal und Wels. Da ich auch über Fischfang bereits im ersten Buch geschrieben habe, möchte ich euch für euer Training raten, wieder ein Modell zu bauen.
Imitiert auf einer kleinen Holzplatte mit Ton (Blumenladen) ein Flußbett. Bepflanzt das Ufer hübsch, weil das Auge ebenfalls genießen möchte. Mit geraden kleinen Ästen versperrt ihr den »Fluß« – von einem Ufer zum anderen. Flußabwärts und -aufwärts baut ihr dann v-förmig von den Ufern aus auf die Querwand zu zwei weitere Wände (Zeichnung 36) und treibt dann von weit unten oder oben die Fische in diese Trichter.

Eine erhebliche Verbesserung dieser Flußsperre ist die Eingangskomplizierung mit dem Rundtrichter. Er ist aus Weidenzweigringen schnell gemacht (Zeichnung 37). Seine große Öffnung ist bündig mit dem Eingang und die kleine zeigt ins Innere der Falle. Wichtig ist, daß diese Öffnung nicht auf dem Boden aufliegt, sondern über diesem im Wasser endet. Der gefangene Fisch sucht den Ausgang nämlich immer unten und außen, aber so gut wie nie da oben. Die Fangchance mit diesem Modell ist also ungleich größer als jene ohne Einschlupfkörbe.

37

Wer geschickt ist und eine transportable Falle will, der baut sich eine Reuse (Zeichnung 38).
Und wo wir gerade vom Fischtreiben sprechen, muß auch von den Forellen die Rede sein.
Sie stehen in den klaren, flachen Bächen, fliehen, wenn du durchs Wasser gehst, flußaufwärts und verstecken sich. Du mußt nur gut beobachten (oder vom Land her beobachten lassen) unter welchem Stein sie sich verborgen haben. Meist haben die Verstecke nur einen Ein- und Ausgang, der flußabwärts oder zu den Ufern hin liegt. Jetzt hast du entweder ein kleines Netz, das du davorspannst, oder du versuchst es mit der bloßen Hand. Ganz langsam ertastest du, Handrücken zum Boden gerichtet, Finger nach oben, wo der Fisch sitzt. Dein Arm versperrt ihm meist gleichzeitig den Fluchtweg. Du zwingst ihn schließlich bis in den letzten Winkel seines Verstecks, wo du zupackst. Wenn du ihm in die Kiemen fassen kannst, ist er dir sicher. Ihn am glatten Körper zu halten, ist schwer und erfordert Übung. Aber daß es erlernbar ist, zeigen die vielen Jungen in den Alpen, die diese Kunst meisterhaft beherrschen – zum Schrecken der Fischpächter.

38

Denkt also auch daran, daß Fischfang in allen Gewässern einer Erlaubnis bedarf, die das Bezirksamt oder die Eigentümer ausstellen. Laßt euch bei der Behörde gleich sagen, wofür diese Erlaubnis gilt. Der allgemeine Angelschein ist kein Freischein für alle Gewässer. Die besten Fischgründe sind meist in Privatbesitz.

Interessiert euch ein solches Wasser besonders, fragt die Anlieger. Sie werden euch immer an die richtige Adresse weiterleiten. Unbefugtes Fischen ist strafbar wie Diebstahl. Bedenkt, daß die Angler und ihre Vereine für ihre Sonderrechte ebenfalls bezahlen und nichts umsonst haben, und daß sie dafür sorgen, daß immer wieder neue Fische ausgesetzt werden. Sie kümmern sich also auch gleichzeitig um die Hege.

Fürs Training genügt es im Prinzip auch, sich notfalls einmal an einem der »Angelteiche für Jedermann« einzumieten. Das sind jene oft nüchternen Gruben, besser: Exekutionsgruben, in die abends ein Tankwagen Fische aussetzt, die anderntags von Anglern wieder rausgehakt und nach Fang einzeln bezahlt werden. Die Bißwahrscheinlichkeit ist relativ groß, weil der Fischbestand hoch gehalten wird.

Dies wäre für den Anfänger vor allem die Möglichkeit, legal, ohne Angelschein das Prinzip des Fischens mit Haken kennenzulernen und anschließend die Weiterverarbeitung des Fangs zu erlernen.
Bei meinen Kursen für Jugendliche stellte ich immer wieder überrascht fest, wie viele von ihnen noch nie im Leben geangelt hatten. Fürs Training und nur zum Kennenlernen rate ich davon ab, eine fertige Angel zu kaufen. Setzt euch zu einem Angler und fragt ihn aus. Es ist der beste, billigste und schnellste Lehrgang. Bestimmt erlaubt er euch dann sogar, mal selbst einen Köder auf den Haken zu ziehen. Er wird euch sagen, daß der Haken vom Köder verdeckt sein muß, daß man mehr Erfolg hat mit für Fischen unsichtbarer Sehne als mit Bindfaden, daß die kleine Bleikugel dafür sorgt, daß Haken und Köder überhaupt absinken und daß die Pose reguliert, wie tief der Köder absinken soll. Gleichzeitig meldet sie, wann jemand gebissen hat. Er wird euch zeigen, daß man dem Fisch erst Zeit läßt zu probieren und wie man dann kräftig anruckt, wenn es so aussieht, als hätte er den Köder im Mund.
Dann kommt der wichtige Moment, wo man den gefangenen Fisch nicht vor lauter Aufregung gleich aus dem Wasser zieht, weil viele Tiere, die z. B. nur an der Lippe gehakt sind, sonst wieder abreißen würden. Das ist Tierquälerei und schade um die Mahlzeit.
Für die Angel in der Wildnis und in eurem Überlebensgürtel genügen ein paar Meter nicht zu dünner Sehne, ein Haken, ein Stein statt des Senkbleis und als Pose ein Ästchen.
Und da Haken häufig abreißen (z. B. wenn sie sich im Holz unter Wasser verfangen), sollt ihr beim Training auch unbedingt einmal mit dem zweispitzigen Haken oder dem »festen Köder« gefischt haben, wie ihn zuerst die Cro-Magnon-Jäger vor 20000 Jahren hatten und die Eskimos ihn heute noch verwenden. Wie er aussieht, und wie der Wurm übergezogen wird, zeigt die Zeichnung 39. Sobald der Fisch ihn verschluckt hat und ihr an der Leine zieht, stellt sich der Wipphaken quer und das Tier ist gefangen. Im anderen Buch ebenfalls bereits aufgezeigt, sollte es zu diesem, eurem Training gehören, einen Fischspeer zu basteln und damit zu üben, den Brechungswinkel des Wassers zu erfahren. Legt ein Blatt auf den Wassergrund und versucht, es mit verschiedenen Tiefen zu treffen (Zeichnung 40).
Als Übungsstunde und für euer Museum würde sich das »Angelboot« gut machen. Ein Stück schwimmendes Holz erhält einen Stock als Mast und ein Segel aus einem großen Blatt oder Papier. An den Kiel des »Bootes« hängt ihr an 1 Meter langer Sehne einen Haken mit Köder und laßt dieses Gefährt langsam mit dem Wind von einem zum anderen Ufer des Sees treiben (Zeichnung 41).

Als letztes sei das kaum bekannte Pöttern erklärt. Es ist eine Aalfangmethode, ebenso irre wie unbekannt und erfolgreich. Und weil Aale diejenigen Fische sind, die neben Eiweiß auch reichlich Fett geben, kann die Mühe sich lohnen.

Aale sieht man nicht, weil sie Nachtschwärmer sind. Man denkt, es gäbe sie nicht. Aber es gibt sie reichlich. Sie schlängeln sich gern im Wasser am Ufer entlang durchs Gestrüpp und wandern die Flüsse mal rauf und mal runter. Es müssen jedoch Flüsse, Teiche und Seen sein, die mit dem Meer in Verbindung stehen.

Zum Pöttern brauchst du eine Stopfnadel, einen drei Meter langen Wollfaden oder Zwirn und viele, dicke Regenwürmer. Aale sind auf Regenwürmer unglaublich spitz und riechen sie auf hundert Meter flußabwärts.

Du ziehst die Würmer der Länge nach auf den Faden. Zuletzt hast du quasi einen Dreimeterwurm. Den wickelst du nun locker um die Hand. Du erhältst einen Mehrfach-Kringel, um den du einen Bindfaden (1 m) schlingst und diesen wiederum an einem Stock befestigt. (Zeichnung 42).

Am besten pöttert man bei dunklem, nächtlichen Himmel. Wenn es dir nichts ausmacht, darf es auch regnen.

Außer dem Wurmkringel brauchst du einen Setz-Kescher. Damit dir möglichst wenige Aale entwischen, und wenn die Umstände es zulassen, bau einen Autoschlauch als Kragen um die Kescheröffnung. Ver-

40

kleide ihn oben mit Silberpapier, damit du ihn sofort deutlich erkennst. Vor allem beim Training solltest du das in dieser Weise machen, damit du merkst, wie gut diese Methode ist. Und im Notfall, in der Wildnis, machst du es dann so gut es geht. Okay. Du läßt den Kescher zu Wasser. Er sinkt ab und der Reifen hält die Öffnung nach oben. Du hast ihn neben dir angebunden.

Jetzt läßt du das Wurmknäuel zu Wasser und harrst der Dinge, die da kommen. Und sie werden kommen. Die Aale schnuppern deine Würmer (ich meine die an der Angel) und flippen total aus. Plötzlich beißt der erste zu. Zunächst zaghaft und dann heftiger. Du gehst dezent auf Gegendruck, und wenn du merkst, daß er gepackt hat, hebst du ihn mit langsamem, stetigem Zug hoch, aus dem Wasser und über den Autoreifen. Wenn du das zu ruckartig machst, werden die meisten sofort wieder loslassen. Sonst aber bleiben sie mit ihren Zähnchen hinter den Wollfäden hängen und lösen diese erst, wenn sie merken, daß sie aus dem Wasser sind. Und dann ist es zu spät. Sie fallen in den Ring und rutschen in den Kescher.

41

Wer das zum erstenmal erlebt, meint, da zöge ein Mensch an der Angel, so kräftig kann der Zug werden.

Fische ausnehmen, garen, räuchern

Sobald ihr Fische aus dem Wasser nehmt, müßt ihr sie töten. Laßt sie nicht qualvoll sterben. Ihr selbst möchtet auch nicht elendiglich ersticken. Und es ist bestimmt falsch, zu glauben, Fische hätten kein Gefühl – nur, weil sie stumm sind.

Mit einem kräftigen Stück Holz oder dem Schaft eures Dolches schlagt ihm einmal kräftig oben auf den Kopf und stecht von oben in den Schädel. Dann ist er sofort tot und zuckt nicht mal mehr mit den Nerven. Um ihn auszuwaiden, nehmt ihr ihn in die linke Hand, Rücken nach unten, Bauch nach oben. Mit dem scharfen Messer, Schärfe nach oben, stecht ihr in die Afteröffnung und schlitzt den Bauch bis zum Kopf auf. Das macht ihr

42

langsam und vorsichtig, weil das Tier wegglitschen kann und ihr euch schneiden könnt. Mit einem Griff nehmt ihr sämtliche Eingeweide heraus. Wenn ihr knapp seid mit Ködern, verwendet sie dafür. Oder hackt alles in kleine Stücke und werft es zurück ins Wasser. Es ist gute Nahrung für die hinterbliebenen Fische, es lockt sie womöglich (je nachdem, welche Fischarten in deinem Wasser sind) in Scharen an und letztlich beißen sie auch wieder unvorsichtiger und leichter an deinen Haken.

Wenn du erst noch weiterangeln willst, hänge den geschlachteten Fisch sauber auf. Dafür steckst du ihm einen Stock durch die Kiemen oder ein paar lange Grashalme (Zeichnung 43), die du zu einem Ring zusammenbindest.

Willst du ihn schließlich essen, kannst du das in verschiedenster Weise machen.

Du setzt ihn in einem Topf mit Wasser und etwas Salz auf. Am Meer nimmst du – der Einfachheit halber – gleich das Meeres-Salzwasser. Er braucht nur wenige Minuten zu kochen und ist gar, sobald er sich von den Gräten löst.

43

Hast du keinen Topf, wickelst du ihn in Silberpapier oder sechs Lagen großer Blätter oder Büschel kleiner Blätter oder Farnwedel, die du mit mehreren Grashalmen gegen das Öffnen zusammenbindest. Diese Blätterpakete legt man in dünne Glut, nie in die Flamme. Bevor die Blätter verbrennen, muß der Fisch gar sein.
Beim Braten nimmst du einen Metallrost oder machst dir einen Stangenrost aus frischen Ästen (Zeichnung 44) oder legst den Fisch direkt in die dünne Glut. Vorher hast du ihn parallel zu seinen Rippen (Gräten) kleine Schnitte ins Fleisch geritzt (von der offenen Bauchhöhle her, nicht durch die Haut) und sie mit etwas Salz eingerieben.
Eine Delikatesse aber wird aus allen Fischen, wenn man sie räuchert. Räuchern gehört ins Training. Egal, ob ihr erst einen Fisch fangen müßt oder ob ihr ihn kauft. Denn in diesem Kapitel wollen wir das Räuchern lernen, und die Herkunft des Fisches ist zweitrangig. Räuchern ist unglaublich leicht, und sobald ihr das begriffen habt, ist es genau das Richtige, das ihr beim nächsten Anlaß zu Hause vorführen könnt, und das eure Eltern vom praktischem Nutzen des Survival überzeugen hilft.

44

Ihr glüht in offener Flamme entweder einen alten Marmeladen-Blecheimer aus oder besorgt euch – fürs Dauercamp – gleich eine große Eisentonne, die beim Schrotthändler nur wenige Mark kostet und mit der man ganze Familien versorgen kann.
In den ausgeglühten Eimer legt ihr Sägemehl, das ihr beim Tischler gratis kriegt. Auf gar keinen Fall kauft ihr das Zeug kiloweise für teures Geld im Kleinhandel, denn das ist wirklich weggeworfenes Geld, das ihr dann lieber guten Zwecken spenden könnt.
Achtet darauf, daß es möglichst Buchen-Sägemehl ist.
Kenner schmeißen auch noch einen Wacholderzweig aufs Sägemehl. Er gibt dem Fisch ein pikantes Aroma.
Wer kein Sägemehl hat, nimmt feuchtes Laub, Gras – irgend etwas natürliches Pflanzliches, das qualmt. *Nur keine Kunststoffe* oder Schlimmeres! Sobald der Rauch nachläßt, spritzt die Qualmstoffe mit Wasser naß.
Auf das Sägemehl legt ihr mehrere dicke frische Äste und darauf den gesalzenen Fisch. Bei großen Tonnen lohnt sich der Einbau von raus-

Die Tonnen sind natürlich geschlossen, die Zeichnung soll lediglich zeigen, wie es drinnen aussieht.

nehmbaren Metallrosten, auf die die Fische gelegt werden. Auch die gibt's beim Schrotthändler, ihr müßt sie euch nur passend schneiden.
Den Eimer setzt ihr auf zwei auseinanderliegende Steine, zwischen denen ihr nun ein kleines Feuer macht. Die Hitze läßt das Sägemehl qualmen, der Qualm und die Hitze räuchern und garen den Fisch. Der Eimer oder die Tonne sind oben lose verschlossen, damit der Qualm nicht unnötig schnell entweicht und sich genügend Hitze ansammeln kann (Zeichnung 45a).
Wer sehr viel Holz oder gar Holzkohle zur Verfügung hat, kann die Glut in der großen Tonne direkt herstellen (also nicht darunter) und dann das Sägemehl unmittelbar über diese Glut streuen. Holzkohle hat den Vorteil, daß sie die Hitze lange hält. Ihr könnt die Fische dann ohne Aufsicht allein lassen und schon etwas anderes erledigen. Nur – in diesem Falle muß die Tonne als Sauerstoffeinlaß unten ein Türchen erhalten, das, bis die Glut perfekt ist, offen bleibt und beim Räuchern geschlossen wird (Zeichnung 45b).
Nach einer halben Stunde ist der Fisch fertig. Er sollte dann die be-

46

kannte goldgelbe Farbe haben. Hat er sie nicht, war es zu wenig qualmig oder zu kalt. Ob er gar ist, merkt ihr, wenn ihr wieder nachschaut, ob das Fleisch sich von Gräten löst. Wie beim Kochfisch.
Lauwarm verzehrt, mit selbstgebackenem Brot – ihr schnallt ab. Echt!
In der Wildnis, wo ihr sicher keine Tonne habt, sucht ihr eine 1 m hohe steile Uferwand. Ihr grabt von oben, 50 cm entfernt vom Ufer eine 40 × 40 × 40 große Grube. Von ihrer Mitte aus buddelt ihr eine ca. 20 cm-Röhre (Ø), bis in eine Tiefe von 80–100 cm. Dann stecht ihr vom Ufer aus in 1 m Tiefe eine 30 × 30 cm große Röhre (rund!) in Richtung auf die 20 cm-Röhre (Zeichnung 46). Jetzt habt ihr einen rechtwinkligen Luftkanal. Ihr
entzündet unten in der Röhre ein Feuer und sorgt für viel Glut. Sobald ihr sie habt, schmeißt welke Blätter drauf, die den Qualm erzeugen sollen und verschließt die Luftzufuhr.
Die Fische habt ihr derweil auf einen sauberen Frischästerost in die oberste Grube gelegt, die dann mit einem Deckel oder einem Haufen

belaubter Äste so verschlossen wird, daß Hitze und Qualm optimal auf die Fische wirken können.

Schlachten

Schlachten zu können, gehört zu den Grundkenntnissen des Wildnisreisenden. Wichtig ist auch hier, daß das Töten schnell und quallos geschieht. Dem Kaninchen hebt man die Ohren hoch und schlägt mit einem stabilen schweren Stock kräftig hinter die Stelle, wo die Ohren in den Kopf enden. Dort sitzt das Kleinhirn des Kaninchens, und durch den Schlag ist es sofort bewußtlos. Mit einem scharfen Messer durchtrennt ihr die Kehle und laßt es nun hängend ausbluten. Das Ausbluten ist bei baldigem Verzehr nicht nötig. Nur wenn Fleisch länger liegt, sollte man darauf achten, weil die Verwesung u. a. beim Blut besonders schnell einsetzt.

Wenn es noch zuckt, sind das die Nerven. Es ist auf jeden Fall tot, sobald der Blutstrom zum Kopf unterbrochen wurde. Und das habt ihr mit dem Kehlschnitt erreicht.

Größere Tiere, zum Beispiel Schafe, bei denen das Betäuben schwerer ist, legt man auf die Seite, setzt sich auf sie, um sie festzulegen, und macht den Kehlschnitt notfalls ohne Betäubung. Es ist ein schneller, schmerzloser Tod.

Vögeln kann man den Kopf zertrümmern oder ihn umdrehen und ausrenken. Sie sind auf der Stelle tot.

Meist wird es so sein, daß das Tier bereits tot ist, wenn ihr es bekommt: es wurde geschossen, ihr habt's auf dem Markt gekauft oder auf der Straße gefunden.

Um Schlachten im Rahmen des Trainings einmal geübt zu haben, empfehle ich, irgendein überfahrenes, guterhaltenes Tier von der Straße zu nehmen (das nicht unters Jagdgesetz fällt). Das könnte eine Ratte, eine Katze, ein Hund sein. Beim Igel wird's für den Anfänger zu pieksig. Lassen wir ihn den Fortgeschrittenen.

1. Wir hängen das tote Tier an den Hinterbeinen irgendwo auf, mit der Bauchseite zum Schlachter (Zeichnung 47/1).
2. Um beide Hinterbeine herum machen wir in Höhe des Knies einen Schnitt durch die Haut, aber nicht bis ins Fleisch. Das Fleisch muß immer unversehrt bleiben. Also ist ein feines, scharfes Messer erfor-

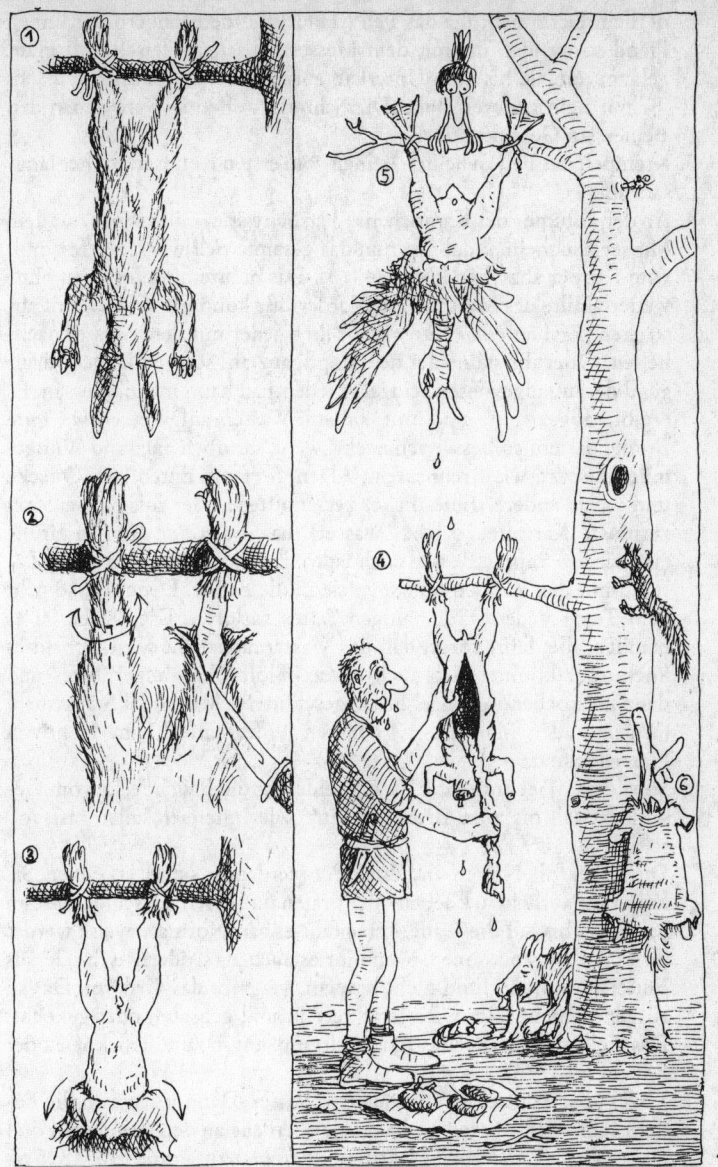

47

derlich. Dann hebt ihr das Fell (Haut) mit den Fingern der linken Hand so an, daß ihr mit dem Messer zwischen Fleisch und Haut gelangt, um sie bis zum Unterleib aufzuschneiden. Dasselbe macht ihr mit dem anderen Bein. Die Schnitte treffen sich zwischen den Beinen am Geschlechtsteil.
3. Krempelt das Fell an beiden Beinen vom ersten Rundschnitt her langsam ab.
4. An der »Blume« des Kaninchens (dem Schwanz) müßt ihr so mit dem Messer nachhelfen, daß ihr nun das gesamte Fell wie einen Strumpf vom Körper abziehen könnt (47/3). Das müßte funktionieren ohne weitere Hilfe des Messers. Die Vorderfüße könnt ihr einfach mit abstreifen. Erst an den Ohren müßt ihr wieder mit dem Messer nachhelfen. Oder ihr schneidet den Kopf ganz ab, sofern ihr nicht dringend darauf angewiesen seid. Auf jeden Fall kann man ihn essen. Er ergibt, abgezogen, und mit kaltem Wasser aufgesetzt *eine gute Brühe*, die um so besser schmeckt, wenn ihr noch Salz und Wildgemüse zusetzt, wie Brennesseln, Algen, Seetang, Entenflott, Quecke und vieles andere. Eine dicke, zerschnittene oder mit einem Stein zermuste Kartoffel (pro ½ l Wasser) macht aus der dünnen Brühe eine sämige Suppe. Besser noch ist es, ihr zermust sie in rohem Zustand mit den Zähnen und speit sie in die Brühe. Denn nur so geht kein Tropfen des stärkehaltigen Saftes verloren. Die Stärke ist es nämlich, die dafür sorgt, daß das Wasser angedickt wird, sobald es kocht. Ihr könntet also auch einen Eßlöffel kalt angerührtes und dann ins kochende Wasser hineingeschüttetes Mehl oder Stärkemehl (Weizenpuder, Maizena ...) nehmen. Oder einfach eine Handvoll Haferflocken.

Sobald das Tier enthäutet ist, schneidet ihr die Bauchdecke vom Geschlechtsteil bis zum Brustkorb auf. Die Innereien fallen fast von selbst raus (47/4).

Die Leber, die Nieren und das Herz werdet ihr sicher erkennen. Sie könnt ihr aufheben, kochen oder braten und essen. Das andere ist im Prinzip – bis auf die Galle – ebenfalls eßbar. Normalerweise werdet ihr es entbehren können. Wenn ihr es auch als Köderfleisch oder als Futter für euren Hund nicht braucht, vergrabt das Gedärm. Das so ausgenommene Tier wird jetzt zerteilt und gebraten oder gekocht. Das Fell wird über eine Astgabel gespannt – zum Trocknen oder Räuchern (47/6).

Vögel überschüttet ihr mit heißem Wasser. Dann lösen sich die Federn sehr leicht. Oder ihr hängt sie ebenfalls an den Beinen auf und zieht, wie beim Vierbeiner, Federn *und* Haut zusammen ab (47/5).

Wenn ihr das Fleisch kochen wollt, muß es immer kalt aufgesetzt werden, falls ihr als Nebenprodukt eine gute Suppe wünscht. Röhrenknochen werden zerschlagen, damit das Wasser gut an das Fett gelangen kann. Möchte man hingegen keine Brühe, muß man sein Fleisch ins heiße Wasser werfen. Dann passiert nämlich folgendes: die Eiweiße des Fleisches gerinnen *sofort* und verschließen alle Gewebeporen, so daß weder Fett noch das Eiweiß selbst austreten und ins Kochwasser gelangen können. Nachteil: Das Nebenprodukt Brühe entfällt. Vorteil: Das Fleisch bleibt gehaltvoller.

Zähne ziehen, Wunden nähen, Knochen schienen

Tote Tiere, die du von der Straße nimmst, sind eine ganz ideale Gelegenheit, über das Schlachten hinaus auch dein Erste- und Zweite-Hilfe-Wissen zu verbessern. Sie bieten Möglichkeiten zu Übungen, die du von Zeit zu Zeit wiederholen wirst; die also nicht etwa jedem Tierauswaiden vorangehen müssen.
Da wäre das Zähneziehen. Denn überall dort auf der Welt, wo es keine Zahnärzte gibt, die einen vereiterten Zahn aufbohren und weiterbehandeln können, muß man sich zu helfen wissen. Je nach Grad der Vereiterung mag der eine oder andere Mensch die Tage der Schmerzen überwinden können.
Irgendwann mag aber auch der Punkt kommen, wo er es nicht mehr aushält. Die Wange wird dicker, das halbe Gesicht ist gelähmt, die Schmerztabletten sind aufgebraucht und Antibiotikum ist nicht zur Hand. Und erst recht kein elektrischer Bohrer. Da hilft dann nur noch das Ziehen. Der eiterverursachende Zahn nebst Wurzel wird entfernt, und der vorhandene Eiter kann abfließen. Selbst ohne betäubende Spritze wird der Patient das Ziehen als Wohltat empfinden im Vergleich zum vorhandenen Schmerz.
Der Zahnarzt in seiner perfekt eingerichteten Praxis hat für jeden Zahn eine bestimmte Zange. Das brauchst du nicht. Was du bei dir haben solltest, falls du lange in der Einsamkeit verweilen willst und erfahrungsgemäß häufiger Ärger mit den Beißern hast, ist eine Universalzange, mit der man notfalls allen Zähnen beikommen kann. Oder, und das wird in der Not die Regel sein, du versuchst es mit einer Kombizange aus dem oft vorhandenen Werkzeugkasten.
Die Gefahr, daß Zähne infolge schlechten Werkzeugs abbrechen, ist

groß. Und danach ist es fast ausgeschlossen, verbliebene Stummel oder Wurzeln noch herauszubekommen, und der Schmerz wird bleiben.
Da aber im Notfall das Ziehen der einzige Ausweg aus dem Dilemma ist, sollte man es schon mehrfach geübt haben, um eine gewisse Erfahrung zu sammeln.
Einen Behandlungsstuhl hast du nicht. Leg den Patienten, hier also das tote Tier, so vor dich auf die Erde, in den Schoß oder auf den Tisch, daß du bestmöglich an den Zahn gelangen kannst.
Löse vorsichtig das Zahnfleisch bis zur Wurzel mit einem kleinen spitzen Messer. Wenn du nur eine Kombizange hast, die leicht abgleitet, weil sie in gar keiner Weise der Form des Zahnes angepaßt ist, leg ein winziges Stück Stoff über den Zahn. Es macht den Zahn griffiger. Dann faßt du ihn sehr vorsichtig bis ans Zahnfleisch, um möglichst viel Zahnoberfläche zwischen die Zange zu bekommen.
Ganz langsam bewegst du ihn hin und her. Der Kopf des Patienten sollte gut festgehalten werden, damit er nicht mit einem Gegenruck deine Bemühungen zunichte macht und der Zahn dadurch abbricht.
Beim Üben wirst du merken, wie spröde Zähne sein können und wie leicht sie splittern.
Du wirst auch feststellen, daß es etwas anderes ist, ob man einem Igel oder einem Hund den Zahn zieht. Zähneziehen erfordert Kraft und Geschicklichkeit.
Plötzlich merkst du, wie der Zahn im Kiefer nachgibt, ähnlich einem Nagel, den du mit Hin- und Herwackeln im Holz lockerst. *Erst, wenn er genügend gelöst ist, ziehst du ihn raus.*
Die zweite mögliche und praktische Übung am toten Tier ist das Vernähen einer Schnittwunde.
Mit einer Rasierklinge oder dem Skalpell rasier ihm an der Operationsstelle sämtliche Haare fort. Zum einen der Übersicht wegen. Zum anderen aus hygienischen Gründen und drittens, damit die Haare nicht in die Wunde einwachsen können.
Dann bringst du dem Tier mit dem Messer einen Schnitt durch die Haut bei, den es jetzt zusammenzunähen gilt. Für diesen Zweck gibt es kleine gebogene medizinische Nadeln (Zeichnung 48). Sie sind steril verpackt und schon mit einem Faden versehen. Doch sie erfordern auch eine spezielle Zange, mit der man diese Winzlinge halten und handhaben kann. Es ist überflüssig, sie auf Reisen ständig mitzuschleppen. Was ihr braucht, ist eine normale Nähnadel nicht zu fein und keine Stopfnadel. Durch ihr Öhr zieht ihr einen schwarzen (da besser sichtbar) Zwirnsfaden. Beides wird sterilisiert durch Kochen in Wasser oder durch Eintauchen in Alkohol oder in Wunddesinfektionsmittel wie z. B. Jod.

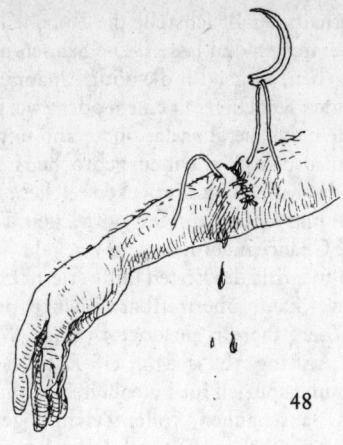

48

Auch eure Hände müssen so sauber wie möglich sein (Seife, Sagrotan ...) und/oder ihr zieht die hauchdünnen Operationshandschuhe an.
Wie das Vernähen dann vor sich geht, erläutert die Zeichnung 48. Wichtig ist, jeden Stich einzeln stramm doppelt zu verknoten. Es hilft nichts, wenn ihr den Schnitt auf der ganzen Länge spiralförmig zusammennäht und am Ende nur einen einzigen Knoten macht. Sobald nämlich ein Loch aufreißt, lockert sich der Faden und damit die gesamte Vernähung.
Abschließend desinfiziert ihr die Oberfläche noch einmal mit etwas Alkohol oder Jod, pudert ein wenig antibiotischen Puder darüber und verbindet bzw. verpflastert die Wunde. Beim Tierversuch ist die »Operation« damit beendet.
In der Praxis, also bei euch oder anderen Patienten, solltet ihr mindestens alle zwei Tage nachschauen, ob sich keine Entzündungen gebildet haben. Außerdem wechselt ihr den Verband. Wie Verbände angelegt werden, habt ihr im Erste-Hilfe-Kursus gelernt.
Merke: Wunden, die vernäht werden, dürfen nie älter als 6 Stunden sein. Und: nie Bißwunden vernähen!
Die dritte Übung ist das Schienen des Knochenbruchs. Ihr brecht dem *toten* Tier ein Bein. Wahrscheinlich seht ihr die Bruchstelle ganz deutlich, sonst aber tastet ihr euch von außen an sie heran. Versucht, den Knochen wieder so aneinanderzufügen, wie er gewesen ist. Meist müßt

ihr ober- und unterhalb der Bruchstelle die Knochen auseinanderziehen, um sie dann »einrasten« zu lassen. Die Sehnen und Muskeln, die die Bruchstelle umgeben, sorgen für die nötige Spannung.
Danach umgebt ihr den Knochen mit einem oder zwei geraden Stöcken, die so lang sein sollen, daß sie über das obere und untere Gelenk noch hinausreichen. Wenn also das Wadenbein gebrochen ist, sollte der Stock von der Ferse über das Knie, bis zum Becken reichen. Mit langen Mullbinden werden Bein und Stock dann fest umwickelt. Der so geschiente Knochen darf keine Chance mehr haben zu wackeln.
Sobald ihr die Grundbegriffe der Ersten Hilfe erlernt habt, gibt es neben weiteren Kursen zwei kaum übertreffbare Bücher, die ich euch dringend empfehle: »Where there is no doctor« und »Where there is no dentist« (Verlag im Anhang). Es ist vom US-Entwicklungsdienst herausgegeben worden und speziell für Laienhelfer geschrieben. Es ist unglaublich informativ, anschaulich, voller Zeichnungen und in betont einfachem, leicht verständlichem Englisch (oder Spanisch: »Donde no hay doctor«) gehalten, da für Helfer in aller Welt gedacht, für die Englisch nicht Muttersprache ist. Ihr lernt z. B. Diagnosen zu stellen, Medizin zu verabreichen, Patienten psychisch und medikamentös zu betreuen, den richtigen und falschen Gebrauch moderner Medizin, Spritzen verabreichen, Vorbeugung, Geburtshilfe, Familienplanung, um nur ganz wenig zu nennen. Wenn man einem Buch als Höchstwertung fünf Sterne geben kann, dann hat dieses sechs verdient. Es ist eine Anschaffung fürs Leben, ein Besitz von bleibendem Wert.

Gerben

Es kann nötig sein, daß ihr auf das wärmende Fell eines Tieres angewiesen seid als Decke, Umhang, Mütze, Handschuh oder Strumpf. Oder sei es nur als Beutel, Köder, Dekoration. Ein Fell professionell zu gerben, erfordert Chemikalien, an die ihr in der Not nicht herankommt.
Wer den Gerbvorgang dennoch kennenlernen will, erbittet den Katalog der Firma »Heindl-Versand«, Postfach 445, 4930 Detmold-Heiligenkirchen. Er informiert am besten über das Gesamtangebot im Zusammenhang mit Tierpräparationen. Er beliefert also nicht nur Gerber, sondern auch Ausstopfer.
Ob ihr ein Lehrbuch wünscht, Gerblösung, Glasaugen oder Styropor-Corpusse – bei Heindl findet ihr alles. Tierpräparation ist – mal abgesehen von der Steigerung des Allgemeinwissens, eine geeignete Mög-

lichkeit individuellen Nebenverdienstes. Für das Training und den Notfall gibt es dennoch ein paar Behelfe ohne Chemie.

Die Kurzfristmethode ist, sich z. B. das Kaninchenfell einfach mit dem Fell nach innen über den Fuß zu ziehen. Es paßt sich gut an und wärmt. Allmählich wird es außen trocknen, vielleicht bald brechen oder – bei feuchtem Wetter – faulen. Dann werft ihr es fort.

Um Bakterienfraß, Fäulnis oder Insektenbefall zu verhindern, sollte jedes Fell frei sein von Fleisch- und Fettresten. Eine gute Konservierung wird durch Aufstreuen von Salz erreicht. Das Salz hat die Angewohnheit, sich aufzulösen. Dafür benötigt es Wasser und das entzieht es dem Fell. Wenn Bakterien keine Feuchtigkeit zur Verfügung haben, stellen sie ihre Tätigkeit ein. Dazu kommt die bremsende und tötende Wirkung des Salzes. Gesalzene Felle halten ungleich länger als ungesalzene. Bakterien lieben Feuchtigkeit und Wärme. Sie mögen Eiweiß und auch Zucker. Wenn sie das haben, zeigen sie, was sie können, vermehren sich explosiv und zerstören ein Fell in Stunden.

Zum Gerben ist es empfehlenswert, frische Kleinfelle (Kaninchen, Hund …) auf einer langstieligen Astgabel – mit der Fleischseite nach außen – zu spannen (Zeichnung 47/6), dann zu salzen und zu trocknen. Langstielig deshalb, weil dann eine federartige Spannung entsteht. Große Felle (Wildschwein …) werden auf dem Erdboden ausgespannt, Fleischseite nach oben, und mit kleinen Holzstäbchen alle zehn Zentimeter festgepinnt, damit sie sich nicht zusammenziehen oder aufrollen können.

Das Trocknen aller Häute darf nie in der Sonne und an Heizungen erfolgen, sondern muß immer in Schatten, Wind oder Zugluft geschehen.

Eine weitere Kurzfristpräparation ist das Räuchern. Auch dafür wird das Fell auf die Gabel gespannt und eine Stunde in den Rauch gehalten. Macht's einfach wie beim Fischeräuchern. Wer ein solches Fell trägt, riecht natürlich selbst wie ein Bückling. Aber es ist dir sicher lieber, im Ernstfall warm zu bleiben und nach Rauchfisch zu stinken als nach Eau de Cologne zu duften und zu erfrieren.

Wer viel Zeit hat, kann die nächste Methode erproben, die unsere Vorfahren praktizierten.

Sie gruben ein metertiefes Loch, das sie dünn mit Lehm auskleideten. Natürlich tut's auch ein altes Faß.

Dort hinein gebt ihr gehackte Innenrinde der Eiche. Die Eiche ist derjenige Baum in unseren Breiten mit der meisten Gerbsäure. Rinde und Felle werden abwechselnd hineingeschichtet und mit Wasser übergossen. Je dicker die Rindenschichten im Vergleich zum Fell – desto wirksamer die Gerbung. Unsere Vorfahren ließen diese Einlagerung während des ganzen Winters in der abgedeckten Grube. Danach sind die Häute so mit Gerbsäure versetzt, daß sie relativ haltbar und geschmeidig sind. Der antibakterielle Wirkstoff in der Eiche ist es auch, der Eichenholz zum haltbarsten deutschen Holz schlechthin macht. Eichenbalken können immer wieder feucht werden und faulen dennoch »nie«. Die alten Fachwerkhäuser sind der beste Beweis dafür.

Brot

Zu Brot kann man alles irgendwie verarbeiten, das Stärke (ein Kohlehydrat) enthält: Mais, Hafer, Roggen, Gerste, Weizen, Reis, Erbsen, Bohnen, Tef (Äthiop. Getreide), Kartoffeln, Maniok, Hirse, Sago ...
Es gibt auch »Brot« aus diversen Baumrinden – aber es ist mehr Illusion als Nahrung.
Entweder sind die genannten stärkehaltigen Pflanzen zu feinem Mehl gemahlen oder mehr und weniger grobkörnig wie Schrot, Graupen, Gries, Haferflocken ...
Und je nachdem, was einem zur Verfügung steht, kann man es per Stein noch feiner quetschen, schlagen oder reiben. Das Grobe wird immer wieder abgesiebt und weiter zerdeppert. Bis es so mehlfein ist, wie ihr es wünscht. Laßt aber alle Schalenreste drin. Sie enthalten die Vitamine und Ballaststoffe. Für euer Training ist es das einfachste, nicht Körner zu sammeln, weil sie doch irgendeinem Bauern gehören, sondern 500 Gramm Weizenmehl zu kaufen. Weizenmehl deshalb, weil es für den Anfänger am einfachsten zu verarbeiten ist. Setzt ihm der Gesundheit wegen eine Handvoll gequetschter Körner zu, die euch euer Bäcker verkaufen könnte, wenn er ein netter Mensch ist. Ihr verrührt das mit ca. 200 Gramm Wasser und ½ Teelöffel Salz zu einem halbfesten Teig (er darf also weder krümelig noch läufig sein). Und dann habt ihr die allereinfachste Art von Brotteig.
Laßt ihn in einem Topf, Plastikbeutel oder Ledersack eine halbe Stunde zugedeckt liegen, damit er entspannt, d. h. weniger zäh wird.
Wenn ihr ihn offen liegen laßt, verkrustet er.
Da ihr Hefe und Backpulver als Lockerungsmittel in der Wildnis nicht zur Hand habt, verzichten wir auch beim Training darauf. Der wahre Meister zeigt sich immer im Improvisieren. Und unsere Lockerung erzielen wir, wenn auch weit geringer, mit dem entweichenden Wasserdampf.

49

Nach den dreißig Minuten Teigruhe teilt ihr den Teig in etwa vier kleine Stücke. Damit er an euren Händen nicht klebt, taucht sie in Mehl oder Wasser und formt davon Pfannkuchen von höchstens Fingerdicke.
Diese Pfannkuchen oder Pfannenbrötchen werden auf feinmaschige Gitter aus frischen Ästen gelegt und zehn Zentimeter über flachausgebreiteter Glut gebacken. Sobald die Unterseite goldgelb ist, dreht ihr das Brot um. Wenn es beidseitig goldgelb ist, ist es fertig (Zeichnung 44).
Eine ebenso simple Methode ist die des Stockbrotbackens. Befreit einen etwa faustdicken frischen Ast an einem Ende von seiner Rinde. Darum wickelt ihr den frischgeformten Brotfladen, so daß er wie eine Socke am Fuß sitzt. Dann haltet ihr das teigbestückte Ende über die Glut oder gar in die milde Flamme. Vergeßt nicht, sie peu à peu zu drehen. Faulpelze und Rationalisatoren pflocken die Teigstangen mit Astgabeln fest (Zeichnung 49). Diese Methode ist deshalb so praktisch, weil sie euch den Bau eines Rostes erspart.
Ganz toll lassen sich kleine, flache Fladen auf flachen Steinen backen, die man direkt in die Glut legt. Auf Steinen gebackenes Brot hat den Vorteil, daß es sich hinterher leicht ablösen läßt (Zeichnung 50). Es klebt nicht wie das auf dem Rost gebackene.
Wer mehr Zeit hat und ein Brot mit Sauerteig wünscht, macht sich den

50

Sauerteig selbst: Er rührt ⅓ des zu verbackenden Mehls mit soviel Wasser an, daß eine sämige Suppe daraus entsteht. Noch kein Salz zusetzen! Salz lähmt die Säurebakterien und gehört erst später in den Endteig.

Diese Suppe muß luftdicht, z. B. im Plastikbeutel, und warm (am Pferdekörper, im Halbschatten bei Sonne, nahe am Feuer, oder – was dir immer zur Verfügung steht – unter deiner Garderobe auf der Haut) gelagert, getragen werden. Die ideale Gärungstemperatur liegt bei 25–30 Grad Celsius. Beim allerersten Mal dauert der Säuerungsvorgang weit über einen Tag. Doch irgendwann merkt ihr, daß der Kram sauer riecht und sich Bläschen bilden.

Diese Bläschen sorgen für zusätzliche Lockerung und das Saure für einen verfeinerten Geschmack. Man verwendet Sauerteig hauptsächlich bei Roggen-, Soja-, Tef- und Hirsebrot. Wenn ihr glaubt, der Sauerteig sei »reif«, d.h. wenn er sauer riecht, gebt die übrigen ⅔ Teile Mehl, das nötige Salz (pro Liter Wasser 35 Gramm) und vielleicht die paar erwähnten, zerstoßenen groben Körnerteile hinzu und macht den Teig wie zu Anfang beschrieben.

Notfalls schau mal bei deinem Bäcker in die Backstube, grüß den Jungen von mir und laß dir die Konsistenz eines solchen Teiges zeigen. Natürlich wirst du seine Traumteige nicht erreichen, weil er bestimmte Backhilfsmittel und auch Hefe verwendet. Er braucht sich also keine Sorgen zu machen, daß ihr zu seinen Konkurrenten werdet.

Wenn euch Sauerbrot schmeckt und ihr es auf längeren Reisen täglich essen wollt, dann laßt immer einen Löffel voll Sauerteig übrig, gebt wieder die drittel Menge Mehl und Wasser hinzu – und von jetzt ab, mit dem bereits vorhandenen Säure-Bakterienstamm, funktioniert die Säuerung in wenigen Stunden.

Für die vierte Backmethode benötigt ihr eine Metalltonne von ca. sechzig Zentimetern Durchmesser und ebensolcher Höhe. Vergrabt sie in der Erde und macht ein Mordsfeuer darin. Die Hitze muß das Erdreich um die Tonne herum gut aufheizen. Zuletzt kratzt ihr die Glut in der Mitte der Tonne zusammen und klatscht die dünnen, nassen Brotfladen gegen die vorher irgendwie (mit Zeitung, Ästen ...) vom Ruß befreite Wandung. Bald ist er an der Metallseite so gar, daß er sich lösen läßt. Dann nehmt ihn ab, und lehnt ihn auf dem Boden der Tonne gegen die Wandung mit der hellen Seite zur Glut, damit auch sie die erwünschte Backfarbe kriegt.

Um die Sauerstoffzufuhr in der Tonne zu verbessern, stellt ihr einen Deckel, ein Brett mitten über die Tonne, quer zum Wind, und zwar im Winkel von weniger als 90° (Zeichnung 51).

Die nun folgende letzte Sauerbrotbackmethode habe ich in der Danakil-Wüste kennengelernt.

Während der Teig »ruht«, d. h. er sich entspannt und den Säurebakterien Gelegenheit gegeben wird, zum letzten Male der Liebe zu frönen, sich zu vermehren, bevor ihnen durchs Backen der Garaus gemacht wird, legt ihr pro Brot einen runden, faustgroßen Kieselstein in die Glut, der mindestens zehn Minuten aufheizen muß. Nach dreißig Minuten formt ihr aus ca. 300 Gramm Sauerteig Kugeln, die ihr 25–30°C warm und mit einem Tuch bedeckt abermals etwas ruhen laßt. Sie werden durch Wirkung des Sauers größer, lockerer, entspannter. Nach zwanzig bis dreißig Minuten nehmt ihr die erste Kugel vorsichtig in die bemehlte linke Hand und modelliert mit der rechten Faust ein Loch hinein (Zeichnung 52).

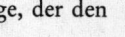

In dieses Loch gibt ein Helfer mit Hilfe einer oder zweier Astgabeln einen der glühenden Steine und derjenige, der den

51

(nicht zu dünnwandigen) Teig hält, verschließt die Öffnung, so daß der Stein rundherum mit Teig umwickelt ist – wie eine Tüte um ihren Inhalt. Während des Verschließens wird das Steinbrot ständig zwischen beiden Händen gedreht, damit die Hitze für die Haut nicht zu groß wird.
Der Helfer hat währenddessen die Glut ringförmig ausgebreitet und in die Mitte des Feuerrings legt ihr das Steinbrot nieder, auf frische Äste, damit es nicht sandig wird, oder auf verglühte Holzkohle, die man – wenn sie am Brot klebt – auch mitessen kann. Der glühende Stein sorgt nun für das Backen von innen und die Glut für das Backen und die Bräunung von außen.
Hin und wieder müßt ihr die Kugel drehen.
Nach dem Backen laßt sie eine Weile auskühlen, und dann brecht ihr das Brot vom Stein und genießt es. Mit frischer Butter – ein echter Schmatzer!

52

Zauberfrucht Banane

Ebenso vielseitig wie Mehle sind Bananen. Denn Bananen enthalten Stärke. Sie enthalten kaum Vitamine, sind aber sehr nahrhaft. In manchen Ländern werden sie auch als Mastfutter für Tiere verwendet.
Da Bananen in der Regel relativ preiswert zu erstehen sind, sind 6 Versuche fürs Training besonders empfehlenswert.
Legt z. B. die ganze Banane mit Schale in die nicht zu intensive Glut oder auf das Rost über der Glut. Bis sie platzt und der wäßrige Saft herausquillt. Dann ist sie gar. Laßt sie etwas auskühlen. Ihr werdet überrascht sein, welch herrliches Aroma die Banane beim Erhitzen entfaltet hat. Plötzlich ist sie angenehm säuerlich und erinnert gar nicht mehr an den Geschmack der rohen Frucht.
Dieselbe Wirkung erzielt ihr mit der Bananensuppe.
Ihr zerquetscht die geschälten Früchte zu Mus, verrührt sie mit der doppelten Menge Wasser. Das laßt ihr kurz aufkochen. Wie beim Pudding

macht auch hier die Stärke das Wasser sämig, es entsteht eine Suppe oder ein Brei – je nachdem wieviel oder wie wenig Wasser ihr genommen habt. Und wieder und vor allem ist es das süßsaure, neuentfaltete Aroma, das dieses Kompott derart lecker macht, daß man es getrost auch jedem Feinschmecker bei Tisch servieren kann. Wenn die Versuche erfolgreich waren, überrasch deine Mutter damit. Dafür wird sie dich andere Kochtricks lehren. Mütter bieten die schnellste und einfachste Möglichkeit, sich in die Koch- und Backkunst einführen zu lassen.
Wenn der Durst größer ist als der Hunger, ergibt die zermuste Banane – mit Wasser zu einer Art Saft verdünnt und mit ein paar Tropfen Zitrone abgeschmeckt – ein erfrischendes Getränk, das aber sofort getrunken werden soll.
Wenn es bei Wärme länger steht, setzt die Gärung ein und ihr habt, hick!, Bananenwein.
Ganz anderes kann man mit der unreifen Banane machen. Sie ist dann weder süß noch sauer. Ihr Geschmack entspricht jetzt mehr dem unserer Kartoffel. Ihr braucht sie nur in Wasser zu kochen.
Ihr könnt die unreife Banane auch in dünne Scheibchen schneiden und wie Pommes frites in siedendes Öl oder Fett geben. Siedend, d. h. ausreichend heiß ist Fett dann, wenn ein Tropfen Wasser, den ihr reinspritzt, laut zischend, knisternd verdampft. Der Vollständigkeit halber sei noch gesagt, daß man reife Bananen auch trocknen kann. Guckt euch das beim Obsthändler an!

Ausrüstung und selbstgebastelte Übungsstätten

Der Rucksack

Da gibt es immer neue, immer schönere, immer körperangepaßtere Rucksäcke, die aber auch immer mehr ins Geld gehen. Laut Stiftung Warentest (test 6/83) sind gute Rucksäcke nicht unter 200,– DM zu haben. Aber auch von den teuren machen noch viele das Wandern zur Last statt Lust. Wer sich zum Kauf eines Modells entschließt, sollte die jeweils aktuellen Testergebnisse unbedingt anfordern und sie bei seiner Kaufentscheidung berücksichtigen. Ehe man für teures Geld einen untragbaren Rucksack erwirbt, kann man ihn sich gleich selbst machen. Denn den Nachteil der Unbequemlichkeit haben auch die selbstgebauten Produkte. Bei allen gekauften kommt dazu noch ein weiterer: sie sind nicht wasserdicht. Sie sind allenfalls etwas regenabweisend – aber einen Fluß kann man mit ihnen nicht trockenen Inhalts durchqueren. In diesem Falle benötigt man einen zusätzlichen Gummisack und der wiederum bringt zusätzliches Gewicht, und er stiehlt Platz.
Die Ideallösung gegen Wasserprobleme ist der Weithalskanister. Es gibt ihn ab zwanzig Liter Größe. Er ist superstabil, würfel- oder quaderförmig und hat einen unzerstörbaren Henkel (Fa. Denart & Lechhart) und er kostet einen Bruchteil üblicher Rucksäcke.
Um ihn tragen zu können, müßt ihr aus Auto-Sicherheitsgurt Trageriemen daran befestigen (Zeichnung 53 und 54). Vielleicht näht euch das ein Schuhmacher oder ihr versucht's selbst oder ihr knüpft den Gurt wie ein Netz. Im ersten Moment meint ihr bestimmt: »Um Himmels willen, damit mache ich mir meinen ganzen Rücken kaputt!« Natürlich ist der Kanister nicht so komfortabel wie die gepolsterten Rucksäcke – aber ich selbst konnte ihn bequem tragen, er scheuerte mir nicht den Rücken durch, und auf meinem monatelangen Marsch im Urwald von Brasilien konnte ich mir nichts besseres vorstellen!!!

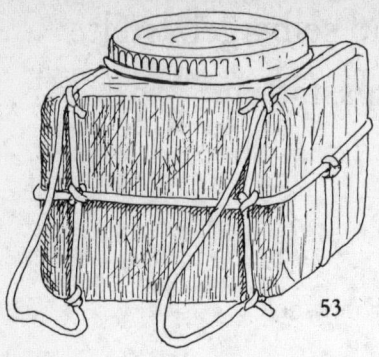

53 54

Diese Kanister sind besonders geeignet für Wassersportler. Die billigste Art, diesen Behälter zu tragen, ist, ihn am Griff zu fassen. Doch das blockiert eine Hand. Die zweitbilligste ist die, am Griff ein Stirnband zu befestigen, damit ihr ihm die Stirn (zum Tragen) bieten könnt (Zeichnung 54).

Und die beiden teuersten sind die, den Kanister auf ein gekauftes Tragegestell mit Hüftgurt etc. zu setzen oder ihn gar in einen Komfortrucksack hineinzustecken. In diesem Falle vereinigt ihr absolute Wasserdichte mit Robustheit und Tragekomfort. Ebenso gut und wasserdicht und relativ preiswert ist es, einen Alukoffer in gleicher Weise wie den Kanister auf dem Rücken zu tragen. Er weist den Regen ab, kann aber nicht zum Schwimmen genommen werden, sofern der Deckel unter Wasser gedrückt werden soll.

Ein Koffer hat den Vorteil, daß man an den Inhalt schneller rankommt, weil er mehr breit als tief ist.

In die Kategorie der zünftigen Gratisrucksäcke gehört auch der Korb, den man preiswert in den zahllosen Korbgeflechthandlungen kaufen kann. Oder ihr bastelt ihn selbst (Zeichnung 55). Genaue Flechtanleitungen stehen in den Büchern der Andrea Mercanti (Unter freiem Himmel) und im »Leben auf dem Lande« von John Seymour. Das erste Buch solltet ihr euch ohnehin anschaffen, weil es viele Waldläufer-Basteleien ausführlich und liebevoll darstellt, und das zweite könnt ihr vielleicht beim Buchhändler einsehen, um das Flechtkapitel zu studieren, oder macht es nach dem Prinzip der Zeichnung 37.

55

Die billigste und urtümlichste Methode ist der Tragewinkel aus zwei gegabelten Eichenästen (Zeichnung 56).

Die Flechtäste sind Weidenzweige, und zwar jene Weide, an der im Frühjahr die »Kätzchen« wachsen. Diese Äste werden frisch verarbeitet oder im dicken Bund eine Woche in Wasser gelegt. Man macht sie durch Hin- und Herziehen unterm Schuh geschmeidig. Man kann die Äste von der Rinde befreien (weniger Gewicht). Man kann sie rund lassen oder sie halbieren (nochmals weniger Gewicht).

Wer mit diesem Tragegestell reist, muß sein Gepäck bündelweise aufbinden. Beim Schlafsack, dem Zelt und der Isoliermatte ist das kein Problem, und für den Kleinkram nehmt ihr einen Sack. Gegen Regen habt ihr entweder einen großen Plastiksack zum Drüberstülpen oder die Silberfolie vom Überlebensgürtel.

Die schnellste aller Rucksackbaumethoden ist jedoch diese: Hose runter (Mädchen: Rock aus! Ist nicht so praktisch, sieht aber besser aus) und wie Zeichnung 57 verwendet. Hoffentlich hattet ihr die Unterhose an!

56

Schlafsack

Der beste Schlafsack ist nur die Hälfte wert, wenn ihr keine Isoliermatte gegen die saugende Bodenkälte habt. Diese Schaumgummimatte selbst zu machen lohnt nicht, weil sie billig ist. Mit ihrem Kauf fangt ihr an. Die Schlafsäcke selbst sind teuer. Nicht jeder kann sie sich leisten.
Sofern ihr damit nicht im Winter übernachten wollt, habe ich zwei Hilfsschlafsäcke, Marke Eigenbau, anzubieten. Sie sind etwas sperrig, etwas laut, aber gratis.

Der eine besteht aus zwei leeren Mehl- oder Zuckersäkken, die euch jeder Bäcker oder Konditor gratis gibt. Bittet ihn, diese zwei Säcke nur an einer Kurzseite, also oben oder unten, sauber aufzuschneiden, wenn er den Inhalt ausschüttet.
Diese Säcke sind stabil und bestehen aus fünf Lagen Papier mit vier Luftschichten dazwischen, die sehr gute Isolatoren sind. Einem der beiden Säcke schneidet ihr das Boden- und das Oberteil ab. So erhaltet ihr eine Röhre. Diese setzt ihr auf die Öffnung des anderen (Zeichnung 58) und näht die Säcke

57

zusammen. Damit es dort nicht zieht wie Hechtsuppe, wird die Naht gut verklebt. Ein Klebestift geht dabei sicher drauf. Gesamtrechnung:

Nachteil: wasserempfindlich
Ausweg: im Plastikbeutel aufbewahren
Vorteil: umsonst

Resultat: besser als nix

Der andere erwähnte Schlafsack wird ein- bis zweilagig aus der Luftpolster-PVC-Folie gemacht, wie sie in manchen gepolsterten Briefumschlägen zu finden ist. Bei Speditionen und Händlern, die große Geräte oder Möbel erhalten, oder im Verpackungshandel besteht die Möglichkeit, diese Folien meterweise zu bekommen. Mit beiden Schlafsacksystemen habe ich auch in Nächten bis zu null Grad Celsius nicht gefroren (allerdings mit voller Garderobe und Isoliermatte!).

58

Das Zelt

Auch das erste Zelt muß dich nichts oder wenig kosten. Wenn man bedenkt, daß ein Zelt nur Wind und Regen abhalten soll, daß auch das teuerste gekaufte nicht wärmt – denn das besorgt der Schlafsack – dann ist Rüdigers Plastik-Eigenheim genau der richtige Ausweg.
Es besteht aus einem 2 × 4 m großen und möglichst stabilen Plastiktuch, ein paar Metern Perlon-Gardinenschnur und zehn Wäscheklammern.
Ihr spannt von Baum zu Baum in achtzig Zentimeter Höhe das Seil für den Dachfirst, oder ihr spannt es von einem einzigen Baum (oder Steinhaufen) schräg zur Erde. Darüber werft ihr die Folie, die an zwei Stellen – wie aus Zeichnung 59 ersichtlich – eingeschnitten ist.

Bei der Schrägseil-Methode ist das Fußende bereits dicht. Bei beiden Zeltbaumethoden befestigt ihr zunächst die schrägen Seitenwände mit Steinen, Erde oder einem langen schweren Ast und verschließt den oder die Eingänge mit den Wäscheklammern. Zu Übungszwecken macht euch dieses Zelt zunächst einmal aus einer Plastiktüte im Maßstab 1:10.
Wer ein paar Mark investieren will, der schaue sich in Kaufhäusern (und bei Zeltherstellern) nach Plastik-Tischdecken,

Duschvorhängen oder Meterware um. Wenn eine einzige zu klein ist, nimm zwei. Oft sind solche Artikel, besonders Tischdecken stabiler, weil sie kunstfaserverstärkt sind. Wenn ihr Glück habt, findet ihr Plastikvorhänge mit Rundösen, die euch die Zeltbefestigung erleichtern. Nur – undurchsichtig sollten sie sein, denn wen hat es schon zu interessieren, mit wem und wie ihr pennt.

Nottäschchen

Die kleinen Hilfsmittel für den Alltag hier zu Hause tragt ihr zweckmäßigerweise im Portemonnaie, oder ihr habt einen kleinen anderen Behälter dafür. Das kann ein simples Ledertäschchen sein, das man in oder an der Hose trägt, das kann eine gebrauchte Patronentasche aus Leder oder Leinen sein (Militärshop), die am Gürtel getragen wird. Viel Platz benötigt sie jedenfalls nicht, und eigentlich sollte sie auch gar nicht auf-

fallen. Je größer sie ist, desto mehr stört sie und desto eher legt man sie deshalb beiseite, obwohl man den Inhalt täglich benötigt.
Und was könnte der Inhalt sein?
Ausweis oder Anschrift
Scheckkarte
4 Groschen ⎫
1 Mark   ⎬ zum Telefonieren
5 Mark   ⎭
2 m Schnur
4 Schmerztabletten
1 Sicherheitsnadel
mehrere Pflaster
1 Streichholz-Heftchen
1 Briefmarke à 80 für Brief
1 Briefmarke à 60 für Karte
1 Kugelschreibermine
10 Notizzettel
3 m Blumendraht
1 kleine Nagelfeile
Zettel mit den wichtigsten Telefonnummern.
Vielleicht fällt euch noch mehr ein. Packt es auf das kleinste Format zusammen und besorgt oder macht dann die passende Tasche dafür. Sicher genügt ein Maß von ca. 10 × 8 cm. Dafür geeignet, sehr hübsch und vom Format her praktisch ist die Geheimbörse der Uta Mathes (Mexico-Versand, Postfach 127473, 1000 Berlin 12) Zeichnung 60. Sie wird am Gürtel getragen. Außenhängend wird sie gefüllt und dann nach innen geklappt. Natürlich könnte man das Täschchen selbst machen, aber Utas ist eine sehr saubere und preiswerte aus Nappaleder, die man nur schwerlich noch besser und gefälliger herstellen kann.

Der Überlebensgürtel

> *Für die beigelegten DM 10,- bitte ich Sie, mir umgehend Zyankali zu schicken.*
>
> *Aus einem Leserbrief*

Der Überlebensgürtel ist der große Bruder des kleinen Nottäschchens.

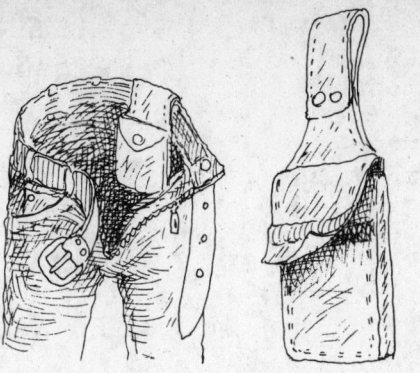

60

Er ist bereits zugeschnitten auf den Notfall. Auf das Alleinsein in der Wildnis, daheim oder fernab der Heimat. Obwohl ich ihn in meinem ersten Buch bereits beschrieben habe, erhielt ich gerade von jungen Leuten immer wieder Anfragen, wie er denn nun genau auszusehen habe. Deshalb findet ihr hier diesmal zwei Zeichnungen, die ihn im ganzen zeigen und mit geöffneter Tasche (Zeichnung 61 und 62).
Der Inhalt ist numeriert. Dinge, die ich selbst mitunter bei mir führe, die für euch Jugendliche aber noch verboten oder riskant oder unnötig sind, solange ihr »nur« die heimatlichen Gefilde unsicher macht, habe ich mit einem Stern versehen.
Dafür mag es andere Sachen geben, die euch persönlich mitnehmenswert erscheinen. Dann ergänzt den Inhalt. Eigentlich kann es keine zwei gleichen Überlebensgürtel geben, weil ihre Inhalte von Person zu Person und von Reiseziel zu Reiseziel verschieden sind. Es ist klar, daß Frauen andere Bedürfnisse haben als Männer und Arktisreisende andere als Wüstenpilger.

Inhalt des wasserdichten Schraubgefäßes in der Tasche am Überlebensgürtel (Vorschläge. Individuell variieren!)

---

1. Notizpapier
2. Kugelschreibermine oder Bleistift
3. Skalpell oder Rasierklinge
4. Schere

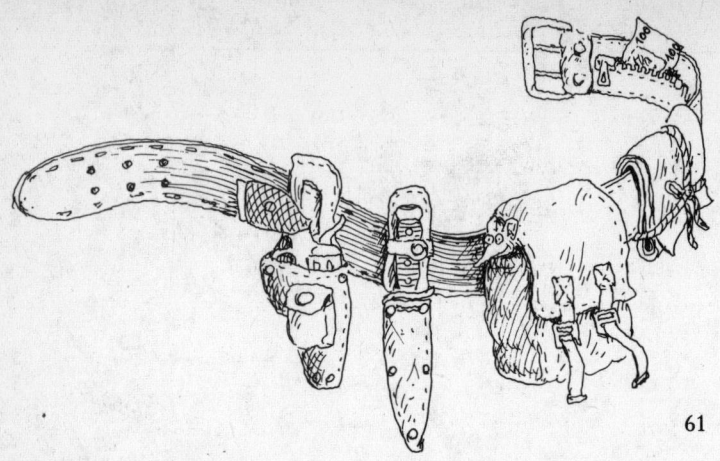

61

5. 10 m Perlonband, 2 mm ⌀
6. Zwei-Komponenten-Kleber
7. Angelhaken, 2 Größen
8. 1 m langer PVC-Schlauch zum Aussaugen kleinster Pfützen und zum Atmen unter Wasser
9. Metallspiegel mit zentralem Peilloch
10. Metallnieten
11. Sicherheitsnadel
12. Nadel, Faden
13. Foto eines lieben Menschen } als Trost, Aufputscher,
14. Mundharmonika } Kontaktmittel
15. Signalstift »Komet« mit Raketen
16. Kompaß
17. Streichhölzer und Reibfläche in wasserdichter Dose
18. Brennglas
19. Pinzette
20. Sonnenbrille (Wüste, Arktis, Ozean ...)
21. Mini-Dosenöffner
22. Mini-Taschenlampe mit Morsetabelle im Batteriefach
23. Teelicht
24. Paß, Empfehlungsschreiben, Wörterliste, 5 internationale Hilfszeichen (s. Survivalmesser, Zeichnung 64)

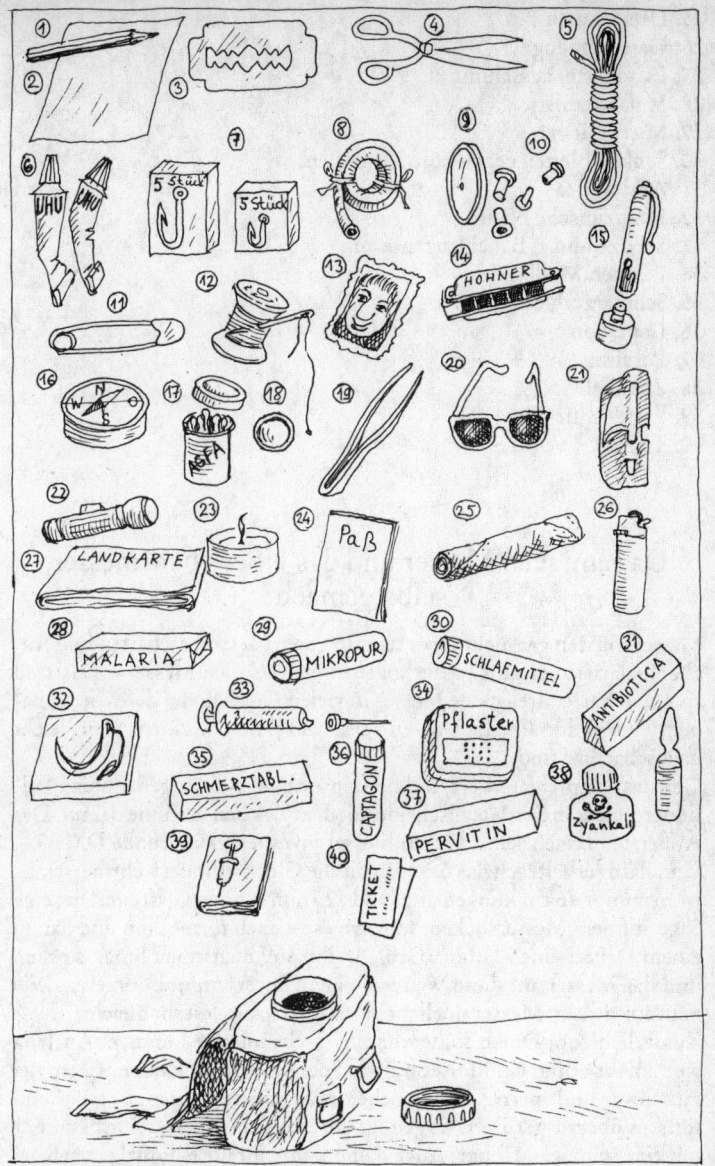

25. Dreiecktuch
26. Gasfeuerzeug
27. Landkartenausschnitt
28. Malariatabletten
29. Micropur
30. Schlaftabletten gegen böse Menschen
31. Antibiotica
32. Medizinische Nadel
33. Spritze und z. B. Schlangenserum
34. Pflaster, Mullbinde
35. Schmerztabletten
36. Captagon*
37. Pervitin*
38. Zyankali*
39. Erste-Hilfe-Fibel
40. Tickets

Das einfache Messer und das Überlebensmesser, selbstgemacht

Messer müssen gar nicht teuer sein. In guten Messergeschäften und Küchenbedarfsläden gibt es die sogenannten »Office-Messer«. Das sind spitze, scharfe, dreieckige Messer in vielen Größen, die den Vorteil haben, eine solide Qualität aufzuweisen und die auf einem Stein leicht nachschärfbar sind.
Genauso empfehlenswert sind für den Anfänger die sogenannten Pfadfindermesser in der Metallscheide mit dem Zeichen der Lilie darauf. Das Äußerste, das ich selbst für ein Messer investiere, sind runde DM 50,–. Und dafür erhalte ich das österreichische Glock-Bundeswehrmesser. Es ist nicht nur 16 cm klingenlang (und 125 mm für den Griff) und hat eine Säge auf dem Messerrücken, sondern es ist auch formschön und hat zu einem Drittel einen hohlen Griff. In ihn soll man einen Stock stecken und das Messer auf diese Weise zu einem Speer umfunktionieren. Wie man aus diesem Messer noch mehr machen kann, lest ihr gleich.
Zusätzlich zum Dolch solltet ihr ein Taschenmesser besitzen. Auch da ist es nicht nötig, ein Messer mit zig Sperenzchen zu kaufen. Es ist viel zu schwer und sperrig, reißt Löcher in die Hosentaschen, ist teuer und ihr seid überausgerüstet. Es genügt durchaus ein scharfes Springmesser mit einer einzigen Klinge. Auch damit könnt ihr notfalls mal einen Kor-

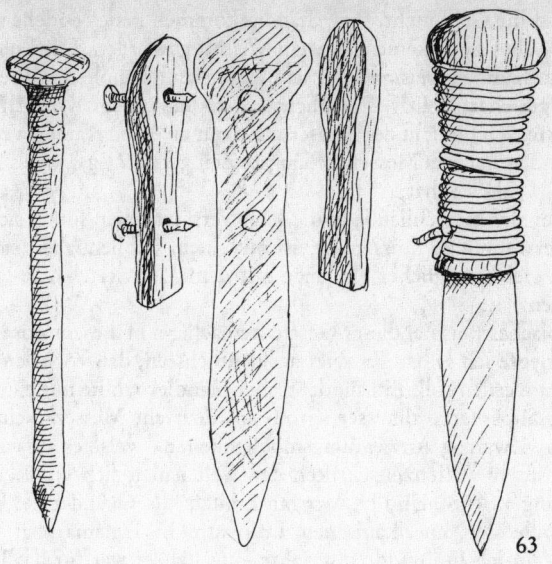

63

ken aus der Flasche pulen, ohne deshalb stets einen Korkenzieher mit euch rumschleppen zu müssen.

Wer sich sein Messer selbst basteln will, braucht nur einen der großen Zimmermannsnägel von ca. 20 cm Länge. Je länger, desto besser. Er hält ihn mit einer Kombizange fest und macht ihn glühend, klopft ihn auf einer Eisenplatte langsam mit dem Hammer gleichmäßig flach. Sobald er erkaltet, wird er erneut glühend gemacht, bis er die gewünschte Stärke hat. Als es noch Straßenbahnen gab, legten wir die Nägel einfach auf die  Schienen, ließen die Tram drüberfahren. Glatter und flacher könnte man ihn nicht hämmern (Zeichnung 63).

Danach erglüht ihr ihn abermals und taucht ihn zunächst mit der Spitze und dann ganz in Öl oder Wasser. Damit habt ihr das Eisen zu Stahl gehärtet. Ihr braucht nur noch einen Griff zu schnitzen, ihn anzubringen und das Messer zu schärfen.

Wer sich jedoch für ein sehr gutes und dennoch preiswertes *Überlebensmesser* entscheidet, kann auch das leicht selbst machen. Auf gar keinen Fall sollte er sich eins der häufig übertreuerten Messer kaufen. Die mei-

sten sind ihr Geld nicht wert. Ständig kommen neue Modelle auf den Markt – aber noch keines ist je ein Welthit geworden. Der hohe Preis soll dem Kunden weismachen, sein Leben sei mit höherem Preis auch um so gesicherter. Das ist schlichtweg Humbug. Im Kampf Mensch gegen Mensch braucht der Messermann nur an einen Karateka zu geraten – und er hat sein Messer die längste Zeit gehabt. Egal, ob es 50 oder 1500 DM gekostet hat.
Und wer sich tatsächlich je in die Lage versetzt sehen sollte, sich eines Tieres erwehren zu müssen, der ist mit einem stabilen, aber leichteren Messer viel beweglicher als jener mit dem Dreiviertel-Kilo-Chrom-Klumpen.
Ein typisches Beispiel dieser Geschäftemacherei in diesem Zusammenhang erlebte ich selbst. Es zeigt am deutlichsten, daß vor allem Profit gemacht werden soll. Ein süddeutscher Händler wollte mit einem spanischen Supersurvivalmesser »groß« ins deutsche Messergeschäft einsteigen. »Zwanzig Anwendungsmöglichkeiten« weise es auf und »die fünf größten Waffenzeitschriften der Welt haben sich vor Lob nicht mehr eingekriegt«. Und H. Morgan Emitch (der Gründer der Überlebensschule der amerikanischen Luftwaffe in Panama) hat gesagt: »Nachdem ich fünfunddreißig Jahre lang Lehrer war für das Überlebenstraining in normalen und Kampfsituationen, kann ich mit Sicherheit sagen, daß dieses Messer die größte Hilfe zum Überleben ist, die je produziert wurde.«
Womit er, was das eigentliche Messer betrifft, wohl recht hat. Auf das zwanzigteilige Zubehör, das in der Werbung als der Knüller herausgestellt wurde (»25 Jahre Forschung«) konnte das z. T. kaum zutreffen. Der enthusiastische Messerhändler schickte mir nämlich eins dieser Erzeugnisse zu, mit der Bitte, ihm »für das Deutsche Waffenjournal ein Vorwort zu schreiben, wenn es da demnächst groß vorgestellt werden wird«. Und großzügig meinte er noch: »Das Messer können Sie dann natürlich für Ihre Mühe behalten.«
Der erste Eindruck des Schneideisens war schneidig. Es hatte eine gefällige Form, bestimmt war auch der Stahl von bester Qualität – aber unbewußt fiel auch sein Gewicht auf. Es wog mit Inhalt über dreiviertel Kilo. Mein gesamter Überlebensgürtel mit Revolver und Messer und Folienzelt wiegt nur wenig mehr. Also allerhand Gewicht, das man da ständig umhertransportieren sollte. Als ich dann noch hörte, daß der Stecher rund DM 300,- kosten solle (»Ich muß dem Handel eine gute Spanne geben, damit er es anbietet.«), war ich neugierig auf die zwanzig Extras. Überraschend gut waren der Mini-Kompaß im antimagnetischen Gehäuse, die Drahtschere an der Scheide, der Hammer. Nüchtern betrach-

tet ist die Drahtschere zwar imponierend – aber doch mehr etwas für Soldaten. Ich habe noch nie eine benötigt. Und einen Hammer findet man allerorts auch in Form von Steinen. Dennoch: diese drei Dinge waren gut. Krampfiger war bereits die Säge. Wie bei allen handelsüblichen Dolchen, waren auch hier die Zähne nicht verschränkt wie bei der echten Säge. Das heißt, sobald die Klinge im Holz verschwindet, frißt sie sich fest. Um darüber hinwegzutäuschen, hieß es im deutschen Werbetext jedoch: »Diese Säge hat verschieden lange Zacken mit einem Winkel von 35 Grad. Dies verhindert Verschmutzung bei der Bearbeitung von weichem Material wie beispielsweise Holz.«
Wie bei allen S-Messern, war auch bei diesem der Griff hohl. Das Volumen des wasserdichten Innenraumes: ca. 34 cm^3. Statt ihn ganz mit Hilfsmitteln auszufüllen, befand sich darin ein Plastikröhrchen. Volumen: 14 cm^3. Volumenverlust: 20 (!!!) ccm! Und erst darin befanden sich die kleinen Lebensretter. Echt gut: ein Miniskalpell und eine medizinische Nähnadel mit Faden. Aber laienhaft und unüberlegt der weitere Rest: 3 wasserfeste Streichhölzer und – doppelt ausgerüstet – außerdem ein Magnesiumstab mit einem erbsengroßen Stück Baumwollwatte zum Feuerschlagen. In Anbetracht des Platzproblems im Röhrchen, wäre das eine oder andere entbehrlich.
Mit dem Angelhaken sind angeblich schon »3 kg-Fische« gefangen worden. Beim Anblick der Hakenwinzlinge (Bogendurchmesser 2 mm) erschien mir das äußerst zweifelhaft. Allenfalls konnte man damit Köderfischchen imponieren, aber kaum noch einem Rotauge. Vorsichtshalber erkundigte ich mich im Angel-Fachhandel, und hier erhielt ich die Bestätigung. Sowohl die Sehne als auch die Haken würden mit *viel* Glück höchstens eine Forelle halten. Geradezu grotesk mutete in Anbetracht des Platzmangels die beigelegte Pose an! Ja – es war tatsächlich eine 5,5 cm lange Pose ins Röhrchen gepfercht worden!, die sich jeder Survivor mit einem Stückchen Ast selbst machen kann. Ein Satz Antibioticum wäre sinnvoller gewesen.
Geradezu dummhaft mutete der Vorschlag an, wie man angeln sollte: »Umgebaut als Speer kann das Messer als praktische Angelrute benutzt werden. Um dies zu ermöglichen, liefern wir eine Angelschnur mit, die durch das 1,5 mm dicke Loch in der Klinge gefädelt wird. Der Schwimmer, Gewicht und Haken werden befestigt, während man das andere Ende der Angelschnur in der Hand hält ...« Warum sollte man die Angelsehne nicht gleich am Stock *ohne* Messer festknüpfen? Warum soll man womöglich stundenlang das schwere Messer am Stockende übers Wasser halten? Ich fragte den Händler schließlich telefonisch, warum die Kleinutensilien noch einmal platzraubend in einem Extraröhrchen

untergebracht seien. »Damit sie nicht so klappern.« »Aber wenn man sie im kleinen Röhrchen geräuschlos zusammenquetschen kann, warum dann nicht im großen Hohlgriff direkt?«
Einen Moment lang zögerte er. Doch dann hatte er die Antwort parat: »Weil auf dem weißen Röhrchen die Morsezeichen stehen.« Die könne er doch auf einen Zettel setzen oder auf die Klinge gravieren. »Nein, die Klinge ist doch der Spiegel.« Ich wagte noch einzuwerfen, daß schon der Firmen- und der Erfindername mehr als groß auf dieser Spiegelklinge stünden, und ob das denn dem Spiegeleffekt keinen Abbruch täte. »Das ist doch ganz was anderes. Der Name ist doch wichtig. Das ist die beste Werbung.«
Kurz und gut, es gab noch mehr, das mir verbesserungsfähig erschien. Ich erzählte das dem Händler. Er ließ mich jedoch gar nicht zu Wort kommen. Ich müsse mich irren, denn so viele Experten hätten ein 100%-Urteil gefällt und im übrigen solle ich nicht die Qualität beschreiben, sondern ich solle schreiben, wie praktisch ein Survivalmesser im allgemeinen sei, wie schnell man nämlich in eine Notsituation geraten könne »und zum Schluß Ihres Berichtes sagen Sie dann, wie unübertroffen praktisch dieses Messer im besonderen ist, und daß Sie auf Ihren Reisen darauf nicht verzichten können. Und es besonders empfehlen.«
Ich konnte mich des Eindrucks nicht erwehren, daß er den Text lieber selbst schreiben wollte. Wahrscheinlich hatte er ihn sogar bereits fertig. Ich konnte und kann sehr wohl auf solch ein Messer verzichten und schickte es dem guten Mann zurück. Wer DM 300,– ausgeben und dreiviertel kg Gepäck mehr schleppen will, kann Besseres dafür haben.
Als ich dann im Februar 1984 auf einer Hamburger Freizeitmesse gar ein sogenanntes Rambo- (nach dem gleichnamigen, recht eindrucksvollen Survival-Film)Messer für DM 660,- sah, das nur aus Klinge, Hohlgriff, Angelschnur und einem Kompaß bestand und ansonsten leer war, beschloß ich, selbst ein Survival-Messer zu entwerfen und dir die genaue Anleitung auszuarbeiten. Es hat zwar keine Drahtschere, aber dafür kann oder beinhaltet es 25 Dinge, die einem Survival-*Gürtel* sehr nah kommen. Dinge, die echte Hilfsmittel und Lebensretter sein können.

Dinge, die zu einem Preis (Arbeitszeit nicht gerechnet) unter DM 100,– zusammenzustellen sind, die nur 520 Gramm wiegen, z. T. erheblich besser sind als die bisherigen Handelsprodukte und die ein Survivalmesser ergeben, daß außerdem besonders zünftig aussieht. Ich nenne es mit Stolz und einiger Einbildung Sir Vival's Survival Knife.
Was ich an bereits existierenden Messern gut fand, habe

ich übernommen und manches eigene hinzugetan. Die Microraketenanlage sowie der Microkompaß sind, neben dem Griff als »Kochtopf«, der Schnur, der Apotheke, dem Wurfgiftpfeil neu. Die ersten beiden Dinge sind beim Patentamt in München geschützt. Sie dürfen aber von dir für den Eigenbedarf gebastelt werden. Die Bauanleitung folgt.

Der Do-it-yourself-Vorschlag läßt sich beliebig verändern und individuell an deine Person anpassen.

Du beschaffst dir im Fachhandel das erwähnte österreichische Glock-Kleinbajonett. Zwei Zentimeter oberhalb der Klinge sägst du es – quer durch den Griff – ab. Etwaige Plastikreste entferne bitte. Jetzt nimmst du ein Kupferrohr von etwa 25 mm Durchmesser und bis zu maximal 13 cm Länge. Stülpst das Rohr über den Metallstummel am Klingenende, klopfst es flach am unteren Ende – so flach, daß es sauber auf dem Heft sitzt und schweißt (hartlötest) es an. Das andere Rohrende kann später entweder mit einem Plastik-Sektkorken verschlossen werden (und mit 2-Komponenten-Kleber versiegelt) oder – besser – du stülpst ein Messinggewindestück über das Rohrende, schweißt es ebenfalls an und schließt es mit einem gummiisolierten Verschlußdeckel (Installationsbedarfsgeschäft). Das Ganze wird abschließend befeilt, poliert und mit klarem Nagellack auf Glanz gehalten, oder mit Messingpoliturmitteln.

Der knappe 60 ccm große Hohlraum soll nun zweckmäßig gefüllt werden. Im Gegensatz zum geräumigen Überlebensgürtel wird man hier nur Minimum-Mengen hineingeben – stille Reserven für den äußersten Notfall, für den Kurzausflug. Das könnte so aussehen: 5 Sturm-Streichhölzer und Reibfläche (= 5 Tage Feuer), 7 verschiedene Angelhaken mit Öse. Dies allein sichert bereits Wärme und Ernährung.

Eine dauerhafte Griffumwicklung ist einfach herzustellen. Du umwickelst den Griff, bis alles unter der Kordel verschwunden ist. Damit die Enden sich nicht lockern, wird um die erste Umwindung eine separate Schlaufe gelegt (a), die mit den nächsten Umwindungen unverrückbar festgeschnürt wird.

Bevor du die letzten zehn Umwicklungen beginnst, legst du wieder eine Schlaufe an. Den Endzipfel des Wickelbandes nach der letzten Umwicklung durch diese Schlaufe hindurchstecken und an den beiden Zipfeln der Schlaufe b kräftig unter die Wicklung ziehen. Danach die herausragenden Zipfel der Schlaufe b abschneiden.

Ferner:

10 Meter Sehne, 0,5 mm stark, auf ein Minihölzchen gewickelt
 1 Skalpell-Klinge (Sanitätsbedarfsgeschäfte)
   (oder ½ Rasierklinge)

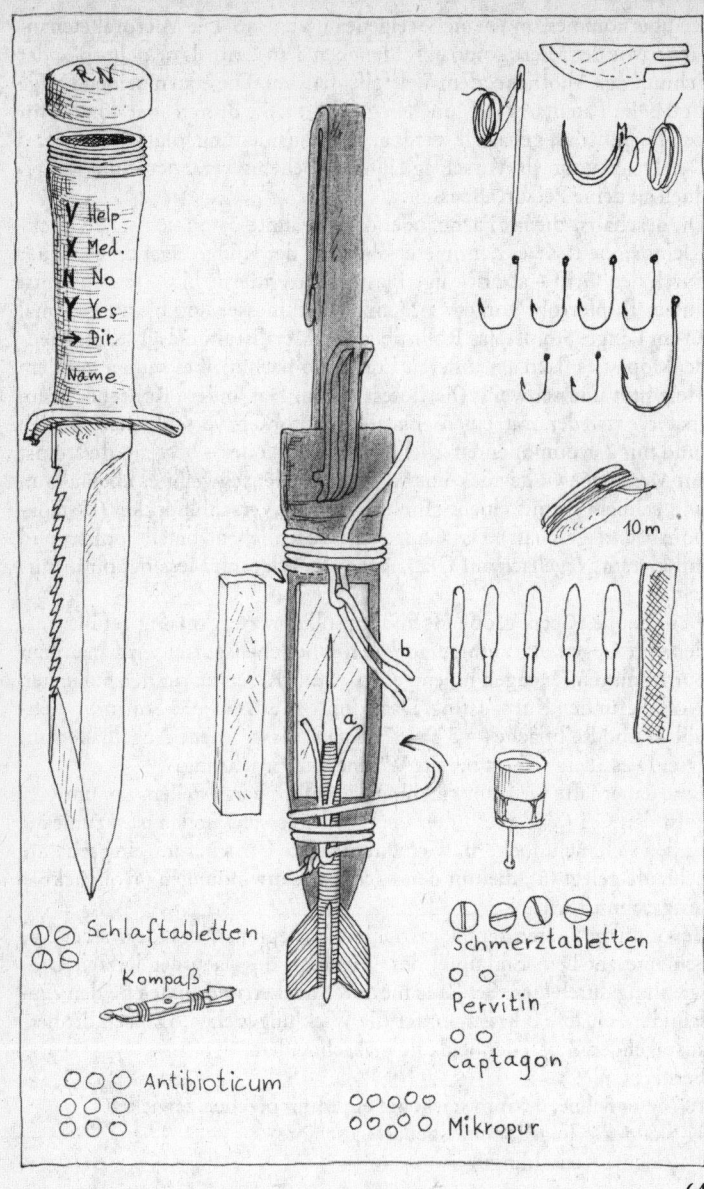

1 med. Nähnadel mit Faden (Skalpell-Klinge und die Nadel *ohne* Verpackung ins Röhrchen geben. Sie werden dann zwar insteril, aber sie nehmen dreiviertel weniger Platz ein.
Im Bedarfsfalle sterilisiert ihr sie durch Kochen im Griff (Zeichnung 66).
1 mittlere Stopfnadel zum Splitterauspulen
10 Tabletten Micropur oder Certisil zum Wasserentkeimen
4 starke Schmerztabletten
4 starke Schlaftabletten (als Waffe)
1 Satz Antibioticum (gegen Blutvergiftung, starke Vereiterungen ...)
2 Pervitin (starke Aufputscher)
1 Signal-Rakete (Zeichnung 68)
1 Minikompaß (Zeichnung 69 + 70)

Darüber hinaus kann man auch außen noch manches anbringen: Auf die Scheide (aufrauhen!*) klebt man mit 2-Komponenten-Kleber einen dünnen Schleifstein (dünner raspeln, abrunden!) und – auf die andere Seite – einen Metallspiegel zum Signalisieren.

Um das Ganze wickelst du schließlich fünf Meter schwarze Perlonschnur von 2 mm Durchmesser. Wie das gemacht wird, ersiehst du bitte auf der Zeichnung 65. Sie schont Schleifstein und Spiegel und ist vor allem ein wichtiges Utensil, um z. B. eine Schlinge davon zu fertigen.

In den Griff stanzt oder graviert man (mit Stahlstempeln, die der Kunstschlosser hat oder beim Graveur) die fünf wichtigsten internationalen Notzeichen:

V = Hilfe
X = Medizin
N = Nein (No)
Y = Ja (Yes)
→ Richtung

Wer noch mehr am Messer unterbringen möchte, bindet auf die Kordel-Umwicklung ein kleines Ledertäschchen. Dorthinein könnten alle Dinge, die auch schon mal naß werden dürfen: Die Angelsehne, die Raketenabschußrampe, der Wurfpfeil usw. Übrigens hat der Griff als Kochtopf auch den Vorteil, daß man sich Wasser/Tee kochen kann wenn die Micropur-Tabletten verbraucht sind (Zeichnung 66).

Last not least kann man sich aber auch den schon besagten Speer davon bauen, wenn man in den hohlen Messergriff einen mindestens 150 cm langen Stock pfropft (Zeichnung 67).

---

* Survival-Snobs machen das mit selbstgefundenen Diamanten!

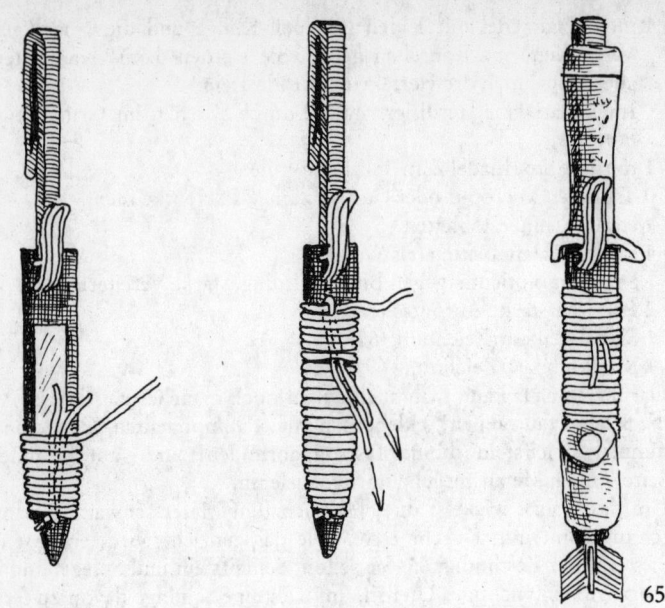

65

Die Notrakete mit Microabschußrampe

Achtung: Die *Herstellung* des nachfolgend beschriebenen Micro-Abschußgerätes für Leuchtkugeln bedarf einer behördlichen Erlaubnis. Aus Preisgründen lohnt es nicht, sie zu erwerben. Entweder kaufst du dir das Gerät im Handel oder du fertigst es dir *im Ausland*, während deiner Reise.

Die Notzeichen am Griff deines Messers sind zwar gut, aber sie nutzen wenig, wenn das Flugzeug, das dich sucht, fünfzig Meter daran vorbeifliegt.

Im Überlebensgürtel habe ich für diesen Fall den Signalstift mit dazugehörigen Raketen. Die Raketen werden oben in den Griff geschraubt und abgefeuert. Es versteht sich, daß man das im Freien und nie aus Jux im Zimmer tut. Der Verkauf an Jugendliche unter 18 Jahren ist untersagt. Für ältere ist das Gerät im Waffenhandel erhältlich. Seine Vorteile sind sein leichtes Gewicht, das geringe Volumen und eine relativ gute Wirkung. Denn

66

die Raketen steigen bis zu fünfzig Meter hoch. Mit deutlicher Leuchtspur.
Doch für das Survival-Messer ist dieses kleine Gerät noch zu groß.
Nachdem ich die Kataloge der Silvester-Raketenhersteller geflöht hatte nach einer gleichwertigen Minirakete, die an einer Reibfläche entzündet werden könnte, und nicht fündig wurde, kam mir die Idee zur kleinsten Raketenabschußrampe der Welt.
Ich habe sie als Gag – und man weiß nie – vorsichtshalber patentieren lassen.
Sofern du sie nicht en masse für den Verkauf herstellst, sondern nur als Einzelstück für dich selbst, entbinde ich dich vom Patentschutz und erkläre dir die Herstellung der Rampe:
Ideal ist es, sie aus einem massiven Messingstück herzustellen. Es sollte rund sein, 15 mm Durchmesser haben und 15 mm Höhe. Dorthinein – bis zu 10 mm Tiefe – drehst du ein Gewinde mit dem Fachausdruck M 9–1.

67

Es ist genau das Gewinde, in das die Schraubpatrone »Komet« hineinpaßt.

Das Zündloch wird *von unten* so durchgebohrt (2 mm ∅), daß es *am Rande* des Innengewindes herauskommt – nicht im Zentrum! Denn die Patrone, die im Gewinde der Rakete sitzt, ist eine *Rand*feuerpatrone.

Zum Zünden der Rakete brauchst du einen Nagel mit abgeflachter Spitze, den du von unten in das Zündloch führst.

Während Daumen und Zeigefinger der rechten Hand die mit dem Messingzylinder verschraubte Rakete halten, wird der Nagel vom Mittelfinger gegen das Rausrutschen gesichert.

Die Zündung erfolgt schließlich durch kurzes Aufschlagen auf festem Untergrund (Zeichnung 68). Wo der *fehlt*, nimm das Messer als Aufschlagebene.

An Vorsichtsmaßregeln gilt dasselbe wie bei allen Raketen: Der Weg nach oben muß frei sein. Es wird nicht im Zimmer gezündet. Es wird nicht in der Nähe leicht entzündbarer Stoffe gezündet.

Wer kein Gewinde schneiden (lassen) kann, versucht, eine stabile Eisenmutter zu kaufen mit 9 mm-Innengewinde (M 9-1). Unter die Mutter

68

schweißt du ein Eisenplättchen von mindestens 1½ mm Stärke. Dann bohrst du am Rande das Zündloch. Wie beim Messingzylinder (Zeichnung 68).
Es ist dies die kleinste Notsignalanlage mit relativ guter Wirkung, die ich kenne. Sie sollte in keinem Notpäckchen fehlen: ob beim Wildnisläufer, Einzelkämpfer, Schiffbrüchigen oder Bergsteiger. Demnächst wird diese meine Erfindung als »Modell Nehberg« auch im Handel erhältlich sein. Wenn du 18 Jahre alt bist, darfst du sie erwerben und besitzen.

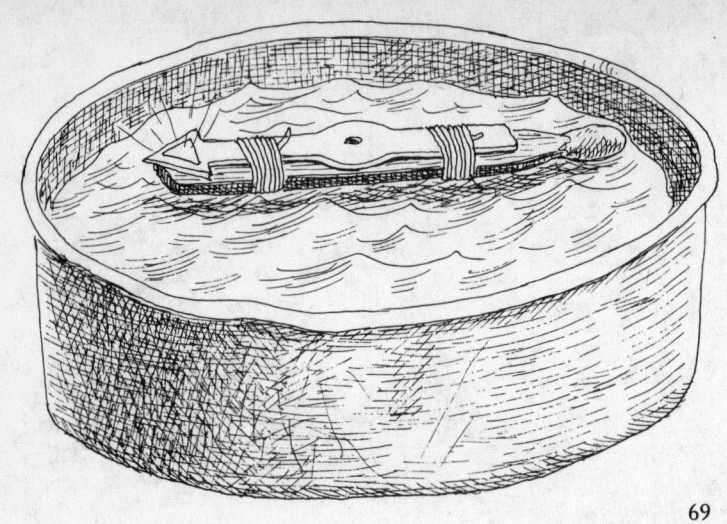

Der Micro-Kompaß

In den handelsüblichen Survival-Messern befinden sich oft kleine Kompasse, die es bislang im Handel nicht als Einzelstücke gibt.
Das brachte mich auf die Idee – Not macht erfinderisch – ein eigenes Instrument zu bauen, das ebenfalls keinen Platz beansprucht und das »nichts« wiegt.
Die Lösung scheint mir die Schwimmende Magnetnadel zu sein. Die einfachste Art, sie sich zu basteln, ist, die Magnetnadel eines Billigkompasses zu nehmen (Kaufhaus). Die Nordspitze wird mit (Rewell-)Leuchtfarbe gekennzeichnet, falls sie es nicht schon ist. Dann bindest du einen oder zwei flache Streichhölzer (aus dem Streichholzheftchen) darunter und läßt die Nadel schwimmen (Zeichnung 69). Auf irgendeiner Pfütze, in einer Handvoll Speichel, in der Tasse Kaffee ... und die Nadel dreht sich nach Norden. Natürlich darf – wie bei allen Kompassen – kein Metall in der Nähe liegen.
Die Luxusausführung dieses Superrichtungsweisers ist dann die Kompaßnadel im durchsichtigen Plastikschlauch, wie man ihn im Aquarienhandel erhält. Du schiebst die Nadel hinein und verschweißt die Enden mit Pattex (Zeichnung 70 und 71).

Da diese Versuche relativ neu sind, weiß ich noch nicht, ob die Nadeln, wenn sie wochenlang im Metallmesser lagern, von ihrer Wirkung einbüßen. Check' das bitte selbst ab.

Wurfpfeil als Waffe

Meine dritte »Erfindung« ist der Wurfpfeil.
Nicht jeder von uns ist der geborene gute Messerwerfer. Aber jeder kann mühelos einen Wurfpfeil ins Ziel bringen. Und zwar jene Wurfpfeile, die man fürs Dart-Spiel kaufen kann.
Für unseren Zweck als Waffe kommen nur die besten in Frage, weil sie ein größeres Eigengewicht mitbringen, also weiter und besser fliegen.

Du nimmst die vorstehende Stahlspitze heraus (das kann sehr harte Ar-

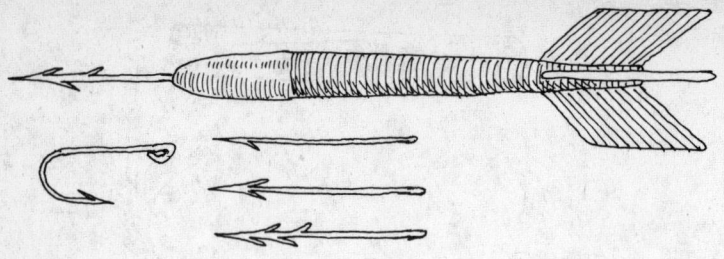

72

beit sein!) und erweiterst das Loch auf etwa 3 mm. Dorthinein setzt du die Widerhakenspitze.

Diese Widerhakenspitze schmiedest du dir am besten selbst, denn diese Übung zeigt dir gleichzeitig, wie simpel man auch einen brauchbaren Angelhaken machen kann (Zeichnung 72).

Du nimmst also einen runden Nagel, Durchmesser 2½ mm, und machst ihn glühend. Die glühende Spitze klopfst du langsam flach, zwackst mit scharfer Zange (schneidest notfalls sogar mit scharfem Messer) einen oder mehrere Widerhaken ins Metall, erglühst die Spitze erneut und schreckst sie in kaltem Wasser ab – so, wie du es schon beim selbstgemachten Messer gelernt hast. Damit hast du das Eisen in Stahl verwandelt.

Von diesen Spitzen machst du dir mehrere auf Vorrat. Sie aufsteckbar zu machen, hat den Vorteil, daß sie auswechselbar sind. Dazu kommt, daß du im Ernstfalle, das heißt, wenn du wirklich einmal damit jagen müßtest, die Chance hast, den Pfeil nie zu verlieren, weil das Tier ihn in der Regel abstreifen wird. Für diesen Fall hast du dann immer noch weitere Spitzen bereit.

Die Mitnahme und der Einsatz eines Wurfpfeils haben jedoch nur dann Zweck, wenn die Pfeilspitzen vergiftet sind.

In Deutschland kommt das nicht in Frage, weil du hier nie in eine solche Notlage geraten kannst, die rechtfertigt, damit auf Jagd zu gehen. Aber auf Wanderungen im Abseits der Welt, wäre ein solcher Pfeil eine große Hilfe für den Menschen in Not.

Da er kaum Gewicht hat, ist er ideal im Überlebensgürtel und/oder am Überlebensmesser unterzubringen.

Das Gift erhält man am Rande der Wildnis bei den Einheimischen. Jeder Stamm, der von der Pfeiljagd lebt, hat einen Giftkoch, in dessen Zauberbrühe du deine Pfeilspitzen – gegen Entgelt – tauchen kannst.

Das Steinwerkzeug

Eine besonders eindrucksvolle Unterrichtsstunde in meinen Wochenend-Survival-Lehrgängen war immer das Gastspiel der bereits erwähnten Herren Möller und Friedemann, Experten für Vorgeschichte und Steinzeitwerkzeug.

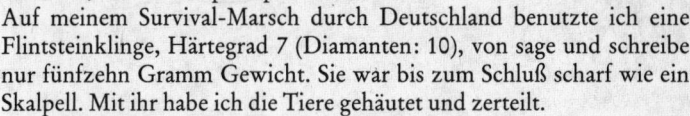

Mit zwei Steinen und wenigen Handgriffen zeigten sie uns, wie man Messer, Bohrer, Äxte, Sägen, Schaber, Hammer, Pfeil- und Speerspitzen herstellt.

Auf meinem Survival-Marsch durch Deutschland benutzte ich eine Flintsteinklinge, Härtegrad 7 (Diamanten: 10), von sage und schreibe nur fünfzehn Gramm Gewicht. Sie war bis zum Schluß scharf wie ein Skalpell. Mit ihr habe ich die Tiere gehäutet und zerteilt.

In Notfällen sind sie nicht nur wichtige Werkzeuge, sondern auch schnell herzustellende, gefährliche Waffen, die vom Gegner nicht als solche erkannt werden.

Rohstoff ist der Flintstein, der überall in Norddeutschland zu finden ist. In anderen Landstrichen tun's zur Not auch Schiefer, Granitabschläge .... Wer das nicht hat, behilft sich mit Glas. Die primitivste Methode der Klingenherstellung ist die Gewaltmensch-Zertrümmerungsmethode: Ihr legt den Flintstein auf einen festen Untergrund und laßt einen anderen schweren Stein darauf niedersausen. Der Flint zerknallt in tausend Splitter. Wie eine Glasflasche. Vielleicht sind einige Scherben darunter, die einer kleinen Messerklinge entsprechen. Es genügen Scherben von drei Zentimetern Länge.

Gekonnter ist die Amboßmethode: Auf die scharfe Kante eines dicken x-beliebigen Steines, der auf dem Boden liegt (Amboß), schlagt ihr von oben so mit dem Flintstein (faust- bis kopfgroß), daß ein Kantenstück abspringt. Ihr seht dann, wie die Struktur des Steines ist und werdet sehr bald herausfinden, wohin ihr beim nächsten Mal schlagen müßt, um die besten Absprünge zu erzielen.

Die halbkreisartigen sind z. B. Schaber (73 c), um Felle von Fleischresten zu befreien. Klingenartige, die vorn spitz und an einer Seite scharf sind, ergeben ein Messer (73 b). Beidseitig scharfe und vorn spitz zulaufende eine Pfeilspitze, lange spitze Absplitterungen mit quadratischem Querschnitt sind die Bohrer (73 a).

Bei der dritten Methode nimmt man einen faustgroßen Kieselstein als Hammer in die rechte Hand. Den Flint (auch Feuerstein genannt) haltet ihr links. Zum Üben zieht ihr dicke Handschuhe an. Denn ein Fehlschlag – und ihr habt statt Pfeilspitzen lose Fingerspitzen.

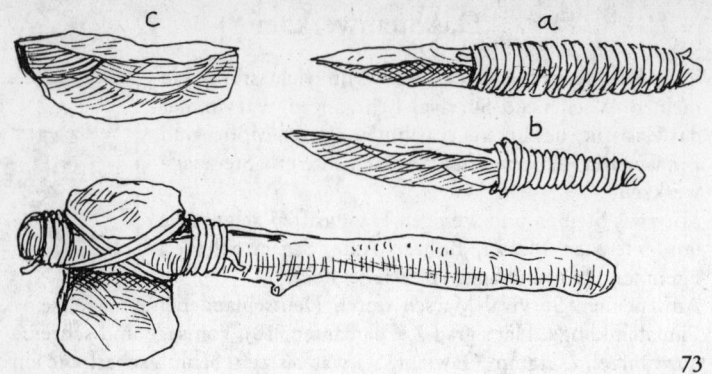

73

Sobald ihr so euer Werkzeug erstellt habt, könntet ihr einiges aufstielen. Mit einer aufgestielten Axt erzielt man unvergleichbar mehr Schwung und Wirkung als mit dem nackten Stein, den man in die Hände nimmt und mit dem man dann zuschlägt. Und ein Messer mit Griff läßt sich ebenfalls besser handhaben. Als Stiele, Griffe, Schäfte eignen sich Holz,

Leder, Knochen und Gehörn. Zum Befestigen Lederstreifen, Holzteer (käuflich) oder – oh Stielbruch! – Draht und 2-Komponenten-Kleber. Die Zeichnung 73 zeigt euch aufgestieltes Werkzeug. Wer bastlerisch veranlagt ist, kann seine Ausrüstung und das Survival-Museum um prachtvolle und zünftige Werkzeuge bereichern und seinen Geldbeutel durch Verkauf dieser Geräte aufbessern.

Fallenbau

Was wir an Tieren beim Training gekauft oder von der Straße genommen haben, müssen wir im Ernstfalle fangen können. Die wichtigste Falle für solchen *Notfall* ist die Schlinge. Seil hat man meist zur Verfügung. Strenggenommen mußt du es immer im Überlebensgürtel griffbereit haben.

Und das Wichtigste beim Schlingenstellen ist, den Tieren weiträumig und geschickt den Weg so zu verbauen, daß sie an den zaunartigen

Hindernissen entlanggeleitet werden bis zur einzigen Öffnung: und dort hängt die Schlinge.

Das Erwürgen von Tieren ist jedoch in höchstem Maße unfair und wird zu Recht bestraft. Es darf *immer* nur ein Behelf bleiben für den äußersten Notfall. Und deswegen übt ihr es nie mit Tieren, sondern in zweierlei Weise: am Modell (fürs Museum) – und *mit euch selbst als Opfer.*

So könnt ihr z. B. auf einem Brett v-artig kleines Gebüsch mit winzigen, reichverzweigten Ästen imitieren. Steckt sie in kleine Bohrungen, leimt sie fest oder wählt eine zwei cm dicke Tonschicht (Blumenladen) als Untergrund.

Ihr »denkt« oder kauft euch ein Plastikreh und überlegt, wo dieses Modellreh eure Hecke durchdringen könnte. Solche Stellen dichtet ihr mit weiteren Ästen

ab. Schließlich muß die Leit-Hecke so dicht sein, daß das Reh nur noch durch die Öffnung hindurchkann, die in der Spitze des V ist. Der Weg dorthin wird gesäubert: Glatter Gang – glatter Fang. In die Öffnung hängt ihr die Schlinge. Mit Grashalmen wird sie offengehalten. Das Seilende ist fest an einen Baum gesichert.

Mit derselben Leitzaun-Methode dirigiert man Tiere in Fallgruben. Die besten Gruben sind tief und haben Wände, die sich nach oben verjüngen.

Die ideale Kombination von beiden und fair dem Tier gegenüber ist der Tierfang per Fußschlinge und Flachgrube.

Auf der gut getarnten Fallgrube ruht die Schlinge. Das Tier bricht in das Loch ein, löst damit den »Trittbrett«-Mechanismus aus, ein federnder Ast schnellt hoch und zieht die Schlinge zu (Zeichnung 74).

Das Faire hierbei ist, daß das Tier nur am Bein gehalten wird und von euch schnell getötet werden kann. Es muß nicht qualvoll ersticken.

Vögel fängt man mit dem sogenannten »Sprenkel«. Wie die Zeichnung 75 zeigt, steckt man eine elastische Astgabel in den Boden. Oben, wo das Trittstöckchen sitzt, ist der senkrechte Ast durchbohrt.

Die Schlinge wird über diesen Trittast gelegt. Hinter der Schlinge, am geraden Band, befindet sich ein Knoten, der bequem durchs Loch paßt.

Er wird jetzt lediglich blockiert durch den Trittast. Sobald der Vogel sich auf den Ast setzt (weil darüber Futter hängt), kippt dieser ab. Das Loch wird frei, der Knoten zieht sich durch und der Vogel ist – mit etwas Glück – am Bein gefangen.

74

Den Schnellgalgen seht ihr auf Zeichnung 76. Er wird mit einem beköderten Stöckchen runtergehalten.
Steine oder Gestrüpp sorgen dafür, daß das Tier nur auf einem Wege an den Köder gelangen kann. Es geht durch die weit geöffnete Schlinge hindurch und erreicht den Köder erst, wenn die Vorderbeine schon durch die Schlinge hindurch sind. Wenn es nun am Köder zerrt, löst er sich aus der haarfein eingestellten Verriegelung und das Tier wird geschlingt und in die Luft gehoben.
Dort kann es nicht so leicht von anderen Tieren gefressen werden, und es kann sich schwerer befreien.
Mit Seil und Stein oder Baumstamm sind auch schnell Totschlagfallen gebaut. Die Zeichnungen 77 und 78 erklären sie ohne weitere Worte.
Für uns vielleicht nicht so geeignet, da zum Kleintierfang wie Ratte gedacht, aber eine herrliche Bastelei, ist die Galgenschlinge aus einem Kuhhorn.
Euer Schlachter wird euch auf Wunsch gern ein solches Horn vom

75

Schlachthof mitbringen, und dann richtet ihr es euch her. Auch ein Stück dickes Bambusrohr, ein schlanker, afrikanischer Flaschenkürbis, ein dickes ausgehöhltes Holunderrohr sind dafür geeignet (Zeichnung 79).

Das Tier geht durch die Öffnung (a), zieht am Köder (b), löst die Verriegelung (c), läßt dadurch den Galgen (d) hochfedern, der die Schlinge (e) zuzieht.

Leicht zu machen ist auch die Steinfalle (Zeichnung 80). Wer noch mehr über Fallen wissen möchte, der kaufe sich beispielsweise »Das Fallenbuch«, Paul Parey-Verlag, Hamburg, oder »Das Fallenbuch der Praxis«, Verlag Dieter Hoffmann, Mainz.

76

Wildschweinfang per Hand

Natürlich kann man Tiere noch anders fangen. Per Pfeil, Bogen und Speer zum Beispiel. Man sollte lernen, sich zu tarnen (siehe Meißners »Die überlistete Wildnis«), den Wind zu berücksichtigen und mit Geduld zu schleichen. Besonders das Schleichen läßt sich im Rahmen des Trainings üben, ohne daß man Tiere damit behelligen muß. Beschleicht euch gegenseitig oder *pirscht euch mal an eine Kuh heran.*

Man kann sich auch den Federbalg z. B. einer Ente über den Kopf stülpen, den Entenhals mit einem Stock steif halten und versuchen, an andere Enten ranzukommen (s. Nehbergs »Die Kunst zu überleben«).

77

Und man kann es machen wie einige Afrikaner, die den Durst der Tiere in der Trockenzeit nutzen: Sie vergraben sich am Rande der Wasserlöcher, atmen durch ein Schilfrohr und – fangen sie per Hand (Zeichnung 81).

Man muß sich schon lange bevor das Wild erwartet wird eingraben (lassen): entweder in einer Grube stehend, hockend oder flach liegend und die Hände zum Ufer. Der Wind muß ablandig in Richtung Wasser wehen.

Es erleichtert den Fang immens, wenn dein Kopf noch halb herausschaut. Er muß lediglich dick mit Schlamm eingepackt und mit einem Sehschlitz versehen werden. Die Atmung erfolgt per Rohr. Wer völlig unter der Oberfläche liegt, läuft Gefahr, danebenzugreifen, wenn er das Wild plötzlich auf sich spürt.

Wer jedoch sieht, wohin er greift, kann auch schon mal blitzschnell zur Seite greifen. Es vermehrt die Erfolgschancen. Es ist ratsam, ein wenig Futter in die gewünschte Richtung zu streuen.

Diese Technik kann man auch in Deutschland üben. Entweder ihr fragt mal jemanden, der ein Wildschweingehege hat und spendet dafür einen

78

Berg Futter, oder ihr übt es mit eurem Hund, einem Schaf oder – optimal – mit eurem Freund. Denn es tut dem Opfer nicht weh.
Wer es wirklich mit Wildschweinen üben kann, sollte es unter fachlicher Aufsicht mit Frischlingen (bei gleichzeitig abgesonderten Elterntieren) oder Überläufern (Halbstarken) versuchen und nie vergessen: Wildschweine sind äußerst wehrhaft!
Wer diese Direkt-Methode in Afrika erproben will, dem sei noch ein kleines Stoßgebet empfohlen.
»Lieber Gott, laß es kein Elefant sein!«

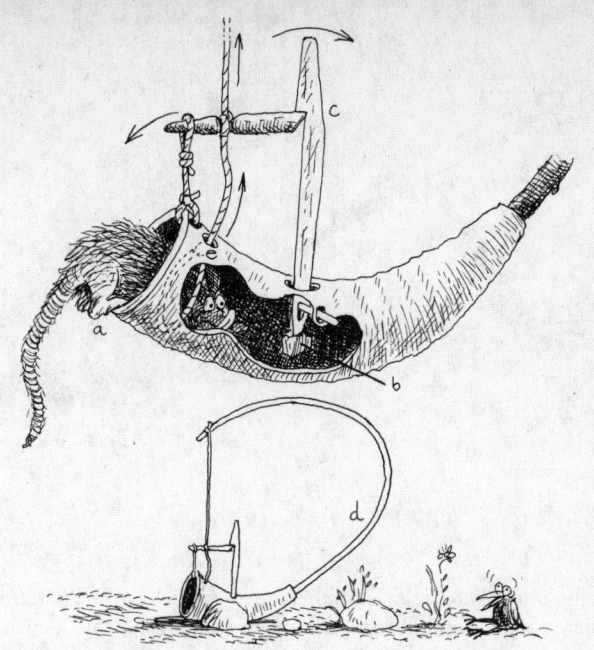

Die eigene Natur-Apotheke

Es ist leicht, Wehwehchen zu kurieren, wenn man im Überlebensgürtel entsprechende Tabletten hat. Darauf soll auch nicht verzichtet werden, denn sie bestehen nicht mehr und nicht weniger aus den rund einhundertunddrei chemischen Elementen als die Heilpflanzen. Auch Pflanzen sind Chemie. Auch Pflanzen können tödliches Gift enthalten. Tablette oder Tee – mir erscheint es oft mehr Weltanschauung zu sein als begründbare Abneigung. Beispiele, wo Tabletten schwerwiegende Nebenfolgen verursachten, sind tragisch, aber die Ausnahme. Und viele Patienten, die nur noch auf Naturheilverfahren schworen, schluckten gern das Antibioticum, wenn sie anders ihre Blinddarmentzündung oder den Tripper nicht mehr kurieren konnten. Merke: Auch Vegetarier beißen nicht gern ins Gras.

Hier soll es darum gehen, was man in Deutschland, was man beim Training machen kann, wenn die Tabletten fehlen. Ein »Apothekentag« ist unumgänglicher Teil eures Trainings.

Es gibt unendlich viele Krankheiten, unendlich viele Pflanzen, unendlich viele, komplizierte Pflanzenmischungen, mit denen man die verschiedenen Leiden kurieren kann. Sie alle aufzuzählen, ergäbe mehrere dicke Fachbücher. Und die gibt es auch schon zur Genüge.
Wer nach dieser folgenden Miniübung besonderes Interesse für die Sparte »Naturheilverfahren« entdeckt, kann sich mit entsprechender Literatur eindecken. Sehr zu empfehlen ist z. B. das Buch »Naturheilkunde« von Inge Lindt, Buch und Zeit Verlagsgesellschaft, Köln. Für euren Natur-Apotheke-Kursus habe ich Heilpflanzen nach folgenden Kriterien ausgewählt:
- Minimum an verschiedenen Pflanzen
- großer Bekanntheitsgrad
- weiträumiges Vorkommen
- mehrfache Heilwirkung
- Linderung typischer Reiseleiden

Für den Unterrichtstag »Apotheke« empfehle ich euch, mit eurem Biolehrer loszugehen. Entweder am nächsten Wandertag oder im Rahmen eines Schularbeitskreises oder privat oder mit einem anderen botanisch versierten Menschen.
Ihr findet um so eher einen Fachmann, wenn ihr nicht allein mit ihm

loszieht, sondern in der Gruppe, weil sein Wissen dann auf mehr Resonanz stößt.
Obwohl mein Mini-Micro-Sortiment, das ich euch vorstellen will, jedem bekannt sein dürfte, nehmt gern zusätzlich ein Fachbuch mit.
Mancherorts gibt es die Möglichkeit, über VHS-Kurse in das Thema einzusteigen.
Darüber hinaus ist es empfehlenswert, eine Kamera mitzunehmen und die Heilkräuter zu fotografieren. Das Thema »Naturapotheke« könnte eins (von vielen) sein bei euren späteren Auswertungen, bei Vorträgen.
Da die Pflanzen nie zur selben Zeit zu ernten sind, wird man den Kurs dreimal durchführen müssen: in jeder Jahreszeit – außer dem Winter.
Beim Sammeln gibt es einige Grundsätze zu beachten:
- *geschützte* Pflanzen werden nie gepflückt,
- *ganze* Pflanzen dann, wenn sie zu blühen beginnen,
- *Wurzeln* im Frühjahr und nach dem Blühen
- *Früchte* und *Samen*, wenn sie vorhanden sind und
- *alle Pflanzen* nur dann, wenn sie *trocken* sind (also nie bei Tau oder Regen).

Das Trocknen der Pflanzen erfolgt im Schatten, eventuell im leichten Wind, im Durchzug. Auf jeden Fall nie in der Sonne oder an der Heizung. Das getrocknete Medikament wird in möglichst dunkelwandigen Glas- oder Steingutgefäßen luftdicht verschlossen und beschriftet aufbewahrt. Die Behälter gibt es in allen Haushaltswarenläden und in Apotheken.

Um später den *Tee* zuzubereiten, wird die getrocknete Pflanze oder deren Produkt (Blüte ...) mit siedendem Wasser übergossen und zehn bis fünfzehn Minuten an einem warmen Ort unter gelegentlichem Rühren stehengelassen. Danach siebt man die Pflanzenteile heraus. Als Sieb läßt sich auch ein Stück Stoff verwenden.

Wer sich von seiner Pflanze eine *Salbe* machen will, kauft hundert Gramm Vaseline oder reines Schweinefett. Wem das nicht zur Verfügung steht, der mag – aber diese Salbe ist nur kurze Zeit haltbar – auch das Mark aus den Röhrenknochen frischer toter Tiere nehmen oder jenes weiße Fett, das ihr bei geschlachteten Tieren unter der Haut oder zwischen den Därmen findet. Unter diese Salbe oder dieses Fett rührt und reibt ihr mit einiger Geduld entweder zehn Gramm Pflanzentinktur oder den Pflanzensaft direkt, was dann aber wieder bedeutet, daß die Salbe schneller verbraucht werden muß. Denn Rohes, Unsteriles verdirbt schneller.

Tinktur wiederum erhaltet ihr, wenn ihr 100 g zerstampfte Pflanze mit 250 g Alkohol (70 %) oder einem guten, hochprozentigen Kornbranntwein (klarer Schnaps) luftdicht verschlossen in einem dunklen Eckchen eine Woche stehen laßt. Lichteinfluß schadet. Einmal täglich ist das Gefäß gründlich zu schütteln.

Bevor wir nun ans Sammeln gehen, vergeßt nicht, daß auch andere Naturheilkräfte in diese »Apotheke« gehören, Kräfte, die kostenlos zur Verfügung stehen, die man aber nicht in Gläser stecken kann: das dezente Sonnenbaden (gegen Pickel, für Wohlbefinden, Vitaminbildung (...), kalte Bäder, Wechselbäder, Sport, frische Luft.

Zum Sammeln nehmen wir mehrere Stoffbeutel (keine Plastiktüten!) mit, und dann geht's los.

(Beachtet die Pflanzen-Zeichnungen 82 und 83!)

Wohl jeder kennt die *Kamille* (82 a) mit ihrem typischen Geruch. Zu Tee verarbeitet, wirkt sie schmerzstillend. Kamille fördert die Verdauung, heilt bei Magen- und Darmbeschwerden. Gurgeln hilft bei Zahnschmerz und geschwollenen Mandeln. Kamillen-Tee wirkt nervenberuhigend. Und wer schwitzen möchte, der trinkt ebenfalls diesen Tee und packt sich dick ein.

Kamillentee löst Krämpfe und Übelkeit bei der Periode, und wenn ihr die mit Wasser überbrühten, abgesiebten Blüten auf Wunden, auf Ent-

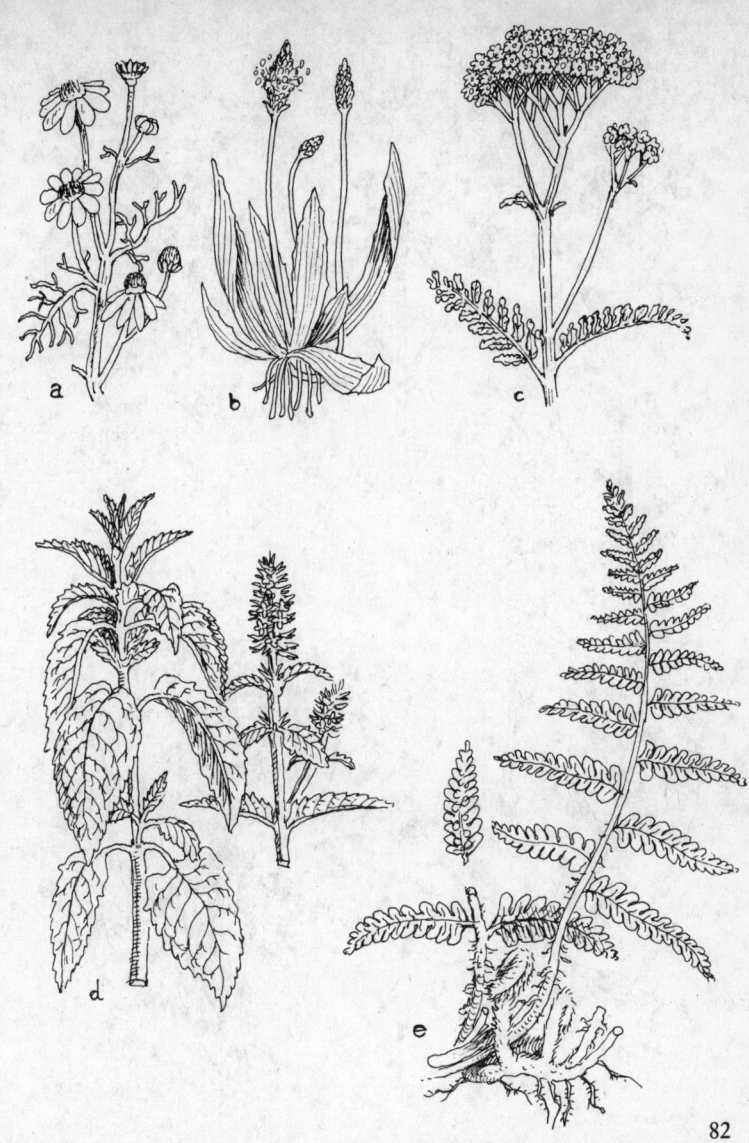

82

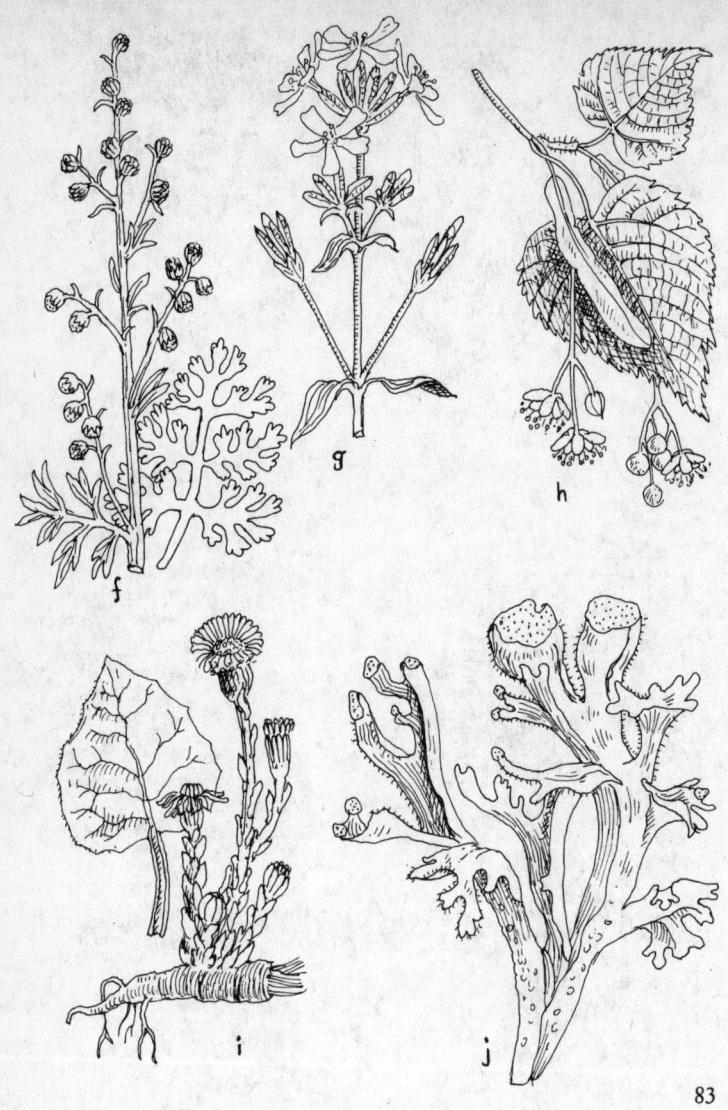

zündungen, auf Eiterherde legt und mit einem Verband umwickelt, bewirkt Kamille Wunder: Sie beschleunigt den Eiterungsprozeß, entspannt, stillt Schmerz. Und wenn ihr sie mit Wasser aufkocht und euren Kopf über den Topf in den heißen Dampf haltet und tief durchatmet (über Kopf und Topf ein Handtuch, damit keine Dämpfe entweichen), löst und heilt sie Schnupfen und stillt Kopfweh.
Kamillen-Sitzbäder helfen Frauen, ihre Frauenleiden zu lindern.
Die Kamille ist ein Muß für euer Training. Sie ist quasi die Mutter unserer heimatlichen Naturheilkräuter.

Ebenso bekannt und wirksam ist der *Spitzwegerich* (82b), weil er ein wirklich gutes Wundenheilmittel ist. Ihr tut weiter nichts, als die zerquetschten Blätter auf die frische Wunde legen, und sie mit einem Verband festzulegen. Zweifler können sich selbst einen Beweis liefern mit einem Nehberg-Special-Experiment: Mit dem Messer oder Flintstein schneidet man sich eine kleine Wunde am rechten Arm und eine am linken Arm. Das ist so
einfach, wie das ungewollte Ratschen an einem Nagel. Die eine Wunde verbindet ihr unbehandelt, die andere deckt ihr vorher dick mit Spitzwegerichmus ab. Bessere und einprägsamere Beweise für Heilwirkung kann auch ich nicht mehr offerieren.
Roh gekaut, als Saft oder Tee getrunken, stoppt Spitzwegerich Durchfall und stabilisiert den Verdauungstrakt.
Wer unter Pickeln leidet, mag 3 × täglich einen Tee zu sich nehmen. Bei vielen Patienten hilft das. Es ist logisch, daß nicht alles gegen alles bei allen und jedem hilft, weil die Ursachen oft komplett verschieden sind.
Sehr bekannt und wirkungsvoll ist auch die *Schafgarbe* (82c). Sie leistet gute Dienste bei Magen- und Darmbeschwerden und ist besonders für diejenigen weiblichen Globetrotter von Bedeutung, die Probleme mit schmerzhaftem Regelverlauf haben. Die Schafgarbe wird zur Blütezeit (Juni–September) gesammelt. Der obere halbe Teil der Pflanze (Stiel, Blüte, Blätter) wird getrocknet und bei Bedarf davon ein Tee aufgebrüht (2 Teelöffel je Tasse).

Des weiteren kennt jeder *Pfefferminz* (82d). Es wächst gern sumpfig und ist, wie die Kamille, spätestens am Duft zu erkennen. Mal abgesehen davon, daß Pfefferminz als Tee gut schmeckt, hilft es als Gurgelmittel bei Zahnschmerzen und entzündetem Zahnfleisch. Der Tee lindert Kopfweh und Beschwerden im Verdauungstrakt. Er erfrischt die Atemwege und entspannt. Er löst Krämpfe und stärkt die Potenz. Na, bitte.

Da er überall wächst und jedem bekannt ist, sei auch noch der *Holunder* erwähnt, dessen Blüten, als Tee genutzt, Husten und Grippe lindern, also auch fiebersenkend wirken.

Auch *Lindenblüten* (83h) gehören in die Survivor-Apotheke. Denn ihr Tee hilft euch, zu schwitzen. Er ist ebenfalls gut gegen Erkältungen. Außerdem reinigt er das Blut (Pickel).

Den Wanderer wird der *Wermut* (83f) interessieren. Das ist auch solch ein Allerwegeskraut, das jeder schon gesehen hat. Zerquetscht auf geschwollene Füße gelegt und umwickelt, sorgt er für Abschwellung. Als Tee neutralisiert er Magenübersäuerung und wirkt appetitanregend.

Wanderern mit Schweißfüßen ist *Wurmfarn* (82e) anzuraten. Er soll frisch in die Schuhe gelegt und spätestens nach zwei Tagen gewechselt werden. Besser erscheint mir aber oft, den Schuh mit Hilfe von Löchern besser zu durchlüften und Socken wie Füße ständig zu waschen.

Wer unter Schweißfuß leidet, dem sei auch *Eichenrinde* empfohlen. Er muß sich 1 kg Unterrinde (also nicht die dicke Borke von außen) mit zwei Litern Wasser kochen und die Füße darin baden. Dieses Bad ist auch sehr gegen Frostbeulen zu empfehlen, zumal Eichenrinde wintertags ebenso griffbereit ist wie im Sommer. Darüber hinaus ist der Sud hilfreich gegen Geschwüre und Brandwunden.

Genauso einfach und überall zu finden, vom ersten Frühlingstag bis zum ersten Frost, ist der *Huflattich* (83i). Die frischen, zermusten Blätter nimmt man zu Breiumschlägen bei Geschwüren und Venenentzündungen.

Ein Traummittel gegen Durchfall ist *Isländisches Moos* (83j) (*Flechte*), das die Gebirgsleute und die Nordlandfahrer gut kennen. Es wird zu Gemüse gekocht und gegessen.

Und als letztes Wundermittel in Nehbergs Survival-Pharmazie sei die *Zwiebel* genannt. Sie ist zwar kein Wildkraut, aber sie ist leicht zu erwerben und bietet durch Einreiben Schutz gegen etwas, das für viele Globis oft viel schlimmer ist als Zahn- und Heimweh: gegen Mücken! Allerdings wirkt Zwiebel nicht nur gegen Insekten, sondern auch – erraten! – gegen Liebe. Paarreisenden ist deshalb dringend angeraten, sich gegenseitig einzureiben. Dann ist die Welt sofort wieder in Ordnung, weil niemand über des anderen Mief die Nase rümpfen kann. Es geht ihnen dann wie jenen, die gemeinsam Knoblauch inhaliert haben: Sie nehmen die Ausströmung des anderen nicht mehr wahr, und so widersprüchlich es klingen mag: Man kann sich nicht riechen und kann sich dennoch lieben.

Zwanzig kleine Basteleien

Vieles, das man sich so nebenbei basteln kann, habe ich bereits aufgezählt. Es wird weiteres folgen. Hier sei nun die Rede, oder besser die Zeichnung, von kleinen Hilfsgegenständen, die schnell gemacht sind, die viel helfen und nichts – außer Arbeit – kosten.

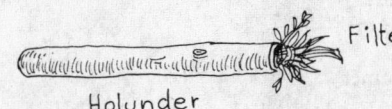

1. Trinkrohr

2. Bola
(wird geschleudert und wickelt sich dem flüchtenden Tier um den Lauf)

3. Schleuder

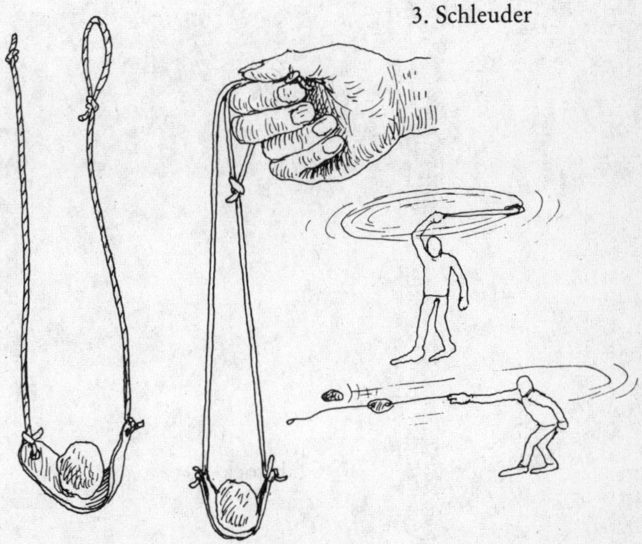

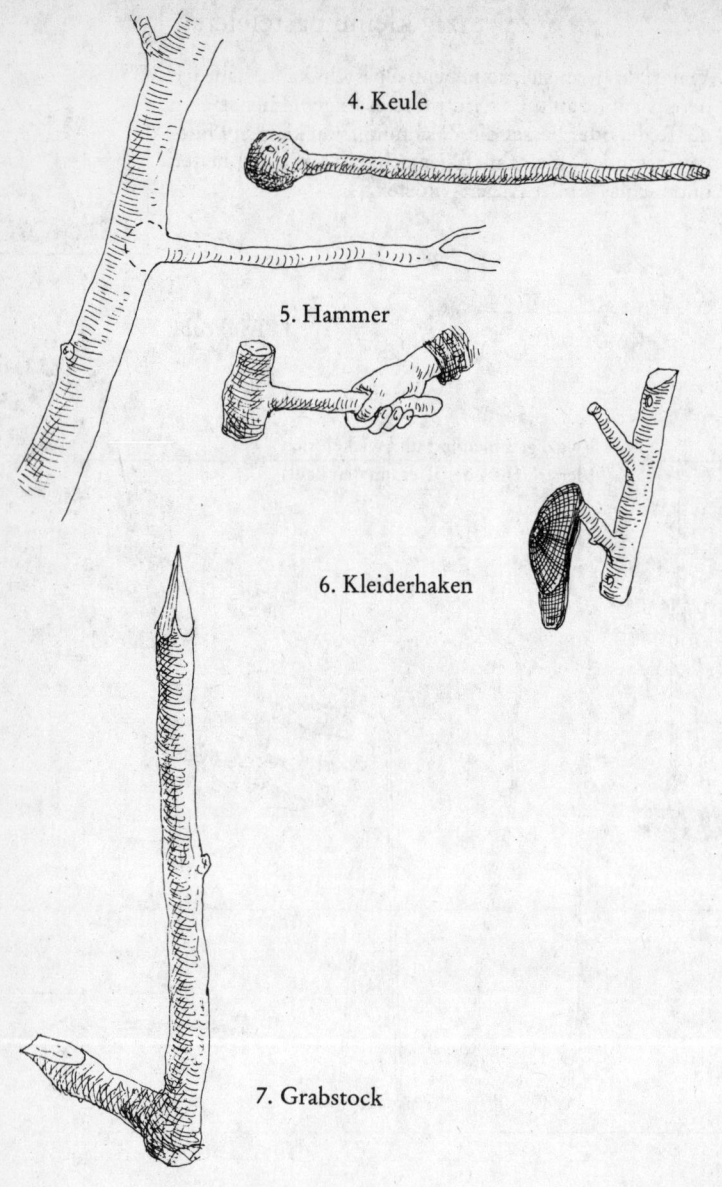

4. Keule
5. Hammer
6. Kleiderhaken
7. Grabstock

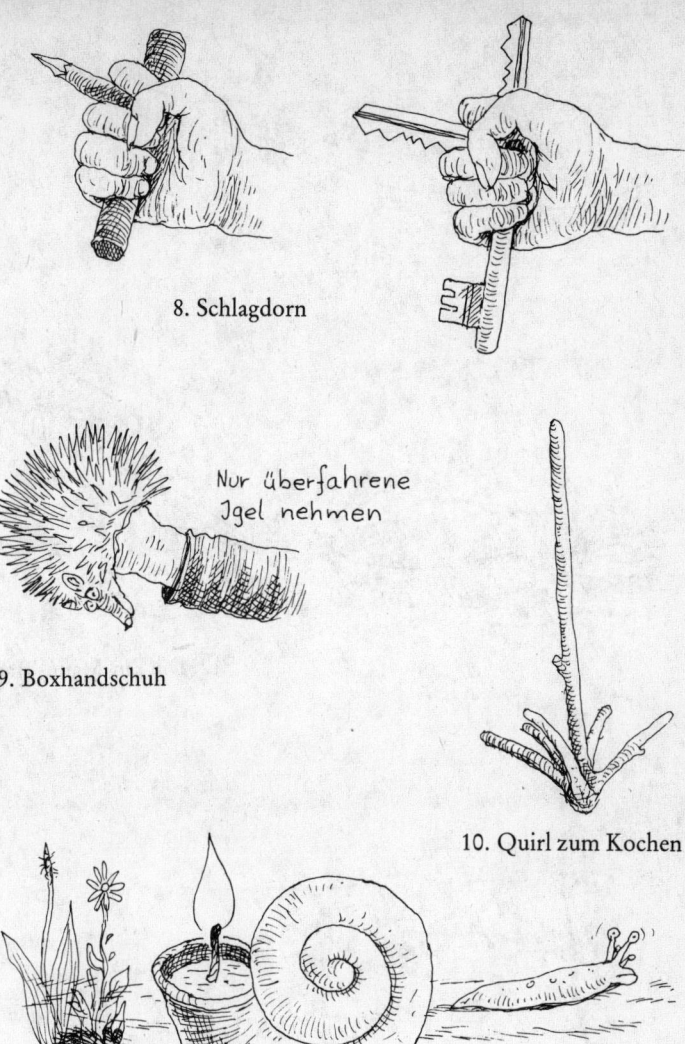

8. Schlagdorn

Nur überfahrene Igel nehmen

9. Boxhandschuh

10. Quirl zum Kochen

11. Schnecken-Leuchte

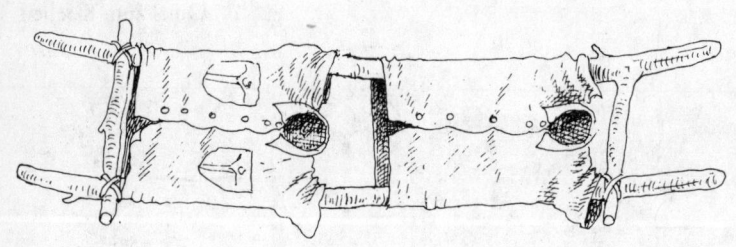

12. Die Ein-Mann-Trage

13. Die Zwei-Mann-Trage

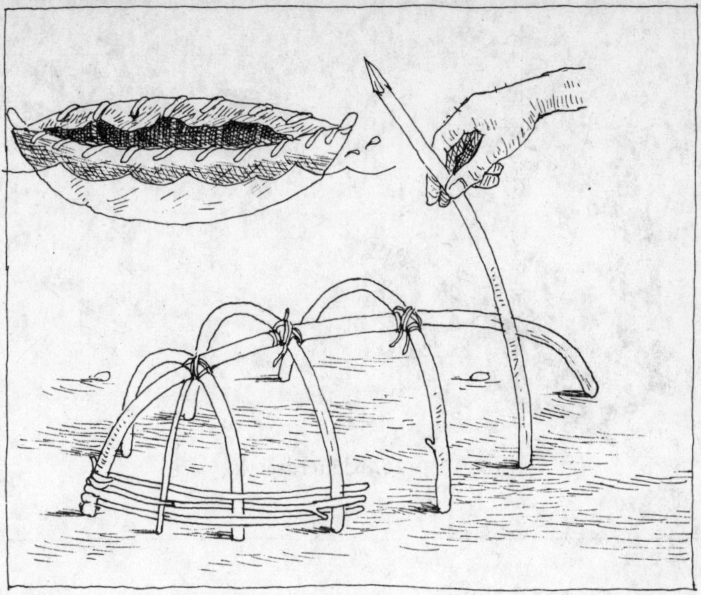

14. Fellboot

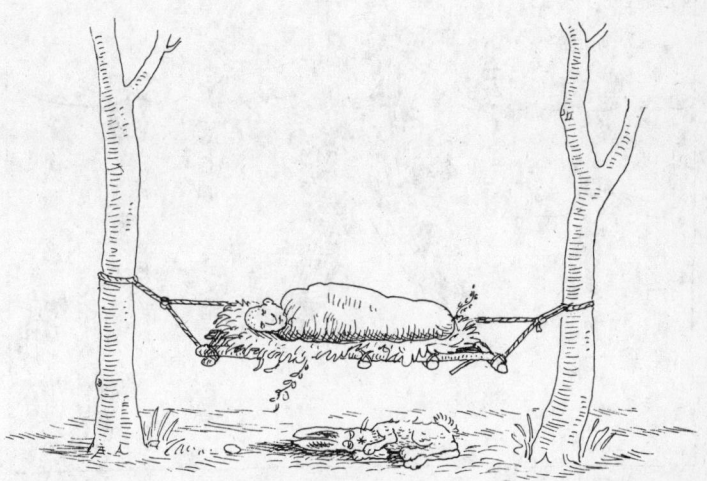

15. Hängematte

16. Kletterdreieck

17. Schwimmweste aus Binsen

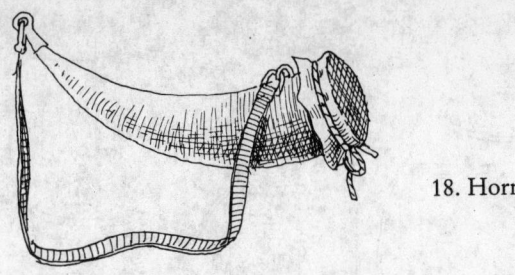

18. Horn

19. Flaschenzug

(an den Punkten a + b würden Rollen die Arbeit erheblich erleichtern)

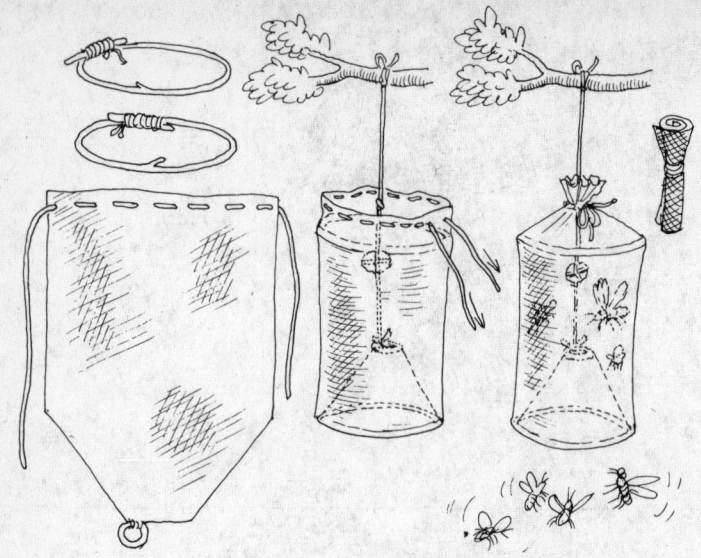

20. Fliegenfalle (aus Moskitonetz, zusammenfaltbar)

Iglu und Blockhaus

Für viele ist das Training hier die Vorbereitung auf eine große Reise in die weite Welt. Derjenige, dessen Ziel der hohe Norden ist, der sollte sich beizeiten mit dem Bau eines Iglu und eines Blockhauses befassen. Sie einmal gemacht zu haben, die Kleinigkeiten zu kennen, die sie zu einer warmen Unterkunft werden lassen, läßt euch mit viel mehr Selbstvertrauen, mit viel weniger Ausrüstung und viel mehr Prickel auf die große Fahrt gehen.

Iglu- und Blockhaus-Bau gehören wenigstens einmal ins Trainingsprogramm. Da hier aber in der Regel für Iglus zu wenig Schnee fällt, und ihr Bäume für Blockhäuser nicht fällen sollt, gibt es einen idealen Ausweg: Beides wird als *kleines Modell* gebaut. Je nachdem, mit wieviel Fantasie und Liebe ihr die Unterkünfte baut, habt ihr gleichzeitig zwei Schaustücke für eure Survival-Ausstellung.

Das Iglu könnte auch mit wenig Schnee in der Größe einer Hundehütte gebaut werden.

Jederzeit, also auch im Sommer, ist er herstellbar – aus Ton oder Kunststoff. Sie sind im Spielzeughandel erhältlich (z. B. Fimo, Cernit).
Diese Materialien haben den Vorteil des echten Schnees: Man kann Blöcke aus ihnen formen und sie in der nötigen Weise übereinandersetzen. Sie haben sogar eine schneeähnliche Hafteigenschaft.

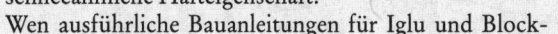

Wen ausführliche Bauanleitungen für Iglu und Blockhaus interessieren, der findet sie in Hans-Otto Meißners »Die überlistete Wildnis«. Der lernt auch die Werkzeuge kennen, die er für den echten Bau benötigt: das Schneemesser für den Iglu, Axt, Säge, Keile, Bohrer und Flaschenzug für das Blockhaus.
Beim Iglubau ist es wichtig, den Trick zu begreifen, der dem Gebäude den Halt gibt: Es ist die Bogen-, die Kuppelform. Bögen stürzen nicht ein, sofern sie seitlich nicht fortrutschen können.
Erwärmt die Fimo-Masse durch Kneten in der Hand und rollt sie ca. 5 mm stark aus. Schneidet nur 15 mm breite Streifen, die ihr – je nach Bedarf – in rechteckige bis konische Stücke schneidet.
Beginnt jedoch mit einem spitzen Keil, an den sich dann die fast rechteckigen Stücke kreisförmig anschließen. (Die ersten wählt ca. 35 mm lang. Unser Mini-Iglu sollte nicht größer als 100 mm im Außendurchmesser werden. Dann reichen 250 g Fimo- oder Cernitmasse.) Ihr zieht den Bau spiralförmig hoch. Wichtig ist, lieber viele flache Windungen hochzuziehen, weil zu hohe Blöcke eher einstürzen (Zeichnung 103).
Von der zweiten Spirale an erhalten die Lagen die Innenneigung, die Innenwölbung, die schließlich die Kuppel ausmacht. Die letzte Öffnung wird mit zwei Halbkreis-Platten von innen her, beim Mini-Modell von außen, verschlossen. Ein kleines Loch bleibt als Rauchabzug. In der Natur werden nun die Ritzen mit Schnee ausgefugt. Beim Modell machen wir es etwas anders. Wir schneiden behutsam einen Eingang in das Iglu, dem wir in der Bogenbauweise einen Tunnel vorsetzen.
Nun kommt unser Modell vorsichtig in einen großen Topf mit kaltem Wasser und wird zwanzig Minuten gekocht. Dadurch wird die Masse steinhart und bleibt weiß. (Gebrauchsanweisung beachten!) Oder wir erhitzen sie im Backofen. Dann wird sie ebenfalls hart, aber auch etwas gelblich. Für unseren Zweck wäre deshalb das Kochen besser.
Wenn das Modell auf eine dieser Weisen ausgehärtet ist, verfugen wir die Ritzen, mit den Resten der Masse oder einfach mit Binderfarbe, wie man sie zum Streichen weißer Wände nimmt. Je dickflüssiger, desto besser.

Iglumodell aus Kunststoff

Das fertige Iglu wird auf eine Grundplatte gesetzt. Kleine Styroporstücke, hübsch drumherum dekoriert, täuschen Eisschollen vor und Staubzucker den Schnee.

Für das Blockhaus schneiden wir uns viele gerade, ca. 10 mm dicke (z. B. Haselnuß) Stöcke, die wir der Einfachheit halber alle auf eine Länge von 20 cm sägen. Dann erhalten sie sämtlich der Länge nach eine Einkerbung (Zeichnung 104a), die für die Übung nur andeutungsweise mit Moos gefüllt wird. In der Praxis werden die Kerben jedoch prall gefüllt. Erst so wird die Hütte absolut durchzugsicher. Sämtliche Balken haben außerdem einen Zentimeter vor ihren beiden Enden mit dem Rundraspel oder Messer eine halbkreisartige Vertiefung erhalten (104b).

Nun legt ihr auf eine hölzerne Grundplatte von 25 × 25 cm ein 18 × 18 cm großes Quadrat aus 2 cm Ø Kieselsteinen, die ihr mit Ton

(Blumenladen) festsetzt. Jeder Kieselstein hat irgendwo eine gerade Fläche. Die muß nach oben, und sämtliche geraden Flächen sollten eine waagerechte Linie ergeben: das Fundament (104c).

Steine isolieren das Haus gegen die Bodenfeuchtigkeit. Nie dürfen die Holzbalken mit der Erde direkt in Kontakt stehen. Auf dieses Fundament legt ihr auf zwei gegenüberliegende Fundamentseiten die ersten zwei Balken, mit dem Schlitz nach unten.

Verklebt sie mit einigen Tropfen Uhu-Klebstoff an den Steinen. In der Natur liegen sie durch ihr großes Eigengewicht fest. Dann folgen die anderen zwei Fundamentbalken.

In derselben Weise stapelt ihr nun Quadrat auf Quadrat und vergeßt das Kleben oder Nageln nicht.

Wenn der Schuppen ca. 15 cm Höhe erreicht hat, führt ihr nur noch die zwei Giebelwände auf 18 cm Höhe. Dann folgt der Firstbalken, der die Giebelspitzen verbindet, und auf ihm liegen je zwei Querspanten, die an den senkrechten Außenwänden halten, weil sie dort eine Astgabel haben (104d).

Auf ihnen werden von unten nach oben dünnere »Dachlatten« gelegt und festgebunden oder verklebt.

Jetzt deckt ihr das Dach mit Rinde. Ihr hattet vorher schon ein paar dickere Äste geschält und längliche Dachpfannen davon abgeschnitten. Ihr habt sie flachgedrückt, belastet und so trocknen lassen. Mit ihnen deckt ihr nun von unten nach oben – und immer überlappend – das Dach. Leimt auch sie fest. Weil euer Haus Modellcharakter behalten soll, laßt ihr die Hälfte der Dachpfannen für Anschauungszwecke sichtbar und die andere Hälfte deckt ihr mit »Grassoden« ab. Beim Modell könnte das Kunstgras aus dem Bastelladen sein oder ihr nehmt feines, getrocknetes Moos. In der Praxis bewirken die Grassoden, daß die lose aufliegenden Baumrindedachpfannen nicht fortgeweht werden und sie sorgen für eine zusätzliche Wärmeisolierung.

Als Fenster empfiehlt Meißner Schlitze, die bei Kälte mit Keilen und Fellen verschlossen werden (104e).

Die Tür wird kleingehalten und ist mehr eine Luke, um den Wärmeverlust beim Öffnen gering zu halten. Sie kann gleich beim Bau ausgespart oder hinterher rausgesägt werden. Die Bauweise der Tür und des Scharniers erseht ihr ebenfalls aus der Zeichnung (104f).

Um euer Modell zu verschönern, setzt ein paar Bäume drumherum. Das können simple trockene, stark verästelte Zweige sein. Schaut euch mal um in der Natur, oder kauft euch die Bäume, die es im Spielzeughandel für Modelleisenbahnen gibt.

Zu guter Letzt baut ihr euch einen Fußboden: aus Lehm, Kies, Laub,

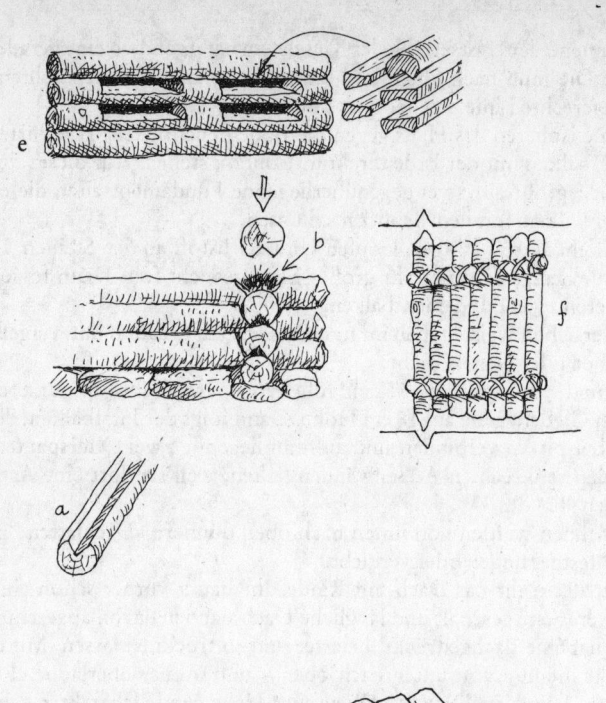

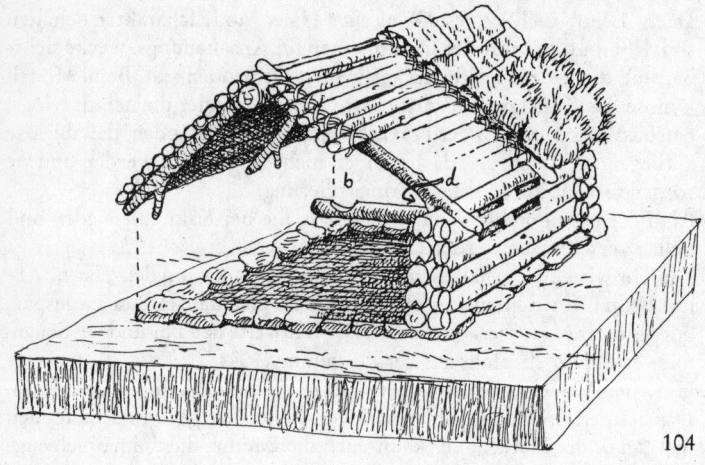

104

220

Stroh oder längshalbierten Balken. In einer Ecke, gut mit Steinen ausgekleidet, entsteht die Feuerstelle – und fertig ist das Haus. Your home is your castle.

Der eigene Schießstand

Der eigene Schießstand kann nur in der eigenen Wohnung oder im eigenen Haus sein. Das Schießen draußen im Gelände ist überall dort verboten, wo eine sich verirrende Kugel theoretisch ein fremdes Grundstück erreichen könnte. Es sei denn, ihr baut euch eine überdachte, gesicherte Hundert-Meter-Bahn. Wer das vorhat, wird sich besser im Fachhandel beraten lassen als bei mir. Meine Tips gelten für den Stand im Keller. Maximal stehen dir dort meist nur zehn Meter zur Verfügung. Und das reicht. Auf zehn Meter wird mit dem Luftgewehr geschossen, auf fünf Meter Combatschießen geübt.
Da das Luftgewehr die preiswerteste Munition verschießt, ist es die ideale Übungswaffe schlechthin.
Damit das Schießen nicht langweilig wird, sollte der Luftgewehr-Schießstand abwechslungsreich gestaltet sein.
Grundsätzlich schraubt ihr erst einmal eine dicke Holz- oder eine dünne Eisenplatte von ca. 1 qm an die Wand. Sie soll Fehlschüsse auffangen und verhindern, daß die Steinwand getroffen wird und allmählich zerbröckelt.
Dann benötigt ihr einen Kugelfang. Kauft ihn, denn er ist so preiswert, daß sich das Selbstmachen nicht lohnt. Für den Kugelfang benötigt ihr Zielscheiben, um euer Gewehr kennenzulernen, um euch einzuschießen und um nötigenfalls die Zielvorrichtung nachregulieren zu können.
Wenn ihr nicht im Wettbewerb um genaue Punkte schießt, wird die nackte Zielscheibe bald eintönig.
Also sorgt man für Abwechslung (Zeichnung 105). In der Mitte vor der Metallrückwand kann eine Metall-Leiste montiert werden. Darauf stellt man kleine Milchdosen oder Metallschrauben – ähnlich wie auf Kirmes-Veranstaltungen, wo man die Dosen mit dem Stoffball abwirft.
Überraschend gut läßt sich auf Teelichter schießen. Sie müssen von vorn mit einer Eisenschiene geschützt sein. Nur der brennende Docht darf über das Eisen hinwegschauen.
Von der Decke hängt ein Pendel herab. Da dessen Bewegung keinen Motor erfordert, ist es ebenfalls ein reizvolles Gratisziel.

In einen Drahtkäfig gebt ihr Luftballons, die mit dem Auspuff des Staubsaugers oder dem Fön eurer Mutter von unten her durcheinandergewirbelt werden.

Ihr könnt auf kleine Metallscharniere schießen, die beim Treffer umkippen und einen Kontakt herstellen, der ein Lämpchen aufleuchten läßt oder der eine Klingel betätigt. Der nächste Treffer schaltet den Kontakt wieder aus.

Auf einem ausrangierten Xylophon macht ihr Musik oder laßt die Glocken läuten, daß die Nachbarn glauben, Weihnachten wäre ausgebrochen.

Wer gar per Trafo oder Batterie einen winzigen Motor betreiben will, kann weitere bewegliche Ziele bauen.

Interessante Schießspiele bietet auch der Fach-Versandhandel. Deshalb solltet ihr unbedingt dessen Kataloge anfordern:

1. Frankonia (Jagdbedarf)
   Postfach 67 80
   8700 Würzburg 1
2. Kettner (Jagdbedarf)
   Postfach 10 11 65
   5000 Köln

Diese umfangreichen Informations-Schriften sind deshalb sehr zu empfehlen, weil sie Fachbüchern gleichkommen und meist nichts kosten. Ihr erfahrt sehr viel über die verschiedensten Waffen, Munitionen und Zubehör, Bücher, Garderobe oder gebrauchte Bajonette (die billiger sind als viele Dolche), um nur weniges zu nennen.

Vielleicht bastelt ihr auch einen Schießtisch. Dazu eignet sich jeder Tisch vom Sperrmüll oder eine einfache Holzplatte. Wenn er eine Schublade hat, ist das genau der Ort, wo ihr jegliches Schießzubehör aufbewahren könnt. Obendrauf legt ihr ein Stück alten Teppich. Er schont die Waffe.

Auf der Tischplatte wird ein Gestell angebracht, das viele waagerechte Bohrungen erhält. In sie steckt ihr, der jeweiligen Körpergröße des Schützen entsprechend, einen runden Holzstab. Er dient als Auflage beim Schießen im Stehen, sofern nicht freihändiges Schießen angesagt ist. Wer zwei parallele Gardinenschienen unter die Decke schraubt, kann eine hin- und hertransportierbare Schießscheibe daran hängen!

Am besten erklärt euch dies alles die Zeichnung, die – wie auch all die anderen – Marian Kamensky so schön für euch gemacht hat.

Mit solcherart vielseitigem Schießstand wird auch Schießen zu einer immer wieder interessanten Trainingsstunde.

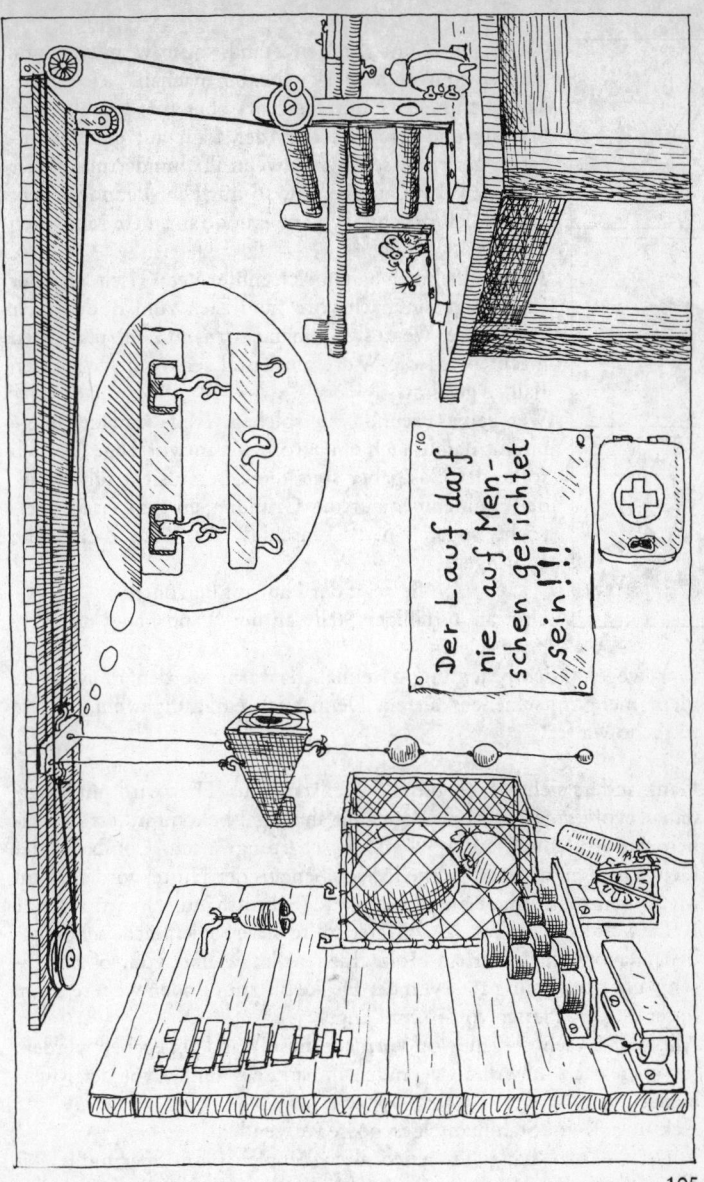

Vielleicht könnt ihr den Stand sogar vermieten und auch so eine müde Mark nebenbei machen!
Vergeßt im Eifer des Gefechts aber nie den obersten Schießgrundsatz: Nie darf der Lauf auf einen Menschen gerichtet sein! Und wenn ihr hundertmal sicher seid, daß der Lauf leer ist, so dürft ihr dennoch nicht einmal den Bruchteil einer Sekunde an einem Menschen vorbeischwenken.
Alle Teilnehmer halten sich hinter dem Tisch auf. Der Lauf zeigt nur nach vorn zum Ziel, zum Boden oder zur Decke. Wenn sich jemand vorn am Ziel zu schaffen macht, wird die Waffe am Tisch senkrecht gegen den Balken gelehnt.
Wer seine Freunde zu solchen Treffs einlädt, übernimmt damit auch eine große Verantwortung. Deshalb sollte der Gastgeber stets die Oberaufsicht führen, jeden Teilnehmer auf die Grundregeln hinweisen, vielleicht sogar ein Riesenschild über der Zielscheibe anbringen:
»Nie zeigt der Lauf auf Personen!«
Und an auffälliger Stelle an der Wand hängt der Verbandskasten.
Wer wegen Nichtbeachtung zweimal verwarnt werden muß, sollte nicht mehr mitschießen dürfen. Denn auch ein Luftgewehr ist eine tödliche Waffe.

Ganz anders sieht der Combat-Schießstand aus. Hier wird mit scharfem Revolver geschossen. Woher ihr ihn legal bekommt, lest in meinem Survival-Buch unter »Waffenbeschaffung« nach. Combat- oder Deutschießen, das ganz schnelle Schießen aus der Hüfte, wird auf fünf Meter gemacht. Eine 8 mm-Eisenplatte (Schrotthändler) wird auf eine Kellerwand geschraubt. 2 × 2 Meter sollte diese Schießfläche schon haben. Davor schiebt ihr (in Holzschienen) im Winkel von 45° zur Eisenwand (Zeichnung 106) von der Decke bis zum Boden weitere 8 mm (oder dicker)-Platten von 50 cm Länge.
Alle Blei-Geschosse, die von vorn auf diese Wand abgegeben werden, rutschen nach innen und verenden im spitzen Winkel vor der Rückwand.
Achtung: Keine Stahlmantelgeschosse verwenden!
Vor das Ganze hängt ihr einen alten Teppich (vom Sperrmüll), der die gesamte Eisenkonstruktion verdeckt. Er soll für alle Fälle mög-

liche zurückprallende Geschoßsplitter auffangen. Von der Decke herab hängt mitten vorm Teppich an zwei Fäden ein Stück Pappe, ca. DIN-A-4 groß. Mit einem Klebestift heftet ihr das erste Blatt weißes Papier auf diese Pappe und zeichnet mit dickem Filzstift ein Kreuz in die Mitte: euer Ziel. Später werden weitere Bogen einfach darübergeklebt.

Fünf Meter vor der Wand stellt ihr euch auf. Der sechsschüssige Revolver sitzt im Holster so tief am rechten Bein (bei Rechtshändern), daß Hand und Revolvergriff in einer Höhe liegen. Ihr steht schwach breitbeinig und schaut auf das Zielkreuz. *Über die Ohren habt ihr Schallschützer gezogen!* Im engen Raum, wo der Schall nicht entweichen kann, zerfetzt euch die Detonation sonst sofort das Trommelfell.

Zu Anfang macht ihr alles in Zeitlupe: Während ihr zieht und den Revolver am etwas angewinkelten Arm nach vorn stoßt, macht der linke Arm die gleiche Bewegung symmetrisch mit. Ihr reißt die Waffe nun nicht, wie normalerweise üblich, bis in Augenhöhe und zielt und schießt, sondern nur halb so hoch. Etwa bis da, wo im Stehen euer Nabel sitzt. Während ihr die Waffe hochreißt, geht ihr gleichzeitig in die Hocke. Damit kommt euer Kopf, kommen eure Augen dem Revolver auf halbem Weg entgegen.

Die zweite Hand ist lediglich eine Zielhilfe. Der Daumen wird angewinkelt, die Finger werden glatt nach vorn gestreckt. Die Verlängerung des rechten Arms (mit der Waffe) und die des linken und die Blicklinien der beiden Augen ergeben vier Geraden, die sich im Ziel treffen. Dann drückst du ab.

Es wird beim Deutschießen (von: Das Zielen an*deuten*) also *nicht* mühsam und zeitraubend über Kimme und Korn gepeilt, sondern der Schuß wird mit Augen und Armen ins Ziel »gefühlt«, gedeutet.

Durch das In-die-Knie-gehen bietet ihr dem Gegner – im Ernstfalle – gleichzeitig eine kleinere Zielscheibe.

Habt ihr bisher immer gedacht, diese Zauberschüsse in Wildwestfilmen seien schnöder Filmtrick, so werdet ihr bald staunen, wie schnell Combatschießen erlernbar ist.

Besonders groß ist die Gefahr, sich in der Hast beim Ziehen ins Bein zu schießen. Also: Konzentration und vielleicht lieber eine zehntel Sekunde später abdrücken.

Das Zielen auf das Papier ist für den Anfänger wichtig, weil er darauf sehen kann, wie seine Treffer liegen. Er kann sich ständig korrigieren.

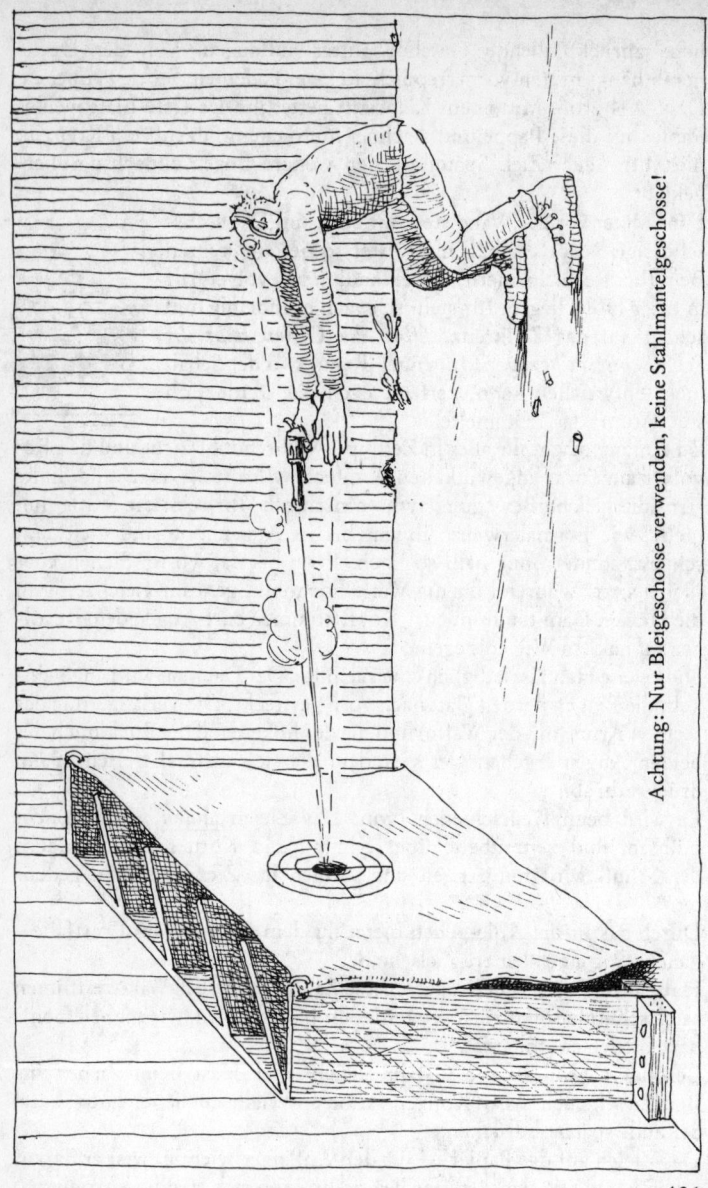

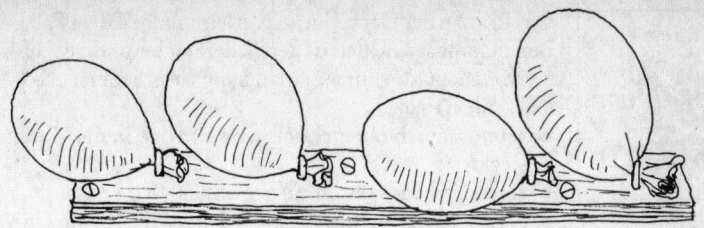

107

Sobald er die Sache fest im Griff hat, kann er auch hier, wie beim Luftgewehr, ins Spielerische gehen.
Er befestigt an einer senkrecht aufgestellten 2-m-Holzlatte durch 6 Ringschrauben hindurch 6 Luftballons, die er der Reihe nach zu treffen versucht. Wenn er auch hier schon gute Erfolge hat, kommt die Übung für Fortgeschrittene: Dieselbe Latte wird einfach waagerecht gelegt, und schon ist das Treffen um vieles schwerer!
(Z 107)
Wer Munitionskosten sparen will, übt mit der mehrschüssigen Kleinkaliberpistole und der Jugendliche ebenso gut mit der Luftpistole.
Wenn auch nicht jeder ein Meister im Combatschießen werden kann:

Leserbrief:
Nach dem Film über Ihren Marsch durch Deutschland haben wir in unserer Kompanie lange darüber diskutiert und sind der Meinung, daß das Combatschießen* ein Filmtrick war. Wir haben uns die Szene immer wieder auf Video angesehen. Haben wir recht? Wenn nicht, können Sie bei uns als Ausbilder anfangen ...

* 8 Ballons mit 10 Schüssen aus 5 Metern Entfernung in drei Sekunden

(Anmerkung des »Ausbilders«: Es war kein Trick)

Das Prinzip des Deutschießens erlernt ihr in jedem Falle. Beim Combatschießen ist der Sicherheit besondere Aufmerksamkeit zu widmen. Man kann sie erheblich erhöhen, indem man
- grundsätzlich nie mehr als eine Patrone in die Waffe steckt
- einen Verbandskasten am Schießplatz hat und
- grundsätzlich mindestens zu dritt schießt. Im Unglücksfalle kann dann einer dem Verletzten Erste Hilfe geben, während der andere weitere Hilfe holen kann.

Wohnungssicherung

Die Sicherung der eigenen Wohnung ist eine besonders gute Möglichkeit, survivalskeptische Eltern zu Fans zu machen, weil eine gesicherte Wohnung eher in ihre Verständniswelt paßt als das Würmervertilgen an festlich gedeckter Tafel. So edel die Tugend der Gastfreundschaft ist, dem Einbrecher braucht man kein »Haus der offenen Tür« anzubieten.

Jetzt, wo ihr bereits zumindest theoretisch in verschiedene Hindernisüberwindungs-Praktiken hineingeschnuppert habt, werdet ihr vielleicht und viel leichter verstehen, wie einfach es ist, kletternd an Ziele zu gelangen, die euch früher schwer erreichbar erschienen. Und das, was *ihr* erlernt habt, beherrschen Einbrecher noch perfekter. Es ist ihr Beruf: oft kommt zu ihrer Gewandtheit noch eine gewisse Skrupellosigkeit hinzu. Unterschätzt diese Leute also nicht!

Versetzt euch in die Lage eines Kriminellen, der unter allen Umständen in ein Haus, in eine Wohnung will und fragt euch: wo sind die besten Einstiegsmöglichkeiten? Wenn ihr das mal nüchtern herauszufinden sucht, bleiben immer dieselben Schwachpunkte: Türen, Fenster, Dachluken, Balkone, Kellerfenster.

Sie werden geöffnet mit Dietrichen, Stahlbändern, Schraubenziehern, Brechstangen und Glasschneidern. Oder einfach per Stein, Faust, Fuß und Dagegenspringen.

Fassaden werden mit Affengewandtheit ohne Hilfsmittel von Balkon zu Balkon erklettert.

In manche Wohnungen kommt man vom Nachbarhaus ans Ziel, vom Dach, vom Baum.

Wenn ihr bedenkt, daß selbst Banken mit ausgefeilten Sicherungssystemen nicht verschont bleiben, kann man sagen, daß es kaum 100%igen

108

Schutz gegen Einbruch gibt. Doch da der Wohnungsbesitzer mit solchen Spitzenprofis kaum in Berührung kommen wird, sollte er wenigstens dem Durchschnittseinbrecher die Arbeit erschweren.

Auf jeden Fall gehört in jede Wohnungs- oder Haustür ein 170°-Spion. Wenn es klingelt, muß man sehen, wer da draußen steht. Nachts brennt deshalb eine Außenlampe, die den Gast erkennbar macht (Zeichnung 108).

Diese Haupteingangstür ist nicht aus dünnem Sperrholz, sondern aus dickem, massivem Werkstoff, damit sie nicht mit einem einzigen Fußtritt eingedeppert werden kann.

Das Sicherheitsschloß (nie ein einfaches Zimmertürschloß) sollte mehrere Verriegelungen haben, mit der Tür bündig sein und nicht hervorstehen.

Ein stabiler Sicherheitsriegel erlaubt es, die Tür nur einen Spalt weit zu öffnen, ohne den Besucher einlassen zu müssen. Dann kann er sich zunächst ausweisen. Man prüft diesen Ausweis in Ruhe und entscheidet, was man machen wird.

Im Zweifelsfalle bittet man ihn, draußen zu warten oder morgen bei Tage wiederzukommen.
So lobenswert Nächstenliebe ist, der Unbekannte da draußen, der da stöhnt »Mir ist so schlecht. Kann ich mal ein Glas Wasser haben«, kann das Glas auch draußen trinken. Wenn du nicht unhöflich erscheinen willst, sag: »Würden Sie bitte draußen warten! Mein Hund ist so unberechenbar.« Das hilft bombig.

Laß auch nicht blindlings jeden rein, der sich als Mitarbeiter der Gas- oder Elektrizitätswerke oder Post ausgibt und der behauptet, er habe dringende Reparaturarbeiten auszuführen. Bleib skeptisch und frag erst bei der betreffenden Behörde zurück. Diese Skepsis gilt auch dann, wenn der sogenannte Handwerker sich vorher telefonisch angekündigt hat. Denn das kann sein großer Trick sein.

Fenster im Parterre sind immer aus Isolierglas. Sie helfen nicht nur Energie zu sparen, sondern sie erfordern mehr Arbeit, machen mitunter mehr Lärm als die Einzelglasscheibe, in die der Einbrecher mühelos ein Loch schneidet, um dann von innen den Riegel zu öffnen. Also sollten die Riegel verschließbar sein oder von euch mit einem einfachen Metallüberwurf, einer Eisenstange, einer Verschraubung gegen das Öffnen gesichert sein (Zeichnung 109 a + b).
Kelleraußentüren sind aus Eisen, dickem Holz und von innen mit Balken verrammelt (Zeichnung 110).
Es stehen im Garten keine Leitern herum, und Steckdosen sind ohne Saft, um dem Einbrecher die Arbeit nicht noch zu erleichtern.
Zimmerschlüssel werden mit Draht gegen das Herausstoßen gesichert (Zeichnung 109c).
Ein von außen gut erleuchtetes Haus ist besser als ein dunkles mit viel Gebüsch. Einbrecher scheuen Licht.
Keller- und kleine Parterrefenster sind vergittert, Kasemattenroste von unten verschlossen (109d + e). Denn nichts ist für Ganoven bequemer, als in eine Kasematte zu schlüpfen, Deckel wieder drüber, und von dort in aller Ruhe in den Keller zu steigen.
Schwachpunkte aller Häuser bleiben immer die großen Glasflächen, die man nicht vergittern möchte. Vielleicht helfen hier Außen-Rollos, die man abends runterläßt.
Verbaut oder erschwert auch die Aufstiegswege an der Außenfassade: Stacheldraht oder unter Stromspannung stehende Berührungsdrähte sind eine kleine, wenn auch nicht sichere Hilfe.
Die Innensicherung kann man mit Infrarot-Alarmmeldern perfektio-

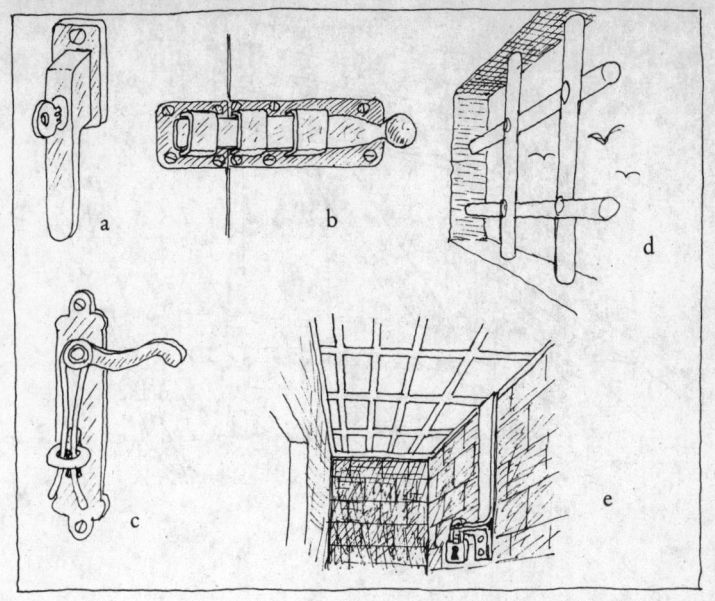

109

nieren. Und überhaupt sollte der, der Werte im Hause hat, sich im Fachhandel informieren und von den Beratungsstellen der Kripo die kleinen Ratgeber-Heftchen beschaffen, die da lehren: »Sei schlauer als der Klauer«.

Ihr könnt auch eigene kleine Alarmanlagen installieren, die beim Öffnen bestimmter Türen und Fenster, beim Passieren von Muß-Durchquerungsstellen der Wohnung, der Betriebsräume, des Gartens über Kontakte oder Stolperdrähte Alarm auslösen: Klingeln, Blinklampen, grelles Licht, Sirene. Schon eine simple gelbe Alarmlampe auf dem Dachfirst wird eine gewisse Kategorie von Bruch-Anfängern zurückschrecken. Egal, ob diese Lampe angeschlossen ist oder nicht. Zu solchen Bluffs, die preiswert sind, gehören auch die Silberstreifen rund um die Fenster, wie ihr sie von Juwelierläden kennt. Normalerweise, d. h. wenn sie nicht Attrappen sind, zerreißen sie, sobald das Glas zerspringt und lösen Alarm aus. Ihr könnt sie ja ohne Alarmanschluß verkleben. Eine preiswerte, große Hilfe sind Gegensprechanlagen zu Nachbarn, die ganz simpel über das Stromnetz funktionieren.

Ein besonderer Schwachpunkt ist die Urlaubszeit. Vertrauenswürdigen Nachbarn sollte man Schlüssel zurücklassen und sie bitten, mehrmals täglich einen Kontrollgang zu machen. Nachts sollte immer, mal hier und mal da, eine andere Lampe brennen, damit der Eindruck entsteht, es sei jemand zu Hause.

Auf keinen Fall dürfen aus dem Briefkasten quellende Post und Zeitungen verraten, daß der Bewohner verreist ist. Zeitungen werden abbestellt oder regelmäßig vom Nachbarn geleert.

Dennoch kann der Einbrecher am fehlenden Auto oder mittels mehrerer Kontrolltelefonate ermitteln, ob ihr verreist oder zu Hause seid.

Da ist es dann doch wieder ratsam, gewisse Alarmgeräte installiert zu haben.

Ihr sollt nun keinesfalls in Panik geraten, überall Gefahr befürchten, unter Verfolgungswahn leiden und eure Wohnung zu einer uneinnehmbaren Festung umbauen – mit Selbstschußanlagen, Stacheldraht und Minenfeldern. Aber ihr sollt einmal in Ruhe mit euren Eltern für euch selbst entscheiden, was ihr für angemessen haltet. Mancher Schutz kostet nur etwas mehr an Wachsamkeit, anderer ist sehr kostenaufwendig. Auf jeden Fall ist er billiger als der Schaden und Ärger, die bei Einbrüchen entstehen.

Auf Mitleid zu hoffen, wenn man wehrlos im Nachtgewand dem Einbrecher gegenübersteht, ist naiv.
Eine Taschenlampe, eine Waffe griffbereit liegen zu haben, kann nur von Nutzen sein.
Aber vielleicht könnt ihr vier Fliegen mit einer Klappe schlagen und entscheidet euch für das beste Alarmsystem überhaupt – den Hund. Sofern ihr ihn artgerecht halten könnt. Schon der Hinweis »Vorsicht, Hund!« bietet einen beachtlichen Schutz. So kommt ihr wie ich auf den Hund, erspart euch einige der aufwendigen Anlagen, habt Sicherheit und helft einem Tier aus den Tierasylen der Tierschutzvereine, wieder Anschluß zu finden. Es wird es euch danken.

Auto – Sicherheit

Bei allem Sicherheitsstreben, das vielen Menschen zueigen ist, vernachlässigen sie häufig die wirklichen Gefahrenmomente. Besonders auffällig wird das im Straßenverkehr, beim eigenen Auto. Keiner unter uns, der noch nie im Auto gefahren wäre, und keiner, der nicht schon knapp einem Unfall entronnen ist und gedacht hat: »Verdammt, da habe ich Glück gehabt.« Und daß man es hatte, verdankte man nicht immer dem eigenen Reaktionsvermögen, sondern auch der Geistesgegenwart des anderen Verkehrsteilnehmers.
Man freut sich, daß es »noch einmal gutgegangen« ist und tröstet sich, daß im Notfalle ja die Versicherung gezahlt hätte. Denn, na klar, man ist ja versichert. Und nicht zu knapp. Zu knapp versichert zu sein, bedeutete ja Sparen am verkehrten Ende. Letzten Endes müßte man dann noch aus eigener Tasche dazublechen – und das könnte in die Tausende gehen.
Auch bei der Anschaffung des Wagens war man nicht pingelig. Chromleiste hier, Stereo-Anlage da: »Was hat man auch sonst vom Leben?«
Doch eigenartigerweise hört das Absicherungsdenken da auf, wo es am am meisten angebracht wäre:

- bei den Rettungsgeräten (»die Dinger werden auch immer teurer«)
- und im Eigenverhalten (das gar nichts kostet).

Was nutzt die beste Versicherung, die Blech- und Krankenhausrechnungen begleicht, wenn man diesen erhebenden Moment gar nicht mehr erlebt, weil man verblutet ist? Weil der Verbandskasten nicht zu finden war oder der Wagen nebst Insassen verbrannte?

Es würde zu weit führen, hier alle wichtigen Verkehrsverhaltenstips wiederzugeben.
Da aber der Führerschein heute zur Allgemeinbildung gehört, solltet ihr während der Lehrgänge auch den Sicherheitstips besondere Aufmerksamkeit schenken.
Daß man sich nicht mit Alkohol im Blut ans Steuer setzt, mag für viele noch begreiflich sein, zumal es strafbar ist. Daß aber Beruhigungstabletten und Appetitzügler genauso gefährlich sind, weil sie müde und apathisch machen und die Reaktionszeit verlangsamen, nehmen viele Fahrer nicht so ernst, weil das bei den üblichen Alkoholkontrollen nicht auffällt und man »diese Tabletten einfach braucht und sich da genau kennt und in der Gewalt hat.«
Ganz schlimm ist Müdigkeit am Steuer. Sie steht m. E. dem Alkohol in nichts nach. Wer spürt, daß er zu müde ist, sollte sofort auf einem Parkplatz ein Nickerchen machen. Deshalb könnte eine ständig mitgenommene Wolldecke von Nutzen sein. Sie ist es auch, wenn man aus anderen Gründen einmal überraschend auf der Landstraße festliegt und nicht weiterkommt und im Wagen übernachten will. Besonders in einsamen Gebieten. Statt solcher praktischer Hilfsmittel baumelt bei vielen am Innenspiegel ein Talismann, und hinten hockt ein Plüschtier. Der Verbandskasten hingegen liegt irgendwo im Kofferraum oder versteckt unterm Sitz. Ihn im Notfall zu suchen, kostet wertvolle Sekunden. Daß man ihn überhaupt an Bord hat, ist oft mehr den gesetzlichen Vorschriften zu verdanken als eigenem Antrieb. Nur deshalb hat man auch das Warndreieck, allenfalls noch eine Blinklampe und fünf Liter Reservebenzin. Man selbst weiß ja schließlich, wo der ganze Schnickschnack liegt.

Problematisch wird es aber, wenn der Fahrer nach dem Unfall bewußtlos ist und fremde Helfer den Verbandskasten suchen müssen. Entweder sollte man deshalb am Armaturenbrett einen Hinweis haben, oder man hat alle Rettungsgeräte in einer größeren Kiste, die deutlich beschriftet ist. Darin dürften gern auch zusätzlich z. B. ein Feuerlöscher, ein Klappspaten, eine Taschenlampe, ein Abschleppseil, ein Beil, eine einfache Kamera, Ölkreide, Landkarten, Zollstock, Wagengebrauchsanweisung, Unfall-Skizzenpapier, Sonnenbrille, Kugelschreiber ... sein.
Also Dinge, die auch ein Peterwagen u. a. dabeihat, und die bei schweren Unfällen sehr nützlich sein können. Selbst wenn ihr sie noch nie benötigt habt, ist das kein Grund, die Rettungskiste für überflüssig zu erklären und auszurangieren.

Eine solche Rettungskiste wäre eine weitere Möglichkeit, eure Eltern vom praktischen Nutzen des Survival zu überzeugen. Und wenn ihr ihnen nur die leere Kiste bastelt, sie mit Aufschrift versieht und die im Auto herumflatternden Dinge sauber darin unterbringt und euren Eltern überläßt, die Sammlung nach diesen Vorschlägen zu vervollständigen, weil ihr selbst das Geld dafür noch nicht habt. Seit ich weiß, daß ein Mensch in dreißig Sekunden bei durchtrennter Schlagader verbluten kann, fahre ich stets mit *ent*riegelten Türen (nicht nur die am Steuer, sondern sämtliche), damit Ersthelfer keine Zeit verlieren, im Falle einer verklemmten Tür von anderer Seite einzudringen.

Vieles gäbe es noch zu beachten:

- Das Angurten.
- Das Nichtrauchen während der Fahrt (Siehe Kapitel »Rauchen«).
- Das periodische Kontrollieren von Luftdruck und Reifenprofil.
- Das defensive Fahren.
- Die ständige Berücksichtigung der Unberechenbarkeit von Kindern.
- Und sehr vieles mehr!

Der Biotop(pe)-Garten

Schaut es doch einfach der Natur ab.

Da wird gern von Vernichtung der Landschaft gesprochen durch Flußbegradigungen und Straßentrassen. Da wird lamentiert über sauren Regen, der an allem schuld ist, oder es wird Front gemacht gegen die biologisch widersinnigen Monokulturen. Ihr kennt die endlose Liste der Todsünden. Es ist modern, diese Mißstände anzuprangern, zeigt es doch, wie gebildet man ist. Es ist leicht, über die Verursacher zu schimpfen, denn es sind ja die anderen. Man selbst würde alles ganz anders machen, wenn man die Möglichkeit hätte. Doch schon im allereigensten Bereich, dort, wo man sein völlig eigener Herr ist, läuft dennoch vieles den gewohnten Trott. Einfach, weil man nicht darüber nachdenkt, und der Mensch ein Gewohnheitswesen ist.

Der Garten ist ein klassisches Beispiel dafür:

Das Unkraut wird wöchentlich und pünktlich gerupft. Die herabgefallenen welken Blätter werden – spätestens Samstagnachmittag – zusammengeharkt und in die Mülltonne geworfen, Laubbäume werden allein aus diesem Grund als Laubverursacher umgehackt und durch Immergrünes ersetzt. Und der Rasen wird mit Unkrautvertilger behandelt und bürstenhaarschnittkurz gemäht.

Wichtig ist, diejenigen Eltern, die ihren Garten traditionell so tot und langweilig gestalten, von der Richtigkeit anderer, zeitgemäßer Gartenkultur zu überzeugen. Sie müssen lernen, den schiefen Blick der Nachbarn zu ertragen, wenn die Blätter plötzlich liegenbleiben und man sie nicht schon mit Harke und Staubsauger bekämpft, bevor sie überhaupt niedergesegelt sind.

Wer Angst hat, deshalb als Schlampi verschrien zu werden, verkündet überall, er habe ab jetzt den »Bio-Garten«. Das nimmt manchem Doofbacki den Wind aus den Segeln und erleichtert euch das Experimentieren.

Der Naturgarten bietet eine ideale Möglichkeit, die vielfältige Verwobenheit und gegenseitige Abhängigkeit der Pflanzen- und Kleintierwelt kennenzulernen: Ihren Kampf ums Dasein, ihre Selbsthilfe gegen Parasiten und ihre Schönheit bis ins letzte sogenannte Unkraut, und ihr werdet merken, wie abhängig der Mensch von einer intakten Natur ist, weil er selbst nur eines ihrer Kettenglieder ist.

Fangen wir ganz simpel an. Mit dem Wort »Unkraut«. Abwertend wird damit pauschal alles bezeichnet, das man nicht gesät hat, das einem der Wind zugetragen hat, das man mit viel Verbissenheit und Zeitaufwand wieder rausrupft.

Auf der anderen Seite bewundert man aber schwelgend die saftigen bunten Wiesen in den Alpenländern, in denen immer etwas blüht und duftet, wo es krabbelt und summt – kurz, wo man beinahe lieber Kuh als Mensch sein möchte.

Man hängt sich solche Stilleben als Foto oder in Ölfarbe an die Wand und trinkt Alpenmilch – jene, von den gesunden Kühen.

Aber wieder daheim, wird gesprüht, gepudert, gestreut und gerupft: auf daß die Sterilität erhalten bleibe!

Über Naturgärten gibt es viele Bücher. Schaut mal hinein und sucht euch andere Anregungen in Gärten, die ihr zufällig seht und die euch gefallen.

Dann legt die Gegebenheiten eures eigenen Gartens zugrunde: seinen Zuschnitt, den vorhandenen Baumbestand, die Lage des Hauses. Egal, wie mies die Voraussetzungen sind, es lassen sich prachtvolle Gärten daraus zaubern.

Wer noch nicht genügend Phantasie hat, holt sich kostenlosen Rat bei Umweltschutzbeauftragten oder baut – mal wieder – ein Modell. Im

Verhältnis 1:50 oder größer schneidet ihr eine Holzplatte zurecht. Dann geht ihr erneut eurem Blumenhändler auf den Geist und bittet um ein paar Kilo Tonerde. Ein paar Kilo deshalb, weil ihr euch auch vor Augen führen sollt, wie euer Gelände aussieht, wenn es einen Hügel erhält. Was euch am Modell einen Fingerdruck kostet, erspart euch in der Praxis viele Schiebkarren schwerer Arbeit.

Legt geschwungene Wege an und säumt sie mit flachen Gewächsen. Zum Zaun hin bestellt ihr das Gelände mit größer werdenden Pflanzen. Welche Sorten es da gibt, wieviel Platz sie benötigen, ob Sonne oder Schatten, ob diesen oder jenen Boden, entnehmt ihr den instruktiven und kostenlosen Katalogen der Baumschulen. Sie lehren den Anfänger mehr, als mancher Biounterricht es in Jahren vermag. Nicht unbedingt, weil euer Biolehrer nicht gut wäre, sondern weil man Dinge, zu denen man ein Verhältnis hat, gieriger aufsaugt.

Als Pflanzenersatz für das Modell nehmt ihr Minigestrüpp aus der Natur oder wieder jene Modellpflanzen der Spielzeugeisenbahnabteilungen im Fachhandel.

Wer bereits Bäume im Garten hat, muß überlegen, ob sie so gewachsen sind, daß sie den Garten wirklich verschönern oder ob man sie stutzen, versetzen oder fällen und durch andere ersetzen sollte.

Eine Serbische Fichte, die immer zu eng gestanden hat und die dadurch in die Höhe geschossen ist und alle unteren Äste abgeworfen hat, wäre womöglich ein solcher Patient, der weichen muß.

Vor allem pflanzt ihr so bunt und so gemischt wie möglich, dann hat nicht nur euer Auge das ganze Jahr über Freude daran, sondern der gesamte Biotop ist gesünder und widerstandsfähiger gegen Seuchen.

Wer nur Edeltannen in seinem Garten hat, der kann sie in einem Jahr alle an die Rote Spinne verlieren. Oder er »muß« Chemie einsetzen. Wo die Edeltanne aber nur ein Gewächs unter vielen ist, mag sie zwar auch sterben, aber sie hinterläßt eine Lücke, die nicht auffällt, und die sich bald schließt. Die Chance, daß der Baum überhaupt erkrankt, wird stark reduziert durch seltenes Gießen mit einer Nährlösung (alle zwei Jahre einmal) und dadurch, daß infolge der Kleinfauna (Ameisen, Marienkäfer, Vögel ...) vielen Schädlingen von vornherein eher das Handwerk gelegt wird.

Der Boden wird entweder kleinflächenweise abwechselnd mit »Bodendeckern« besetzt, oder ihr laßt – billiger – das sprießen, was da kommt. Ihr laßt es lediglich nicht so hoch wachsen, daß es über euren jungen Bäumchen oder Büschen zusammenschlägt und diese erstickt. Wer unbedingt keine Nebenpflanzen aufkommen lassen will, wirft eine mindestens faustdicke Schicht Holzhäcksel, Stroh, Laub oder Tannennadeln auf den Boden. Sie nimmt den Keimlingen das lebensnotwendige Licht und wird selbst allmählich zu gutem Dünger.

Der Kampf der Pflanzen untereinander ist genauso erbarmungslos wie der in der Tier- und Menschenwelt. Jede strebt nach Licht, sie schießt förmlich nach oben, wenn zu eng gepflanzt wird, um die andere damit auszuschalten.

Am besten veranschaulicht euch das ein Beispiel: Wo man Nutzholz züchtet, zum Beispiel Telegraphenmasten, wo man einen Wald schnell in die Höhe treiben will, da setzt man die Fichten mit nur wenigen Zentimetern Abstand. In ihrer »Beklemmung« jagen die Bäume dann in den Himmel, um Licht zu erhaschen, um zu leben. Die schwächsten werden laufend ausgelichtet, bevor sie von selbst sterben, und die überlebenden füllen den Platz augenblicklich und jagen weiter in die Höhe. Ökologisch sind solche Mono-Wälder im Prinzip tot. Es gibt keine Pflanzen am Boden, kein Unterholz, nichts, in dem Wildtiere Zuflucht suchen könnten.

Im Gegensatz zum »Telegraphenmast«-Baum steht der Einzelbaum, die Solitärpflanze. Sie wird in Baumschulen mit besonders großem Abstand gepflanzt und ist – Quadratmeter kosten Geld – dann auch entsprechend teurer, aber viel verästelter, bizarrer, schöner. Plötzlich zeigt die Serbische Fichte, daß sie nicht nur als Stangenholz gut ist, sondern daß sie elegante Zweige bis zur Erde entfalten und einen Durchmesser von drei bis vier Metern entwickeln kann.

Wenn euch Bäume zu sehr in den Himmel ragen oder sie dem Nachbarn das Sonnenlicht fortnehmen, könnt/müßt ihr sie kappen. Bäume, deren Spitzen ihr absägt, wachsen mehr in die Breite. Sträucher, die gestutzt werden, schießen im Frühjahr erneut und kräftiger durch.

Wo ihr große Führungsäste oberhalb kleiner Nebenäste absägt, entwickelt sich plötzlich der Nebenast zum kräftigen Hauptast. So könnt ihr bestimmen, in welche Richtung ein Baum gedeihen, wo er seine schönste Seite haben soll.

Naturgarten kann, aber muß nicht heißen, die Pflanzen »verrücktspielen« zu lassen. Wenn ihr nicht irgendwann nur Brennesseln haben wollt, müßt ihr regulierend eingreifen. Nennen wir es Urwuchsbändigen – so, wie du selbst eine Bändigung aus deiner Urpersönlichkeit und den Zwängen der Gesellschaft bist.

Garten- und organische Küchenabfälle schmeißt auf einen Haufen zur Kompostwerdung. Auf Kompost wiederum gedeihen z. B. Kürbisse und Tomaten sehr gut. Kleine Nutzflächen in Ziergärten sind immer

von Vorteil: etwas Küchenkraut, ein bißchen Schnittsalat, einige Obstbäume – und ihr habt Muttern auf eurer Seite.
Ausgelichtete Äste kommen entweder zerstückelt auch in den Kompost oder – besser – ihr macht einen wilden Holzhaufen, der Mäusen und Igeln Unterschlupf bietet.
Überhaupt sind es die Tiere, die neben den Blüten und prachtvollen Herbstfärbungen, eure Bemühungen belohnen. Dankbar nehmen sie dieses Naturrefugium an. Vor allem werden es Vögel sein. Vielleicht habt ihr das Glück, daß es bei euch noch viele verschiedene Arten gibt. Dann helft ihnen. Bietet ihnen Nistkästen an. Denkt beim Aufhängen daran: die Öffnung der Schlupfkästen muß der Wetterseite entgegengesetzt sein. Bei uns muß sie also nach Südost zeigen. Im Herbst müssen die Kästen gesäubert werden.
Gern könnt ihr in Fensternähe einen Futterplatz erstellen. Eine alte Baumwurzel, mit einem Tannenwedel überdacht, ist etwas Natürliches, sieht gut aus, wird von den Tieren voll angenommen – und kostet nichts.
Verfüttert werden darf aber nur gemischtes Körnerfutter. Brot nur bei Temperaturen *unter* Null Grad Celsius. Bei Regen und Wärme besteht die Gefahr, daß Brot naß wird und säuert. Daran sterben Vögel. In gewisser Weise verhätschelt man die Tiere mit der Winterfütterung und beeinflußt in negativer Weise die natürliche und nötige Winterauslese durch Frost und Nahrungsknappheit. Dafür, daß ihr's dennoch tut, spricht im Grunde einzig und allein der Beobachtungswert, den ihr persönlich dabei erzielt.
Unterhaltet euch darüber mit eurem Biolehrer, fragt die Baumschulen-Gärtner, und fordert Gratis-Schriftmaterial an beim »Schulbiologie-Zentrum«, Brockenweg 5 A, in 3000 Hannover.
Wenn es schließlich Herbst wird und die Bäume ihre Blätter fallen lassen, dann laßt euch nicht erweichen, sie aufzuharken. Ihr könnt allenfalls die Wege freikehren und die Blätter als Kälteschutz auf den Reisighaufen und an die Rosen werfen. Was aber neben die Wege fällt, laßt liegen. Fall-Laub ist die natürliche Isolierschicht zwischen Frost und Erde, ist Zuflucht für Insekten und ist Dünger zugleich.
Zu einem Naturgarten gehört auch der weitgehende Verzicht auf Beton und Plastik. Statt Drahtzäune kann man dichte Hecken anlegen. Findlinge, Baumwurzeln, notfalls Bahnschwellen, Holzpfähle, Felsbrocken sind Dekorationen, die zeitlos schön sind.
Wer seinen Eltern zu Weihnachten einen solchen Garten zunächst als Modell präsentiert, hat ein Geschenk, das persönlicher und schöner kaum sein kann. Ich möchte die Eltern sehen, die dagegen ein einziges

vernünftiges Argument haben. Von solchen Eltern könnt ihr mir gern ein Foto schicken für meine Kuriositäten-Sammlung.

Der Teich

Der i-Tupfen des Naturgartens ist der Teich. Er rundet das Bild optisch und ökologisch ab. Und auch er muß nichts oder braucht nur wenig zu kosten. Das Wasser ist gratis, wenn ihr Regenwasser vom Dach ableitet. Das Teichloch ebenfalls, wenn ihr es mit euren Freunden schaufelt. Der Aushub wird nicht abtransportiert, weil er genau das ist, was ihr benötigt, um damit einen netten Hügel zu gestalten, der der Ebene die Langeweile nimmt.

Ein Teich sollte nicht unter 8 qm groß sein. Je größer, desto besser. Und wenn er besonders groß werden darf und soll, vielleicht weil ihr Angler seid, dann bittet vorher die zuständige Gartenbauabteilung im Bauamt um Beratung und Zustimmung. Teiche unter einer bestimmten Größe bedürfen meist keiner Genehmigung. Wollt ihr doch einen größeren anlegen und könnt die Zustimmung der Behörde nicht bekommen, dann macht's vielleicht wie jener Bürger, der statt eines abgelehnten 300 qm-Sees zehn (nicht genehmigungspflichtige) kleine à 30 m² anlegte und sie mit Stegen und Steinen zu einer herrlichen Teichkette verband. So hatte er die Behörde ausgetrickst, hatte seine 300 qm und ein Idyll ganz besonderer Art.

Wenn ihr ohne Kosten an Lehm rankommt, kleidet ihr das Teichbett 10 cm dick damit aus.

Einfacher, aber leider künstlicher, ist das Auslegen mit Folie. Erkundigt euch im Garten-Fachhandel.

Wer alte Steine zur Verfügung hat, kann den Teich damit »pflastern« und mit einer dünnen Zementschicht abdichten. Ein verzinktes Maschendrahtgeflecht unter dem Zement erhöht die Spannkraft und Haltbarkeit des Bettes.

Wer sich für Beton entscheidet, wegen seiner Unverwüstlichkeit, muß auf jeden Fall Draht (Eisengeflecht) einarbeiten und bei der Bestellung sagen, daß die Mischung fest sein muß, weil sie sonst von den schrägen Wänden abfließt.

Diese Wände dürfen *nie* senkrecht sein. Teiche mit Swimmingpool-Charakter, also mit senkrechten Wänden, werden im Winter durch Eispressung gesprengt. Die Steigung sollte 45° oder weniger betragen, dann kann der Druck nach oben entweichen.

Sanfte Steigungen lassen sich mit festem Beton gut »modellieren«. Die Betonfachleute werden euch zwar sagen, daß der Teich nicht dicht werden wird. Laßt euch deshalb nicht irgendwelche teuren Dichtungsmittel anschnacken!

Billiger ist es, den abgebundenen Beton noch einmal mit einer dünnflüssigen Zementlösung auszuschlämmen. Oder ihr macht einen Anstrich mit Bitum beziehungsweise mit einem speziellen Kunstharz, der selbst auf feuchtem Untergrund haftet und aushärtet (Hersteller: Fa. Rüegg, Isestr. 34, 2000 Hamburg 13). Die Waagerechtigkeit müßt ihr natürlich schon vorher mittels einer Schlauchwaage prüfen. Ihr nehmt einen durchsichtigen Schlauch. Falls ihr ihn kaufen müßt, nehmt einen dünnen, weil er billiger ist. Ihr füllt ihn knapp voll Wasser. Der Wasserstand in beiden Schlauchenden steht immer (nach dem Prinzip der kommunizierenden Röhren) gleich hoch. Ihr braucht also nur das eine Ende gegen die eine Uferseite-Oberkante zu halten und das andere an die andere und seht genau, ob alles »in Waage« ist (Zeichnung 112).

Beim Ausbilden des Teichbettes ist noch etwas von größter Wichtigkeit: Da stehendes Wasser dazu neigt, zu verfaulen, und ihr solch ein stehendes Wasser haben werdet (es sei denn, ihr könnt fließendes Bachwasser hindurchleiten), müßt ihr eine Eigenzirkulation des Wassers erreichen. Das geschieht dadurch, daß irgendwo eine sehr tiefe Stelle sein muß (1–2 Meter) und woanders eine Flachzone. Sie ist für Sumpfpflanzen ohnehin erforderlich und sie sorgt dafür, daß sich das Wasser hier schneller erwärmt. Zwar schwimmt warmes Wasser auf kaltem – aber es hat auch die Eigenschaft, sich mit der Umgebung auszugleichen, d. h. auf eine Temperatur zu kommen. Da Luft ein schlechter Wärmeleiter ist, wirken die Ausgleichsbestrebungen im Wasser selbst weit besser. Verstärkt durch den Wind, entstehen im Teich selbst leichte Strömungen, die das Wasser in Bewegung halten und die die Fäulnis verlangsamen oder gar verhindern.

Wenn ihr den Teich nun noch mit natürlichen Pflanzen bestückt – den Sumpfteil z. B. mit Pfefferminz, Sumpfdotterblume und ähnlichem, im Tiefen eine Teichrose, Schilfe und Binsen am Rande und etwas Wasserpest und last but not least: Fische (schwimmend) – dann wird der Teich das alles sehr schnell zu einem stabilen biologischen Gleichgewicht

112

koordinieren. Vögel und gar Stockenten werden ihn aufsuchen, und die gesamte Lebensgemeinschaft wird auch verhindern, daß ihr je über eine Mücke zu klagen habt, die von Teichgegnern gern ins Feld geführt wird. Übrigens könnt ihr mit einem winzigen Kunstgriff die Strömung bedeutend verstärken: Leitet mit einer kleinen Aquarium-Luftpumpe über einen Schlauch (gegen den Auftrieb mit einer Kette oder Steinen beschwert) Luft auf den Grund der tiefen Stelle. Die aufströmenden Blasen erwecken den Anschein einer Quelle und erhöhen die Wasserzirkulation dermaßen, daß ihr ggfs. sogar Teichforellen in eurem Gewässer aussetzen könnt. Wenn die Pumpe im warmen Zimmer steht, und die Leitung isoliert oder unterirdisch ins Wasser geleitet wird, sorgt die warme Luft im Winter sogar begrenzt dafür, daß der zugefrorene Teich länger eine offene Stelle behält, die für das Überleben der Fische in kleinen Tümpeln wichtig ist.

4. Teil
Action

Abenteuer vor der Haustür

Equal goes it loose.
Deutscher Spitzenpolitiker

Das total persönliche Abenteuer

Wer die Trainingstips befolgt hat, steht eines Tages vor der Frage: Wohin mit all dem Wissen, all der Kraft?
Die Erde ist erforscht. Zu entdecken gibt es nur noch Kleinigkeiten. Irgendeinen Schwachsinn veranstalten, um mit fünf Zeilen im »Buch der Rekorde« erwähnt zu werden, damit diese Schwachköpfigkeit weltweit bekannt wird? Dann laß es lieber dabei bewenden, daß dein Name im Telefonbuch steht.
Was ihr braucht, ist Phantasie und Courage. Dann findet ihr Abenteuer, wo ihr nur wollt. Vor der Haustür ebenso wie in der weiten Welt. Kostenlose ebenso wie teure.

- Vor allem aber sollte es immer etwas sein, dessen ihr euch nicht zu schämen braucht.
- Es sollte einen praktischen Nutzen für euch und/oder andere haben.
- Es soll eure Abenteuerlust befriedigen,
- euren Entdeckerdrang,
- das gewisse Geltungsbedürfnis,
- euch geistig und körperlich fordern und fördern,
- euch spüren lassen, daß ihr intakte Lebewesen seid mit Hirn und »Horn« (Wehrhaftigkeit)
- und euch rundherum zufrieden und glücklich machen.

Aller Anfang ist schwer. Ratsam ist es, vor allem *klein* anzufangen. Es nutzt dem Nichtschwimmer nichts, ins tiefe Wasser zu springen und zu hoffen, daß alles gut gehen wird. Dem unentschlossenen Anfänger mag die nachstehende »Anleitung zum Abenteuern« eine erste Hilfe sein. Sie ist nicht nur Blödelei und Gag, sondern für Anfänger mit noch wenig entwickelter Phantasie vielleicht tatsächlich ein hilfreicher Ansatzpunkt. Auf uns ältere Trottis, die da schon mal irgend etwas gemacht haben, ist sie gleichzeitig eine Persiflage. Irgendwo müßte sich jeder Weltenbummler wiedererkennen mit all seinen Erlebnisberichten.

Ich fand dieses Mosaikspielchen in Ingrid Cranfield's Buch SKIING DOWN EVEREST (Severn House Publishers Ltd., 4 Brook Street, London W1Y 1 A).
Ingrid versteht etwas vom Abenteuer. Sie ist nicht nur Sport-As, Journalistin und Mutter, sondern selbst eine erfahrene Globetrotterin, die anderthalbmal um den Globus reiste. Mit ihrem Einverständnis gebe ich euch die Tips in freier Übersetzung weiter. Sie nennt es ihre »Do-it-yourself-crazy-Adventure-Story«, die selbstgebastelte Geschichte also, die man hinterher, ganz cool versteht sich, erzählt. Man kann sie aber auch umdrehen, und sich mit ihrer Hilfe ein Abenteuer maßschneidern.

So einfach ist das:

_____ startet am _____,
(Name/n)   (Datum)
um auf einem/einer

Floß, Elefanten, Schubkarre, Hochspannungsleitung, Ast

---

von/nach/aus/auf/von – aus/in

---

einem Gebäude, Wasserschnellen, China, einem Baum, Rakete, Monster, Kajak, Rodelschlitten, Kamel, Boot, Surfbrett, an Bord, Auto, Motorrad, Ballon, Höhle, Steilhang, Doppeldecker, Jet, Hund, Badewanne, Tonne, Stuhl, Schatz, Boje, Hai

---

den Amazonas, die See, den Nordpol, den Südpol, den Atlantik, Pazifik, Australien, den Mt. Everest, Deutschland, die USA, die Sahara, den Kanal, die Welt, den Weltraum

---

zu

---

gleiten, fahren, reiten, segeln, klettern, ab(zu)springen, hangeln, fliegen, gehen, laufen, ski(zu)laufen, tauchen, aufspüren, schwimmen, motorrad(zu)fahren, schießen, windsurfen, jagen, paddeln, springen, sitzen, stehen

mit/im

Schneeschuhen, Bananen, 5 Kameraden, unheimlicher Brust, Gummihuhn, einer Kamera auf dem Helm, Unterstützung eines Sponsors, einer Fahne, einer Gondel, Sinne des Weihnachtsfestes, einem Rudel Huskies, 10jähriger Vorbereitung, einer Flinte, einer Flasche Champagner, Schwimmflossen, Packkisten, Balancierstange, den Kopf hoch, einer Mark neunundvierzig an Kleingeld, einem Auge auf die Rekordlisten

---

und garantiert

---

einschneien, von einem Gangster gejagt, nackt sein, bis im Rentenalter, Schiffbruch erleiden, von der Mutter abgelehnt, gefilmt, gerettet, von Insekten leben, tödlich gelangweilt, vom Kurs abgetrieben, ekstatisch, Blasen an den Füßen, stranden, kentern, von einem Bären angegriffen, Strich durch die Rechnung gemacht kriegen, eingelocht, Schlagzeilen machen, ausgebrannt sein, untergehen, erfolgreich, verletzt, halbverhungert, beinahe von einer Schlange gebissen, enttäuscht, gefeiert, verunglimpft, von Insekten zerstochen, völlig besoffen, nie wieder dasselbe machen

---

und die Folge wird sein, daß*

Unterschrift

---

* ihr mein Buch nun in die Ecke knallt. Hoffentlich nicht. Denn, wer sich aus diesem umfassenden Abenteuer-Puzzle noch kein eigenes Programm zusammenlegen will, der lese weiter.

Das Wochenend-Survival-Training

Wie wär's mit einem bizarren Wochenend-Training in einem Gelände mit Bäumen, Wasser und der Erlaubnis des Besitzers? Es ist dies das Trainingsprogramm, wie ich es kostenlos zum Erfahrungsaustausch (u. a. als Grundlage für dieses Buch) mit jungen Leuten zwischen 16 und 24 Jahren durchgeführt habe, und das immer große Begeisterung auslöste.

Dazu muß ich noch sagen, daß es sich bei den Teilnehmern um junge Frauen und Männer handelte, die sich grundsätzlich schon für Survival interessiert hatten, es aber noch nie in dieser Weise und Komplexität exerziert hatten. Mein Wochenend-Survival-Training ist ein Riesenprogramm, das wir dennoch bequem an einem Wochenende »durchgezogen« haben. Allerdings muß es gut vorbereitet sein.

Da die Teilnahme auf eigene Gefahr stattfand und mit Rücksicht auf den Anfänger-Status der Teilnehmer sowie aus Fairneß (Männchen-Weibchen, jünger-älter, erfahrener-unerfahrener),

- war niemand verpflichtet, eine Übung mitzumachen,
- wurde nichts gemacht, das über die Kräfte eines Untrainierten hinausging,
- wurde kein *Wett*bewerb veranstaltet und die/der Beste ermittelt. Es ging immer nur darum, das *Prinzip* einer Übung zu erklären und es möglichst nachmachen zu lassen.
- wurde nichts verlangt, das Ekelüberwindung erfordert hätte,
- wurde normale Nahrung geboten, um ausreichend Zeit für die Übungen zu haben.

So stand niemand unter Leistungszwang, niemand mußte Angst vor Blamage haben oder davor, geschockt zu werden.

Und wie die Gespräche zeigten, waren das die beiden Hauptsorgen der Teilnehmer gewesen: kilometerweit laufen – und Würmer essen zu müssen. Ich habe offensichtlich einen schlechten Ruf.

Das Ganze sollte prinzipiell mehr Spiel als Sport sein. Die Teilnehmer konnten Kameras und Tongeräte mitbringen, um sich nebenbei eine Reportage zu erarbeiten.

Zunächst mußte an einem Bach ein Boot zu Wasser gebracht und im Umkreis von zehn Metern das Versteck der Paddel gefunden werden.

Für den Fall, daß sie innerhalb von fünfzehn Minuten nicht gefunden waren, konnte man einen versiegelten Brief aufbrechen, in dem das Versteck verraten wurde: es war genau vorm Boot im Schlick des Ufers. Als ›Hilfe‹ schaute ein Paddelende etwas heraus.

Bevor die Crew bachabwärts paddeln durfte, mußte Pfefferminz aufgespürt und mitgebracht werden. Damit war der Tee schon mal gebont. Man will ja kostendämpfend arbeiten. Nach zwanzig Minuten Wegstrecke erreichten die Flußpiraten dann einen Teich, und dort waren die nächsten Übungen vorbereitet:

- Fußschlingen-Falle suchen, sie als »Opfer« testen und nachbauen
- Hindernis überwinden mit einem Seil in nur 1 m Höhe
- Dasselbe in 2 m Höhe (drunterhängend und drauffliegend)
- Mit zwei sog. Prusikschlingen einen Baum ersteigen
- gesichert per Sitzgurt, eingeklinkt in eine Rolle, in 10 Metern Höhe am Hochseil einen See überqueren
- dasselbe später ohne Rolle, aber gesichert, (durch die Vorarbeit am Flachseil und an der Rolle war jeder sofort so selbstsicher geworden, daß er den Teich auch ohne Rolle überwand)
- mit zwei Rollen einen Flaschenzug bauen
- Angeln mit gekauftem und gebasteltem Haken.
- Angeln mit »Boot« aus Holz/Blatt (s. Kapitel Fischfang)
- Töten und Ausnehmen der Fische
- Räuchern, Braten, Kochen der Fische ohne technische Hilfsmittel
- Mittagessen aus Tütensuppe (und im Extratopf, für wißbegierige Fortgeschrittene, Abrundung mit Brennnesseleinlage, Würmern und Wasserflöhen)
- Stockbrot, Tee und gebackene Bananen
- Abseilen im Dülfersitz (waagerecht, dann am Hang, dann aus zwei Metern Höhe an »Steilwand«)
- Bergsteiger-Haken einschlagen, Löcher »bohren«
- Steilwand erklettern (3 m hoch)
- waagerechten Felsüberhang überwinden (in nur 150 cm Höhe, was dem Prinzip keinen Abbruch tut)
- »Kamin«-Klettern zwischen zwei Bäumen
- mit Gepäck einen See durchqueren
- Schnorcheln

- Vorführung von 6 Zaubertricks, von denen zwei erklärt wurden
- Abendbrot: Steak, Brötchen, Algensuppe, Tee, Spiegelei aus der Silberpapier-Pfanne, Käse, geröstete Roggenkörner
- Klaus Denarts Film »Durchs Höllenloch der Schöpfung«. Der Streifen zeigt »angewandtes« Survival während unseres Marsches durch die Danakil-Wüste in Äthiopien
- Tips zur Auswertung von Erlebnissen (Illustrierte, Bücher, Vorträge)
- Diskussion und Erfahrungsaustausch am Lagerfeuer

Schnarchschnarch!
Der zweite Tag begann mit einem Bad am frühen Morgen.

- Das »Frühstück« mußte hart erarbeitet werden. Da hieß es nämlich als erstes, beim Bauern und Nachbarn Herrmann Jacobsen die Kühe zu melken. Erst wer einen Becher voll Milch vorweisen konnte, hatte ein Anrecht auf Brötchen, Käse, Körner und Kaffee
- An einer vor Wochen von der Straße gesammelten und eingefrorenen toten Katze wurde das Zähneziehen,
- Wundenvernähen
- und Knochenschienen geübt.
- Sie wurde gehäutet
- geschlachtet
- gebraten.
- Das Fell wurde im Rauch schnellpräpariert.
- Die schon zweimal erwähnten Steinzeitler lehrten Steinwerkzeugherstellung und
- das Feuerschlagen.
- Der nächste Höhepunkt war das Deutschießen mit einer Luftpistole auf Luftballons, die in langer Kette an einem Stacheldrahtzaun montiert waren. (Mach mal Luftballons am Stacheldraht fest! Das allein ist schon Kunst und ein echter Programmpunkt.)
- Auf einer anschließenden Ausstellung konnte jeder fotografieren und notieren, was ihn interessierte: z. B. weiterbildende Fachliteratur, Behelfsgeräte und -waffen.
- Als Mittagessen gab es diesmal Gefriergetrocknetes aus dem Proviantangebot eines Globetrotterladens.

- Nach einer Endbesprechung, während der ich noch manche Anregung für dieses Buch erhielt, gab es als letzten Schlußpunkt den
- Besuch meines Schlangenraums, wo sich, wer wollte, davon überzeugen konnte, welch faszinierende Tiere diese Reptilien sind, und daß »sie ja gar nicht glitschig« sind. Man konnte sie sich auch umhängen und sich fotografieren lassen.

Angelika Falkus, Geologie-Studentin, faßte das Training in einem Satz zusammen: »Noch nie habe ich soviel Überwältigendes in so kurzer Zeit gelernt. Nie hätte ich gedacht, daß ich zu alledem imstande bin.«
Natürlich ist dieses Kurztraining nur durchführbar, wenn es jemand vorbereitet hat und er die Übungen vormachen kann. Anfänger ohne fachliche Anleitung werden sich mit kleineren Programmen begnügen müssen. Dieses hier aufgezeigte sollte euch auch lediglich Anregungen vermitteln, die ihr nach eigenem Gutdünken ändern werdet. Es kann kein Training geben, das es allen recht macht.
Aber auf jeden Fall hat es euch gezeigt, wie vielseitig das Programm gestaltet werden kann.
Als ideale Fortsetzung bietet sich an, die gesammelten Erfahrungen in Form eines gemeinsamen Dia-Vortrages zu wiederholen, auf dem jeder seinen eigenen Bericht erstattet.
Es ist die beste Möglichkeit, durch Diskussion und Vergleich zur bestmöglichen individuellen Endreportage zu finden.
Bei einem zweiten Training wird jeder Teilnehmer automatisch einen ganz anderen Blick entwickeln, und seine zweite Fotoausbeute wird die erste weit in den Schatten stellen. Und so nähert ihr euch am ehesten der verkäuflichen Reportage.

Survival als Schulprojekt

»Schlagt mal Themen vor für unsere nächste Projektwoche«, bat der Klassenlehrer der 11. Klasse eines Gymnasiums in Reinbek bei Hamburg. Routinemäßig hoben sich einige Hände und deren Besitzer schlugen vor: Fotografie, Töpfern, Kochen ...
»Wer macht mit beim Fotokurs?«, forschte der Lehrer weiter. Zwei, drei Hände flogen spontan hoch. Drei weitere folgten lahm. Und mit etwas Zureden und »weil Claudia da mitmacht«, schlossen sich zwei weitere an.

Mit acht Teilnehmern kam der Kurs zustande.
Den Töpfern und Köchen erging es ähnlich.
Da meldete sich Lars (17): »Ich schlage einen Kursus in ›Survival‹ vor!«
Einige Augenblicke verdutztes Schweigen, und bevor der Lehrer begriffen hatte, daß es sich diesmal um ein englisches Schlagwort handelte, hatte Lars bereits achtzehn Bewerber. Nach der Pause kamen aus anderen Klassen weitere Interessenten. Die Zahl schwoll auf 60 an. Der Lehrer und das Los entschieden sich letztlich für 4 Mädchen, 4 Jungen und den Bio-Lehrer (Bergsteiger und Pflanzenkenner – toitoitoi!).
Nie zuvor hatte ein Vorschlag spontan so viel Begeisterung ausgelöst. Lars hatte bereits Survival-Erfahrung. Er wurde deshalb der Gruppenführer. Nicht nur, weil er an einem meiner Wochenendtrainings teilgenommen hatte, Lars hatte vor allem schon viel eigenes auf die Beine gestellt. Er wartete nicht, bis ihn jemand zufällig an die Hand nahm. Er versuchte sich als Autodidakt selbst. Mit viel Erfolg. Höhepunkt war bisher sein Sechs-Wochen-Alleinmarsch mit Angelhaken und Schlafsack durch Lappland. Er brachte nicht nur einen »Rucksack« voller Erlebnisse mit zurück, sondern auch einen tollen Dia-Vortrag. Aber nicht jedes seiner Trainings verlief normal. So fand er bei einem seiner Wald- und – Wiesen – Crossläufe eine Leiche. Noch zutiefst erschrocken und überlegend, was er am besten machen könnte, sah er sich plötzlich von Polizei umzingelt. Okay – man nahm ihm seine Unschuld sofort ab, aber – so denkt man hinterher – das hätte auch ganz schöne Verwicklungen geben können.
Um »Kälte-Ertragen« zu trainieren, packte er sich nachts im Schlafsack auf meinen zugefrorenen Teich. Im Notfalle wollte er im wärmenden Haus Zuflucht suchen. Das wäre sehr bald nötig gewesen: Als er nachts bibbernd aufwachte, war er schon fast durchgeschmolzen, was beweist, daß er ein heißer Typ ist, dieser Lars.
Bei einem anderen abgebrochenen Kältetraining erhoffte er sich zwei Grad mehr Wärme, nämlich in einer Telefonzelle: Über der Flamme seiner Kerze und der seiner Notizblätter aus dem Überlebensgürtel. Bis ein nächtlicher Autofahrer vorbeikam: Vollbremsung, Rückwärtsgang, Frage: »Kann ich helfen?«
»Nein, danke. Ich mache Sörweiwel.«
Unverständnis. Vogelzeigen. Weg!
Kurz und gut.
Lars hatte Glück. Auch der Schulleiter zeigte Verständnis für diesen Arbeitskreis, er befürchtete nicht eine paramilitärische Extremisten-Gruppierung.
So begab sich das optimistische Häufchen aus Lehrer und Schülern ins

Gelände. Beim Messerklingenschlagen aus Flintstein gab's bereits als Nebenprodukt den ersten Unfall: eine tiefe Handverletzung. Beim Durchqueren unwegsamen Geländes verstauchte sich ein Mädchen den Fuß. Erste Reaktion: »Wir lassen eine Taxe kommen, die unsere Ulla nach Hause bringt.« Aber Ulla wollte surviveln und kraxeln und nicht taxeln. Hatte sie schon das Glück gehabt, aus der Großzahl der Bewerber ausgewählt worden zu sein, dann wollte sie nun nicht statt dessen bei Muttern futtern, sondern Heuschrecken erschrecken. Die Schüler reagierten schnell und genau dem Sinn des Trainings entsprechend: Ulla wurde ab sofort »auf Händen« getragen. Im wahrsten Sinne des Wortes. Eine ganze Woche lang schleppte man sie mit und machte ihr kalte Kamille-Wickel um den Fuß. Dafür revanchierte sie sich abends mit Gitarrenmusik. Fazit des Experiments: Eine tolle Woche!

Der Survival-Marsch

> *Ihr Deutschlandmarsch-Film brachte mich auf die Idee, Sie zu einem Duell herauszufordern: Was halten Sie davon, mit mir und meinem Freund Bodo (Schäferhund) die Sahara von Nord nach Süd ohne Ausrüstung und Wasserflasche zu durchwandern?*
>
> *Aus einem Leserbrief*

Der nächste Vorschlag für ein eigenes befriedigendes und besonders lehrreiches Abenteuer ist der Marsch ohne Ausrüstung und Nahrung, wie ich ihn 1981 von Hamburg nach Oberstdorf unternommen habe. Für mich war er ein Generaltraining für einen geplanten Marsch durch brasilianischen Dschungel (siehe Nehberg, Yanonámi). Ich hatte euch dadurch viel voraus: Ich hatte eine echte Motivation, die sehr entscheidend fürs Gelingen sein kann. Die Besonderheiten dieser Wanderung: Ich ignorierte weitgehend die Zivilisation. D. h. ich benutzte weder Brücken noch Scheunen. Ich schwamm durch die Flüsse und schlief in selbstgemachten Unterkünften (s. Kapitel »Notlager«). Ich besaß keine Matte, keinen Schlafsack, kein Zelt. Als Messer hatte ich die Flintsteinklinge und an Garderobe: Turnschuhe, Overall, Pudelmütze, Unterwäsche.

Ich benutzte allerdings weitgehend die Straßen und vorgetrampelten Wege. Querfeldein zu marschieren war schon deshalb nicht möglich, weil die zweite wichtigste Bedingung dieses Survival-Marsches war, keine Gesetze zu verletzen. Dazu gehörte selbstverständlich auch die Respektierung fremden Grund und Bodens. Ich wollte weder stehlen noch wildern oder mundrauben. Dann wäre ein solches Training zur Farce geschrumpft, ohne Lehrwert.

Ich ernährte mich von frischen, überfahrenen (nicht zum jagdbaren Wild zählenden) Tieren auf der Landstraße und von Wildpflanzen mit Nährgehalt (s. Kapitel »Die unmögliche Mahlzeit«). Ich setzte anfangs mein überschüssiges Körperfett zu, um dem Körper die notwendigen Kalorien zu geben. Als es verbraucht war, zehrte ich vom Muskelfleisch. Das war auch der Moment, wo der Körper fühlbar schwächer wurde. Die wichtigste Erkenntnis des Marsches war (wie auch schon erwähnt), daß man nach zwei Tagen des Fastens oder ungenügender Ernährung das Hungergefühl völlig verliert. Damit verschwindet vor allem die Panik des Verhungernden, und man läuft und läuft und läuft ...... Um nicht zu sagen – man wird läufig.

Solch ein Marsch, kürzer oder länger, wäre ein weiterer Vorschlag, euch mit euch selbst zu messen und euch ein lebenslänglich unvergeßliches Erlebnis zu schaffen.

Das Survival-Lager

Simulieren wir den Fall: »Plötzlich allein in der Wildnis.« Ihr hofft auf Rettung und haltet es für besser, nicht auf gut Glück zu marschieren, sondern auf diese Rettung zu warten – ein ideales Trainings- und Abenteuerthema für Europas hohen, einsamen Norden. In Deutschland schon erheblich diffiziler. Aber möglich. Grundsätzlich müßt ihr den Besitzer des heimzusuchenden Geländes um Erlaubnis fragen. Es wird meist ein
Bauer oder ein Förster sein. Bietet ihnen eine Gegenleistung: Auto waschen, Holz hacken, Stall entmisten, Pferde striegeln. An Phantasie mangelt es euch hoffentlich nicht. (Sonst fangt noch mal auf Seite eins an!) Und vor allem haltet Wort, denn sonst verbaut ihr euch und euren Nachfolgern jede weitere Chance.

Im Survival-Lager fertigt ihr aus Ästen ein »Dauer«-Lager, ernährt euch von Insekten und Wildpflanzen, habt keine nennenswerte Ausrüstung, lernt Bäume erklettern, integriert euch in die Natur und stört sie nicht, macht kleine Dauerläufe und lernt zu beobachten. Nicht nur die Umgebung, sondern auch euch selbst: Seid ihr gereizt, verträglich, diszipliniert? Oder läßt die Moral schon am zweiten Tag nach?
Erprobt solche Lageraufenthalte über kurz- und mittelfristige Zeiträume. In Skandinavien bietet sich ein ganzer Urlaub in dieser Weise an. Zumal im Sommer, wenn es Beeren und Pilze in Hülle und Fülle gibt und dazu auch Fische.
Doch auch in der Einsamkeit, in scheinbar leerem Land, vor allem im Ausland, habt ihr Rücksichten zu nehmen und könnt euch nicht aufführen wie dieser Chaot:
(Berliner Morgenpost, 11. 6. 1983)

»Steinzeit-Fan« ausgewiesen

Zweit Monate lang sahen die finnischen Behörden dem mit Pfeil und Bogen bewehrten Bundesbürger in Lapplands Wäldern zu, dann war der Traum vom freien Leben aus: der Mann wurde aus Finnland ausgewiesen.

Wie am Freitag in der nordfinnischen Stadt Rovaniemi bekannt wurde, hatte sich der Bundesbürger, dessen Name die finnische Polizei nicht nennen wollte*, im April in der Gegend um Sodanküla in Lappland im Wald einen offenen Unterschlupf aus jungen Bäumen und Blattwerk gebaut und ging mit Pfeil und Indianer-Bogen offenbar auf Rentierjagd. Die Geduld der örtlichen Behörden war zu Ende, als der Mann rund 60 junge Tannen schlug, um sich ein Floß zur Überquerung eines Sees zu bauen. Der Deutsche gab an, Finnland sei nur die Vorstufe für ein geplantes größeres »Überlebens-Experiment« in Kanada gewesen.

Sicherlich ein Traumleben. Aber rücksichtslos und verantwortungslos. Ihr, die ihr in Deutschland übt, seid sicher schon froh, ein Kleingelände mit Teich zu finden.
Wenn ihr Glück habt, erhaltet ihr von den Geländebesitzern sogar

* Ich war's nicht!

Kurzzeit-Angelerlaubnisse. Bietet an, den Wert der gefangenen Fische doppelt zu ersetzen. Großzügigkeit, Toleranz und Zuverlässigkeit zahlen sich langfristig immer aus.

Mit Angelmöglichkeit ist ein solches Camp unvergleichlich interessanter und voller Kurzweiligkeit. Ihr versucht euer Glück tags und nachts (Aale) und lernt, Reusen zu bauen. Gegen etwaige Langeweile helfen der Bau eines Pfeilbogens (Sehne vom Schlachter besorgen!), einer Keule, eines Hammers, Flintsteinwerkzeugs, Flechtwerk und all die Dinge, die ihr unter anderem im Kapitel »Kleine Basteleien« kennengelernt habt.

Survival-Rallye

Ein kurzweiliges Training kann die »Überlebensrallye« sein. Vor allem, wenn sie gleichzeitig wie eine Aufnahme- oder Abschlußprüfung gestaltet ist. Der Rallye-Leiter hat Fragen erarbeitet, zu Papier gebracht und vervielfältigt. Sie werden jedem Teilnehmer ausgehändigt. Man geht einzeln oder gruppenweise.

Grundsätzlich ist keine Aufgabe zu erfüllen, die die Teilnehmer vom Weg abführt und die sie veranlaßt, die Natur zu stören. Es wird also nicht irgendwo im Dickicht eine vergrabene Bierflasche zu suchen sein, wenn es Geistreicheres zu erraten, zu erarbeiten gibt.

Der Weg ist durch die Aufgabenstellung festgelegt und an bestimmten Merkmalen zu erkennen.

»Genau nach Norden«, »an der Eiche rechts ab«, »dem Bachweg folgend«, »um die Scheune herum« ...

Die zu lösenden Aufgaben für Suvivors könnten sein: einen Viertelliter Milch selbst ermelken (nach Absprache mit einem Bauern) und mindestens drei eßbare Waldfrüchte mitbringen. Heilkräuter gegen Husten und Schweißfuß, natürliches Bindematerial (Gräser, Weidenzweige ...), einen Flintstein, Blätter bestimmter verschiedener Bäume, eine schnell selbst improvisierte Waffe, einen Baum ersteigen (als Beweis notieren, welche Nachricht der Rallye-Leiter dort oben deponiert hat), einen Tee mitbringen, einen geflochtenen Blütenkranz irgendwelcher Wiesenblumen, Wildspuren und Flugbilder von Greifvögeln deuten, Vögel und Pilze bestimmen (in natura oder auf Fotos), einen Mini-Korb flechten, einen Bach am Seil überqueren, mit einem vorbereiteten Ho-

lunder-Blasrohr und Minipfeilen einen Ballon treffen, geschützte Pflanzen und Wolkenformationen aufzählen (Haufenwolken, Quellbewölkung ...) und Anzeichen für gutes Wetter benennen, Notschuhe basteln und eine Kopfbedeckung aus Pflanzen ....
Die Liste der Möglichkeiten ist unendlich. Aber allein diese wenigen Aufzählungen zeigen euch, wie lehrreich und spannend eine solche Rallye gestaltet werden kann. Und: es ist eine Fete ohne Knete.

Interessengruppen

»Beachtet das fünfte Gebot, schlaget mir die Zeit nicht tot!« (Erich Kästner)

In einer Zeit, in der es sich niemand mehr leisten kann, engagementlos dahinzugammeln, solltet ihr überlegen, wie euer persönlicher Beitrag zur Bekämpfung der Öko-Katastrophe aussehen könnte.
Aus vielen dieser Kapitel konntet ihr bereits verschiedenste Anregungen herauslesen.
Ihr könnt kleine Dinge im stillen tun, ihr könnt Organisationen wie Greenpeace mit Geldbeiträgen helfen. Ihr könnt eure Eltern motivieren mitzumachen – und ihr könnt eigene Initiativen entwickeln. Sie verschlingen keine Verwaltungskosten, ihr seht den Erfolg direkt, und ihr könnt durch persönliches Engagement hoffen, andere Leute aufzurütteln und zum Mitmachen zu veranlassen.

Ob ihr achtlos fortgeworfenen Müll einsammelt, Bäume pflanzt (deren Setzlinge überall wild wuchern), Bachbetten säubert, Nistkästen für Vögel baut, Gartenberatung erteilt, beim Tierschutz helft, leere Batterien in den Haushaltungen sammelt und sie zur staatlichen Deponie tragt, Ringelnattern nachzüchtet in Freigehegen – auch hier werdet ihr auf tausend Betätigungsmöglichkeiten stoßen. Fragt bei eurer Behörde für Umweltschutz, was in eurer Umgebung am dringlichsten und machbar ist. Fragt eure Lehrer, stellt das Thema im Unterricht zur Diskussion, spannt – wo immer möglich – die Presse mit ein – sie kann euch durch gezielte Berichterstattung ungeahnte Unterstützung und weitere Anregungen vermitteln. Nur eines dürft ihr nie (!) tun: *Gar nichts!!*

Großstadt-Abenteuer

Den Anfängern in der Großstadt gilt dieser Abenteuer-Vorschlag. Ihr steht um vier Uhr morgens auf und marschiert zum Großmarkt für Blumen, Gemüse, Fleisch oder Fisch. Auf diese Weise lernt ihr kennen, was sich allmorgendlich an pulsierendem Leben in eurem nächsten Umkreis »tut«, ohne daß ihr es jemals so recht »registriert« habt. An Ausrüstung habt ihr höchstens zwei Telefongroschen dabei, ein Taschenmesser, ein Streichholz. Ihr seid nicht wie Loddies gekleidet, sondern so, daß ihr notfalls überall eingelassen und nicht eingelocht werdet.

Ihr könnt hier und da den Händlern und Kunden zur Hand gehen – und schon ist das Frühstück gesichert. Nach der Devise: Ohne Moos 'was los, solltet ihr keinen Lohn fordern, sondern abwarten, wer ohne Bitten etwas honoriert. Das wird euch um manche Erfahrung bereichern. Auch wenn niemand etwas rausrücken sollte – das Frühstück ist immer sicher: Da werden von den Händlern angedrückte Bananen auf den Müllcontainer geschmissen, woanders rutscht ein Fisch aus der Kiste und wird achtlos liegengelassen. Mit drei Pappkartons als Brennstoff, in einem stillen Winkel, ist er schnell gebraten. Steckt aber nicht gleich ganze Häuser an! Ein Schluck sauberen Wassers ist auch beim geizigsten Kantinenwirt gratis, wenn du sagst »für meine Tabletten«. Damit auch deine Nachfolger dieselbe Masche noch stricken können, bist du verpflichtet, in die Tasche zu greifen und die »Tabletten« (mit beherrscht-verzerrtem Gesicht, weil sie so »bitter« sind) in den Mund zu werfen, bevor du dann das Wasser trinkst. Andere Möglichkeiten der Gratisernährung sind Papierkörbe (besonders auf Schulhöfen), Mülltonnen (besonders hinter Supermärkten und Gemüsehandlungen und Restaurants) und die örtlichen Bahnhofsmissionen.

Im übrigen schadet es dir nicht, einen Tag zu hungern. In einer Stadt wie Hamburg schlendert man durch den Hafen, über die Tagesmärkte (zweites Frühstück). Vielleicht hat man sich lange vorher irgendwo zu kostenlosen Besichtigungen angemeldet: im Zeitungsverlag, zu einer Fahrt durch die Abwasserkanalisation (Wasserwerke), einem Keks-Backkurs bei den Strom- oder Gaswerken oder bei Nehbergs Konditorei, Rundgängen in Lebensmittelfabriken, in Rathäusern, Ausstellungen ... Euer Tagesprogramm sollte vorher grob festliegen. Mit der Begründung »Ich möchte einen kleinen Bericht für unsere Schülerzeitung machen« oder »Wir haben da einen jungen Besucher aus Finnland, dessen Vater hier in Regierungsgeschäften zu tun hat«, hat man echte Chancen, an Führungen teilnehmen zu dürfen, die einem sonst verschlossen bleiben und die oft mit einem Imbiß enden. Aber wie gesagt: Das sollte alles vorher telefonisch geregelt werden. Wenn eure Stimme zu jung klingt, bittet einen älteren Bekannten mit schauspielerischen Ambitionen um Hilfe. Im übrigen gehört auch Schauspielern zu den Fähigkeiten, die ihr erlernen solltet. Gut machen sich bei derartigen Telefonaten immer die Frage »Mit wem habe ich, bitte, gesprochen?« und »Wie ist Ihre Durchwahlnummer?«

Die »Reportage« ist bereits eine Variante des »Tages ohne Geld«. Geht dann gern zu zweit. Das erhöht den Spaß, weil man sich einander mitteilen kann. Der eine macht die Fotos, der andere besorgt den Ton oder das Schreiben.

Dritte Variante: Ihr mimt den Ausländer. Die Leute werden (leider) umso freundlicher, wenn ihr den Nordeuropäer spielt. Wenn ihr höflich in gebrochenem Deutsch um eine Auskunft bittet, werdet ihr euch wundern, wie hilfsbereit so mancher Mitmensch wird. Ich habe meistens den »Finnen« gimmt, weil sein Aussehen dem unseren ähnelt, weil in Finnland Deutsch gelehrt wird. Vor allem vermeidet man das Risiko, entlarvt zu werden. Denn wer kann schon Finnisch? Eine dezent an der Jacke getragene finnische Flagge unterstrich meine Lügen wirkungsvoll. Notfalls sagt, daß ihr natürlich auch etwas Englisch versteht. Schneidet das alles auf Kassette mit, die und deren Mikro (bei diesem Spiel) versteckt in einer Tasche untergebracht sind.

Je nachdem, mit wieviel Phantasie und Können ihr an die Sache rangeht, werdet ihr eure Reportage vielleicht tatsächlich bei einer Zeitung oder einer Hörfunk-Jugendredaktion los.

Verkleidet

Sooo hatte ich meine Verkäuferinnen noch nie kennengelernt! Ich lehnte – in einem meiner Läden – am Stehtisch und schlürfte einen Kaffee. Durch die glaslose Brille beobachtete ich das Treiben um mich herum. Unter meiner Schirmmütze lugten ungepflegte blonde Haare hervor, der Kragen einer riesigen karierten Jacke war hochgeschlagen. Ich »rauchte« eine Zigarette. »Darf ich Sie bitten, hier nicht zu rauchen«, giftete mich gleich eine der Verkäuferinnen an. Offensichtlich

war ich ihr schon beim Reinkommen suspekt gewesen. Als ich mir den Kaffee selbst einschenkte, verfolgten ihre Blicke jede meiner Bewegungen argwöhnisch. Ich könnte ja stehlen, randalieren, den Kaffee verschütten und auf den Staatspräsidenten schießen. Bei diesen Langhaarigen weiß man ja nie...
Wie eine ihre Küken verteidigende Glucke schwirrte sie ständig um mich herum. Ehe ich mir den zweiten Kaffee selbst nehmen konnte, hatte sie ihn bereits eingefüllt, fegte und putzte um mich herum. Sie wollte mich regelrecht rausekeln. Ich paßte absolut nicht in ihr, in unserer Konditorei – »Kunden-Klischee«. In einem günstigen Moment entwischte ich ihr dennoch. Aber nicht nach draußen, sondern durchs Lager in die Küche. Dort stand die Filialleiterin und telefonierte. Dienstlich natürlich. Plötzlich sah sie mich. »Was machen Sie denn hier hinten? Gehen Sie bitte sofort zurück in den Laden!«
Und – schwupp – kam die andere Henne schon wieder angeflattert und leistete ihr Beistand.
»Ich wollte mal fragen«, stotterte ich, »ob ihr für'n armen Teufel 'n Job habt.«
Kurz und gut: die beiden ereiferten sich derart, daß ich den Moment für geeignet hielt, mich zu erkennen zu geben. Ich sagte: »Hey, Ilse, du bist aber gar nicht sozial« und riß mir gleichzeitig Hut, Zigarette, Perücke und Brille aus dem Gesicht.
Die Verblüffung war so gewaltig, daß der lieben Ilse der Hörer aus der Hand fiel und sie voll in die Knie ging. Die andere, die einen Moment weggeschaut und die Entkleidung nicht mitbekommen hatte, sagte: »Hallo, Boß, gut, daß Sie hier sind. Hier läuft so'n eigenartiger Vogel rum...«
Ilse unterbrach sie »Der komische Vogel – das ist er selbst...« Und nach langer Pause, immer noch auf Knien: »Rüdiger, das darfst du nie wieder machen.«
Irgendwie hat mir das natürlich gutgetan: meine Starverkäuferin vor mir auf Knien. Wenn das nicht erhebend war! Und deshalb zog ich dieselbe Nummer gleich auch noch bei meiner Frau, beim Rudi Gutzki, dem Backstubenleiter, und meiner Tochter ab. Resultat: Überall die gleiche Verblüffung.
Der nächste Schritt war nicht weit: Ich ging mit Nasenbart, Bürstenschnittperücke und dunkel gefärbtem Kinnbart als Türke (bei Frauen genügen das traditionelle Kopftuch, ein langer Rock und dicke Strümpfe) und erfuhr am eigenen Leib die Abneigung gegen die Muselmanen mit ihren Anpassungsschwierigkeiten. Es gab mir jedes Mal einen Stich ins Herz, weil ich nie vergesse, wie gut ich in ihrem Lande

überall aufgenommen worden war. Ich ging mit Krücke als Behinderter und lernte dabei sogar zweierlei: Wie schwer es ist, einbeinig durchs Leben zu gehen und wie mehr oder wenig hilfsbereit die Mitmenschen sind. Ich empfand gerade diese letzten beiden Beispiele als besonders aufschlußreich und deprimierend. Wer ähnliches versucht, könnte mit verstecktem Mikrofon und heimlich folgendem Fotografen Reportagen machen, die unvergeßlich bleiben, und die uns Betroffene sehr nachdenklich machen werden.

Test-Trampen

Im ersten Buch habe ich dieses Thema bereits besprochen. Ich hatte gesagt, daß ein Tramper, der da mit viel Gepäck, womöglich vom Regen durchnäßt, auf dem Hintern am Straßenrand hockt und gelangweilt zurückgelehnt mit dem dicken Zeh winkt, viel weniger Chancen hat, als jemand, der sympathischer wirkt.
Die meisten Chancen beim Trampen haben grundsätzlich Mädchen. Autostopp ist endlich mal ein Sektor, auf dem reisende Mädchen nicht gehandicapt sind – es sei denn, sie geraten an einen Vergewaltiger. Wer vorsichtig ist, trampt als Mädchen nur in Begleitung.
Die nächstmeisten Chancen hat dann der Humorvolle. Natürlich muß auch er so stehen, daß er rechtzeitig gesehen wird. Es muß dem Fahrer Zeit gelassen werden, ihn zu erkennen, zu überlegen und zu entscheiden. Und wenn er sich zur Mitnahme entschlossen hat, muß gleich hinter dem Tramper eine Haltemöglichkeit sein. Rasender Verkehrsfluß, zu schmale Haltestreifen, Halteverbot – das sind keine guten Stopperbahnhöfe.

Um den Grinseffekt beim Autofahrer zu erreichen und ihn spontan zum Halten zu bringen, benötigt ihr ein Hilfsmittel. Im ersten Buch erwähnte ich in diesem Zusammenhang den Riesendaumen aus Pappe und den Teddy, der aus dem Rucksack lugte – zwei von vielen möglichen Utensilien, die jede Trampreise zum Erfolg werden lassen. Das heißt: ihr seid entweder eher am Ziel oder ihr könnt weitere Strecken einplanen. Einer meiner
Leser, der durch ganz Europa trampen wollte, traute meinem Tip nicht so recht und machte einen interessanten Test.
Er fertigte sich aus Sperrholz (zusammenklappbar) ein Smily-Gesicht mit dickem Daumen und abwaschbarem Schild, worauf er den Zielort

113

schreiben konnte. Etwa so wie auf der Zeichnung 113. Dann baute er sich am Ortsausgang auf und notierte die Wartezeiten. Sie lagen im Durchschnitt bei sechs Minuten, bevor ein Auto hielt und ihn mitnahm. Genau eine Woche später wiederholte er den Versuch: der gleiche Wochentag – die gleiche Uhrzeit, derselbe Standort, aber ohne Smily-Attrappe. Resultat: Durchschnittswartezeit fünfundzwanzig Minuten! Da er infolge des langen Wartens weit über die beim ersten Test erreichte Gesamtzeit für mehrere Versuche hinauskam, setzte er den Versuch eine exakte Woche später fort. Wieder mit dem 25-Minuten-Resultat. Der vierte Versuch – diesesmal wieder mit Smily – kam durchschnittlich auf zehn Minuten. Euch könnte ein ähnlicher Versuch lehren, daß die kleine Bastelei sich auf jeden Fall lohnt und daß man mit Humor viel besser voran und durchs Leben kommt. Auch schon das Wort »bitte«, hinter den Zielort geschrieben (»Hamburg, bitte!«), wirkt wunder.

In die ausverkaufte Veranstaltung

Eine andere Möglichkeit, sich im Planen und Ausführen zu üben, könnte sein, in eine geschlossene oder ausverkaufte Sport- oder Musikveranstaltung zu gelangen.
Vor dieser »Aufgabe« stand ich, als meine Tochter unbedingt nach Bremen in ein ausverkauftes Konzert der Pop-Gruppe »Abba« wollte.
Die Karten waren, so restlos es nur geht, vergriffen. Selbst über gute Kontakte war kein Platz mehr zu ergattern. Meine Tochter war völlig am Boden zerstört, weil sie den innerhalb weniger Stunden abgewickelten Vorverkauf verpaßt hatte. Da ich ohnehin noch kein geeignetes Geburtstagsgeschenk für sie hatte, versprach ich ihr fest, sie auf jeden Fall hineinzubringen. Damit war ich gezwungen, mir etwas auszudenken. Und unter Druck kommt auch Leistung.
Zunächst inserierte ich im Weser-Kurier nach Leuten, die Karten abzugeben hatten.
Parallel modellierte ich mit ihr aus 5 kg Marzipan einen »Träumenden Abba-Fan«, der uns – das muß hier mal gesagt werden – wirklich gut gelang. Echt etwas zum Vorzeigen. Mit einem Foto dieser Plastik bewarb ich mich beim Direktor der Veranstaltungshalle. Ich erklärte, worum es ging, und fragte ihn, ob er noch einen Stuhl hineinstellen könnte. Dafür sollte er dann als Hausherr den Abba statt der traditionellen Blumen die Marzipan-Plastik übergeben.
Da ich nicht wußte, wie er sich entscheiden würde, plante ich eine dritte Möglichkeit, ins Konzert zu gelangen. Ich baute aus weiß beschichteten Spanplatten eine kleine Kiste, die von zwei Personen getragen werden konnte. Schwarze Klebebuchstaben, sauber aufgesetzt, verrieten: Dr. Hartkopf – Verbandszeug en gros – Tel. 0421–434500. Diese Firmenbezeichnung war fiktiv. Sie sollte Betrachtern gleich suggerieren: »Platz da! Da kommt wichtiges Verbandszeug.« Eine Bekannte und ich wollten die Kiste in die Vorstellung transportieren. Mit der Frage »Wo ist hier Ihr Erste-Hilfe-Raum?«, wollten wir die Kartenabreißer überrumpeln. Um stilgerecht auszusehen, wollten wir blütenweiße (Konditor-) Hosen und Kittel tragen. Bei mir lugten fünf Kugelschreiber aus der Brusttasche – wichtige Accessoires, die die Abreißer unbewußt von meiner »eminenten Bedeutung für die Gesundheit der Bremer Konzertbesucher« überzeugen sollten.
Die Kugelschreiber würden mir das Vorzeigen eines Ausweises ersparen. So ist die Welt. Notfalls hätten wir als Beweis mit einem lockeren Griff den Deckel aufklappen können, und jeder Zweifler hätte sich vom Inhalt der Kiste überzeugen können: Mullbinden bis obenhin.

Was sie nicht gesehen hätten: unter der oberen Mullbindenlage befand sich ein Brett. Und darunter hockte meine Tochter. Wir wollten die Kiste in einer stillen Ecke hinter der letzten Kontrolle absetzen. Auf ein bestimmtes Zeichen hin konnte sie sich von innen mit der Bodenplatte ausklinken. Das alles hatten wir gut einstudiert, und das Training klappte vorzüglich.
Eine Woche vor dem Konzert erschien die Anzeige im Weser-Kurier. Umwerfender Erfolg: 17 Karten (die meisten zum korrekten Preis), wovon die wertvollste für die 25. Reihe war. Jetzt konnten sogar die Freundinnen mitfahren. Wir brauchten lediglich einen großen Bus oder mehrere kleine Wagen. Während ich das noch überlegte, klingelte das Telefon. Der Stadthallen-Direktor rief an. »Sie wissen ja selbst«, machte er es spannend, wir sind restlos ausverkauft.« »Scheibenkleister«, dachte ich. »Das war 'ne Niete!« Doch dann fuhr er fort. »Aber ich finde Ihre Idee mit der Plastik so ungewöhnlich, daß ich Ihnen meine beiden Dienstplätze anbieten möchte. Sie befinden sich vorn neben der Bühne.« Jubel!!!
Damit war der Besuch mehr als nur gesichert. Zwei Sitzplätze gleich vornean. Abba zum Anfassen. Der Traum hysterischer Fans. Die Kisten-Arie (so schade es um den Gag war) blieb uns, trost-trost, immer noch für ein anderes Mal. Sie war nun überflüssig.
Zwei Stunden vorm Konzert betraten wir das Direktionsbüro. Direktor Claussen begrüßte uns herzlich wie Ehrengäste. Im Laufe der Unterhaltung gab er Anekdoten aus der Praxis zum besten: »Sie glauben gar nicht, was manche Leute sich schon haben einfallen lassen, um in eine ausverkaufte Vorstellung zu gelangen!«
Meine Tochter und ich stießen uns unterm Tisch an. »Das Verrückteste waren mal zwei ›Sanitäter‹, die einen Mann auf der Trage transportierten. Zielstrebig durchschritten sie die Sperre, sie tauchten gerade im Menschengewimmel unter, als einem der Pförtner auffiel: »Wieso bringen die den Verletzten rein und nicht raus? Als sie der Trage schnell folgten, sahen sie, warum das so war: Der Verletzte sprang gerade mopsfidel herunter und wollte sich unters Volk mischen.«
Aber da Direktor Claussen in erster Linie Humor hat und erst zweitrangig Vorsteher des Veranstaltungshauses war, ließ er die drei Trickser ein. »Ich fand die Idee so gut, daß ich ihnen meine Dienstplätze anbot. Und das Eintrittsgeld habe ich insofern wieder »reingeholt«, als ich die Geschichte der Presse weitergab. So hatten wir einen wirksamen Werbegag, der letztlich viel mehr wert war als das verlorene Eintrittsgeld.« Ich muß irgendwie etwas blöde dreingesehen haben, denn Claussen meinte plötzlich: »Sie sagen gar nichts. Finden Sie den Trick nicht gut?«

»Äh – doch, doch«, beeilte ich mich, überzeugend zuzustimmen. Dabei dachte ich im stillen »Welch ein Glück, daß Du nicht Gedanken lesen kannst! Um Haaresbreite hätten wir uns in ähnlicher Weise reingeschmuggelt!«

Nachsatz: Für den Fall, daß wir den Kistentrick angewendet hätten, wollte ich Stunden vorher per Postanweisung das Eintrittsgeld an den Veranstalter anweisen. Als Beweis hätte ich den Einzahlungsabschnitt vorweisen können. So wollte ich den Verdacht vermeiden, es wäre mir um die Eintrittsprellung gegangen. Und erst so wäre der Trick zu einem fairen Gag geworden, über den beide Parteien hinterher getrost hätten lachen können.

Taktvolles, völkerverbindenes Reisen – Eine Bitte

Man stolpert eher über einen Stein, als über einen Berg.
Das Fernziel der meisten Leser dieses Buches wird die individuelle Auslandsreise sein. Je weiter und je länger, desto lieber. Aus diesem Grunde überhaupt nur haben viele sich mit Dingen wie Survival auseinandergesetzt. Sie möchten nicht organisiert durch die Lande gereist werden, sondern in der Lage sein, unabhängig und flexibel selbst zu bestimmen, ob sie bleiben, ob sie weiterfahren sollen oder ob sie die Route sogar völlig ändern.
Tourismus pauschal und Tourismus individuell – sie sind aus der Welt nicht mehr wegzudenken. Mit all ihren Vorteilen und Nachteilen, sowohl für die Reisenden als auch für die »Bereisten«, die Gastgeber.
In manchen tendenziösen, weltfremden und Engstirnerkreisen ist davon die Rede, Tourismus generell zu »verbieten«, um schädliche Einflüsse durch Reisende auf die Gastgeberländer auszuschließen. Solche Einflüsse dürften sein: beschleunigte Veränderung alter, gewachsener Kulturen, der Sitten und Gebräuche, die verstärkte Bewußtwerdung der Armut beim Anblick der reichen Touristen, gesteigerte Importe »westlicher« Güter und damit gesteigerte Abhängigkeit vom »Westen«.
So weit, so recht.
Rigorose Antitourismus-Bestrebungen wirken auf mich wie die jener Erwachsener, die Kindern Grimm's Märchen vorenthalten wollen, weil darin Grausames passiert. Sie wollen ihnen mit anderen Geschichten weismachen, die Welt sei nur sonnig und schön und ohne Böses. Und wenn diese Kinder dann mit all ihren Illusionen ins eigene Leben entlas-

sen werden, müssen sie ihr Weltbild revidieren, und manche nehmen Schaden. Und da es völliger Anachronismus wäre, über die *Abschaffung* des Tourismus auch nur zu diskutieren, »sollte man sich vielmehr um eine sinnvolle Annäherung von Gast und Gastland bemühen. Je mehr der Besucher über die fremde Welt in ihrer geographischen, historischen, politischen und kulturellen Eigenheit weiß, desto weniger Mißverständnisse wird es geben und desto mehr werden beide Seiten von diesem Besuch haben« (Brigitte Geh, Journalistin).
Und dieses bewußte, taktvolle Reisen, liebe Leserinnen und Leser, möchte ich mit den nächsten Zeilen in euer Bewußtsein rücken.

Infolge der unglaublich vielschichtigen Verfilzung und explosionsartigen Gesamt-Welt-Entwicklung kann heute eigentlich *kein* Land auf der Erde mehr völlig isoliert leben. Jedes ist letztlich von jedem abhängig: durch Import und Export, durch militärische Bündnisse, Umweltveränderungen oder auch durch Tourismus. Wer sich abkapselt, läuft Gefahr, zum »Museumsland« zu degenerieren, das nur noch einen »Vorteil« hätte: Es wäre das Zielland aller Fernsehanstalten, die uns »Progressive« mit Filmen aus der »Urwelt« amüsierten.
Es stimmt natürlich, daß die Negativ-Entwicklungen in vielen der armen Länder ungeheuerlich sind und daß sie auch durch uns Touristen forciert werden. Doch darf man dabei nicht vergessen, daß wir und unsere eigene Welt uns ebenso wahnwitzig verändern.
Nur ist der Sprung der unterentwickelten Länder in die Gegenwart gewaltiger als der bei uns, wo seit Jahrhunderten eine »organische« Veränderung stattgefunden hat.
Hinzu kommt, daß die Wohlstandsentwicklung in den reichen Ländern immer schneller vorangeht, während die benachteiligten Länder zumindest stagnieren oder sich gar rückentwickeln, wodurch die Kluft zwischen ihnen und uns immer größer, immer unüberbrückbarer wird.
Kein Reichtum kommt von nichts. Er geht immer zu Lasten anderer, Schwächerer, ohnehin schon Ärmerer. Es gibt zwar viele idealistische Organisationen, die dieser Ungerechtigkeit beikommen wollen – aber die Geschichte des Menschen zeigt, daß Schwache und Arme immer nur ausgebeutet werden und letztlich unterliegen.
Mit Verstand ist da wenig gegen die Politik auszurichten. Erst wenn es zu Katastrophen kommt, ist der Mensch bereit, schneller zu reagieren, mitzudenken, nachzugeben, zu ändern. Nur unter äußerstem Druck gibt er Privilegien auf. Es geht der Gesamtheit ähnlich wie dem Raucher: Er weiß, daß seine Passion gesundheitsschädlich ist – aber er frönt

ihr so lange, bis der Körper nicht mehr mitmacht, bis er erkrankt. Dann erst schafft er den Absprung.
Ob nun Massen- oder Einzeltourist – beides hat Vor- und Nachteile. Da ist der Massentourist. Weil das Reisebüro alles bis zum letzten Pups organisiert hat, interessiert er sich nur sehr oberflächlich für die Reiseziele. Man karrt ihn en masse zu Sehenswürdigkeiten. Er bestaunt die Pyramiden als eine sagenhafte Leistung und ahnt nicht, mit wie wenigen Piastern heute noch eine Durchschnitts-Ägypter-Familie ihr Leben fristen muß, und daß wenige Kilometer entfernt auch heute noch den Frauen die Clitoris weggeschnitten und die Scheide zugenäht wird.
Der Durchschnittstourist ist rundherum zufrieden, wenn er abends ins wohltemperierte Hotelghetto zu seinesgleichen zurückfliehen kann und wenn das Essen okay ist. Und wehe, da ist ein Haar in der Suppe!
Der Vorteil dieses Massenhandels liegt darin, daß er einigen Leuten im Lande (Hoteliers, Souvenir-Herstellern ...) Geld verschafft und daß er – mit all seiner Ignoranz – auf kleine Zentren komprimiert ist und somit nur beschränkt (oh Doppelsinn!) auftritt.
Der Nachteil des Einzelreisenden ist, daß er in jedem Winkel der Erde auftaucht. Er läßt also auch den Menschen im äußersten Abseits der Welt dessen Verelendung und Armut und Hilflosigkeit erkennen. Was muß solch ein Unterdrückter fühlen, wenn da jemand auftaucht, der es sich erlauben kann (egal, wie billig), um die ganze Welt zu reisen? Was muß in ihm vorgehen, wenn er sich klar wird, daß er selbst nicht einmal die zwei Groschen hat, um in die nächste Stadt zu fahren. Wenn der Einzeltourist dann noch zu der Kategorie zählt, der sich in seinen Kreisen damit brüstet, daß ihn die Aufnahme in solchen Familien keinen einzigen Pfennig gekostet hat oder daß er den Preis für die Tasse Tee um zwei Pfennige runtergehandelt hat, dann ist er in meinen Augen ein asozialer Primitivling ersten Grades, um es milde auszudrücken und im Hinblick auf die Zensur durch meine Verleger. Sonst hätte ich »Schwein« gesagt.*
Gerade der Individual-Traveller, der Länderstrukturen ganz anders, viel tiefer durchschauen kann, und natürlich auch jeder Pauschalreisende mit Herz und Verstand und Charakter, sollte gerade auf diesem zwischenmenschlichen Sektor sein Möglichstes tun, um solche Entwicklungen zu vermeiden.
Deshalb kleiden sie und er sich so, wie es im Gastland üblich ist. Sie respektieren die Sitten, vor allem, wenn es um religiöse und intime An-

---

* Nur gut, Nehberg, Sie Ochse, daß Sie nicht ›Schwein‹ gesagt haben. Ihre Verleger.

gelegenheiten geht. Sie fotografieren nicht »blind« drauflos, als wären sie im Zoo. Sie tragen ihren Reichtum nie zur Schau, ohne deswegen geizig zu werden. Sie bemühen sich, wenigstens die Höflichkeitsfloskeln in der Landessprache zu erlernen, die Tabus zu kennen und die Pflichtübungen, Kontakte zu knüpfen und zu halten und Eigenhilfe-Projekte (z. B. Pakete mit Garderobe schicken) auf die Beine zu stellen.

Der Vorteil des »Rucksack«-Reisenden ist vor allem der, daß er »aus dem Lande« lebt. Er kauft sich keinen (importierten) Nescafé, sondern trinkt Tee und ißt Reis. Damit verbessert er die kleinen Einnahmequellen der Bevölkerung.

Der Massenmensch in seinen Hotels bringt dem Land natürlich ungleich mehr an Devisen. Aber diese Gelder gehen zum Großteil sofort wieder ins Ausland, um die Luxusgüter für die Touristen importieren zu können.

In einer Studie über die Auswirkungen des »Tourismus in Entwicklungsländern« des Bundesministeriums für wirtschaftliche Zusammenarbeit werden folgende Problemkreise aufgezählt:

- Preissteigerungen durch Verknappung der ohnehin geringen Ressourcen
- Neue wirtschaftliche Abhängigkeiten von den Industriestaaten
- Zerstörung gewachsener sozialer Strukturen
- Übernahme neuer Ideen, Werte und Normen
- Veränderung von Sitten, Gebräuchen und Lebensgewohnheiten
- Entstehung neuer Bedürfnisse und Erwartungen
- Ansteigen von Kriminalität, Prostitution und Geschlechtskrankheiten
- Entstehen einer Bettel- und Trinkgeldmentalität
- Kommerzialisierung der Gastfreundschaft und Kunst
- Umweltbelastung und -zerstörung

Die politischen Beziehungen im Nord-Süd-Gefüge werden ganz wesentlich von diesen Faktoren geprägt.

In der Zeitschrift TROTTER zählte Norbert Lüdtke aus Essen die Möglichkeiten positiveren Reisens auf:

- Echtes Interesse an Traditionen zeigen, um sie dadurch aufzuwerten und das Selbstbewußtsein der Einheimischen zu stärken
- Durch Gespräche die *kritiklose* Übernahme von »Amerikanismen« (und »Industrienationismen«) zu relativieren, weil nicht alles, das sich irgendwo bewährt hat, deshalb auch weltweit gut sein muß

- Übernahme vorbildlicher fremder Traditionen in unseren Kulturschatz
- Ablehnung derjenigen Formen des Tourismus, die die Vorurteile gegen Nord-Europa und die USA verstärken: Wenn der Einheimische zum Objekt degradiert wird; Distanz zu ihm aufgebaut wird, die das gegenseitige Verständnis verhindert; wenn Länder durchrast werden ...
- Lüdtke wörtlich: »Ein erstrebenswerter Zustand sollte eine gelungene Synthese aus eigener Tradition und angepaßten Gütern, Techniken und Verhaltensweisen der Industrienationen sein.«

Abschließend sei noch klargestellt, daß auch ich selbst schon grobe Fehler diesbezüglich gemacht habe. Ich bilde mir auch heute keinesfalls ein, der Idealtourist zu sein. Es gibt Momente meiner Reisen, derer ich mich heute noch schäme, obwohl sie z. T. mehrere Jahrzehnte zurückliegen. Ob es die Hammelaugen waren, die der gastfreundliche Beduine mir als besondere Delikatesse und Ehre anbot und die ich heimlich im Sand verscharrte, bis sie die Katze wieder ausgrub und zu aller Entsetzen davontrug, oder ob es der Fang des Pythons im Blauen Nil war, den ich unbedingt mitnehmen mußte und der dann starb.

Aber wenigstens sollten die Fehler den einen Vorteil haben – daß man aus ihnen lernt. Und darum bemühe ich mich sehr bewußt.

Und wenn wir alle diese guten Absichten haben und dieses Verhalten sich millionenfach auf den Gesamttourismus übertragen ließe, dann wäre er das, was sein höchstes Anliegen sein sollte: Weltweit mehr gegenseitiges Verständnis zu erreichen und Gerechtigkeit und uns wie eine Weltfamilie zusammenrücken zu lassen.

In diesem Zusammenhang empfehle ich euch abschließend dringend (!!!) das Büchlein von Christian Adler, »Achtung, Touristen!«.

Es ist beschämendes Spiegelbild unserer selbst und humoristisches Lehrbuch zugleich. Es sollte ein »Muß« werden in der Bibliothek eines jeden Reisenden. Man kann sich seinen zwingenden Argumenten nicht entziehen. Man wird sich ändern.

Vielleicht machen Adlers Vorschläge Schule wie die weltweiten Umweltschutz-Bemühungen.

Dann sähe die Welt bald freundlicher aus.

Die alleinreisende Frau

Die Benachteiligung der weiblichen Alleinreisenden beginnt bei uns vor der Haustür.

Viele Autofahrer setzen sie gleich mit »leichten Mädchen« und verhalten sich entsprechend. Es ist schon verdammt schwer für ein Mädchen, solche Mißverständnisse von vornherein durch persönliche Ausstrahlung, Erscheinung und selbstsicheres Auftreten nicht aufkommen zu lassen.

Die Diskriminierung setzt sich fort in manchen strengislamischen Ländern, in die ihnen gar der Eintritt verwehrt wird, und endet in jenen Teilen der Welt, wo die Alleinreisende ständig um ihr Leben fürchten muß.

Zu diesem Thema hatten Mechthild Horn und ich im ersten Survival-Buch einige »Spezial-Tips für Frauen« zusammengetragen, die hier nicht wiedergekäut, sondern um weitere ergänzt werden sollen.

Ich fand sie u. a. in der Vereinszeitschrift der Deutschen Globetrotter-Zentrale, dem TROTTER. Geschrieben hatte sie Ludmilla Tüting, die 1. Vorsitzende des bunten Wandervögelhäufchens. Obwohl alles andere als ein Massenmensch, empfiehlt sie darin immer wieder die bestmögliche Anpassung an die Sitten der Gastländer. Auch jenen Frauen, die diesen Assimilationszwang als unwürdig empfinden und die ihn mit ihrem emanzipatorischen Denken nicht vereinbaren wollen. Ich kenne Ludmilla selbst und weiß, daß sie geradezu der Prototyp einer selbstbewußten, klischeebefreiten (»Ich bin eine volkswirtschaftliche Niete, weil ich z. B. gar nicht konsumorientiert bin!«) Frau ist. Sie ist Journalistin und Buchautorin und hat sich »jahrelang strikt geweigert«, auf ihren Weltreisen »einen guten Fummel« einzustecken, obwohl er ihr erfahrungsgemäß »viel schneller Tür und Tor öffnen, bzw. mehr Respekt verschaffen« würde.

Sie tut es heute, obgleich ihr »die ganze Show, dieses Bluffen zuwider ist«. Sie sagt: »Ich finde, ich muß andere Länder so akzeptieren, wie sie sind oder sollte zu Hause bleiben.« Seitdem reist sie auch vorzugsweise mit »festem« Partner, mit dem sie angeblich verheiratet ist. Grundsätzlich hat sie mindestens »2 Söhne«. »Töchter« werden ignoriert. Reist sie alleine, hat sie das beweisende Foto von »Mann und Söhnen« stets griffbereit und läßt es bei jeder Gelegenheit »stolz« kreisen. Sie achtet darauf, daß das Bild nie eine protzige Umgebung zeigt, sondern lieber neutrale Natur.

Seit ihrer »Erleuchtung«, angepaßt zu reisen, trägt sie – natürlich links –

einen echten Ehering und nicht mehr einen Messingdraht für fünfzig Pfennige aus dem Kaufhaus. Der Trick wäre sonst zu schnell durchschaubar.

Obwohl es ihr schwerfällt*, vermeidet sie tunlichst jeden Blickkontakt mit Männern, weil sonst auch die keuscheste Kleidung nichts nutzt. Wo sie sich dennoch alles genauer ansehen möchte, trägt sie eine verspiegelte Sonnenbrille.

»In besonders anmachintensiven Gebieten lerne ich abwehrende Antworten in der Landessprache, weil die bei Belästigungen wahre Wunder vollbringen können.«

In Gesprächen mit Einheimischen gibt sie vor, »dienstlich« oder »zu Studienzwecken« unterwegs zu sein oder »Verwandte zu besuchen«.

Ihren Busen sichert sie grapschfest wie einen Banksafe mit BH, T-Shirt und Weste. Und auch der Körper»rest« ist völlig bedeckt.

Als besonders zudringlich empfand sie viele Südamerikaner, die sie sogar als Gast in der Familie belästigten.

Die Alleinreisende sollte wissen, daß gerade in Lateinamerika der Männlichkeitskult (-wahn) sehr ausgeprägt ist; einem Mann wird neben der Ehefrau wie selbstverständlich eine Freundin zugestanden. Sie ist regelrechte »Pflicht« für ihn.

Weiter rät Ludmilla allen Trotterinnen, nie darüber zu sprechen, wenn sie ihre Periode haben, weil sie dann vielerorts als »unrein« gelten. So ist ihnen möglicherweise der Besuch z. B. von Tempeln verwehrt, bestimmte Nahrung ist tabu, und oft dürfen sie die Männer nicht einmal berühren. (Wir Bedauernswerten!)

Als Verhütungsmittel empfiehlt die Trotter-Queen die Spirale, weil Pillenhühner infolge plötzlicher Zeitunterschiede bei Weltflügen schnell die Einnahmezeiten vertüddeln. Aber wenn schon Pille, dann sollte der komplette Reisebedarf zu Hause gedeckt und nicht unterwegs von Pille zu Pille gewechselt werden.

Wenn es zur Vergewaltigung kommt, bei der die Frau nicht bewußtlos geschlagen wurde, und bei der sie sich noch wehren kann, dann rät auch Ludmilla – ähnlich wie in meinem ersten Survivalbuch –

- den Täter in ein Gespräch zu verwickeln,
- Geschlechtskrankheiten vorzutäuschen,
- ihm mit vollster Kraft in die Hoden zu treten, zu schlagen, zu beißen,
- Erregung vorzutäuschen und mitzumachen, um

---

* Hab' ich recht, Ludmilla?

>   Schlimmeres (anschließende Ermordung) zu verhindern, oder dem Täter
> - mit den Fingern in die Augen zu stechen.
> - Als unsichtbare, wirksame Waffe zumindest stets eine Stecknadel mit großem Kopf im Mantel- oder Jackenkragen zu tragen,
> - einen Schlüsselbund als Schlagring einzusetzen.

Ludmilla spricht bei ihren Ratschlägen aus Erfahrung. Den schlimmsten Vergewaltigungsversuch mußte sie in Pakistan abwehren, als sie vor ihrer Blinddarmoperation von den behandelnden Ärzten rangenommen werden sollte.

Ludmilla:

»So deprimierend eine Vergewaltigung für eine Frau sein kann, so sollte sie im Falle des Geschehens vor allem die Nerven behalten. Panik bewirkt nur eine Verschlimmerung der Situation. Wichtig ist, nicht ständig in Angst vor einer Vergewaltigung zu leben und sich – sollte es doch passieren – deshalb nicht zum psychischen Krüppel zu machen.«

»...und ich will euch 'was erzählen.«

Pressemitteilungen

Sehr viele Globetrotter möchten ihre Erlebnisse öffentlich auswerten. Zum einen, um die Reisekosten zu decken, zum andern, um sich mitzuteilen, zum weiteren, um sich aus der Masse abzuheben, um bekannt zu werden.

Und immer wieder machen sie die Erfahrung, bei den Zeitungen abgewimmelt zu werden. So bleibt es nicht aus, daß ich nach Vorträgen häufig auf dieses Thema angesprochen werde.

»Wie hast *Du* das eigentlich gemacht?«

Dazu kann ich sagen: Aller Anfang ist schwer. Bedenkt zunächst einmal ganz sachlich, wieviele Touristen es weltweit gibt! Darunter sind mehr als man schlechthin denkt, die ihre Erlebnisse gern gedruckt oder gesendet sähen. Viele Reise-Redaktionen quellen über von Manuskripten und Fotos, vor allem von durchschnittlichen.

Typisches Gespräch, das ich bei einer großen Zeitschrift aufschnappte:

»Mit dem Unimog durch die Sahara? Solche Geschichten haben wir schubladenweise.«

»Das mag ja sein. Aber wir haben uns 'was ganz Besonderes ausgedacht.«

»Und was wäre das Besondere? Hatten Sie Propeller und Flügel an Ihrem Fahrzeug oder haben Sie ihn mit Kamelen übers Tassili-Gebirge transportiert?«

Der Bewerber schluckte ein paarmal. »Nein, sowas nicht. Wir hatten unseren Unimog rot angestrichen. Sie glauben gar nicht – dieser Farbschrei in der ockerfarbenen Wüste ...«

Ob durchschnittlich oder in goetheschen Regionen höher angesiedelt – das ist meist nicht die grundsätzliche Frage.

Wer fest in einer Redaktion sitzt, wer Beziehungen hat, oder wer

berühmt ist, wird beinahe alles los, auch »Schrott«. Wer jedoch die erste Geschichte landen will, muß schon gründlicher nachdenken. Leichter wird es, sobald er diesen ersten Erfolg bereits vorweisen kann.
Bevor ihr irgendwo vorstellig werdet, fragt euch so nüchtern und objektiv wie möglich: Würde euch dieselbe Geschichte, die ihr anbietet, auch interessieren, wenn sie ein anderer erlebt hätte? Na, na, na??
Wenn ihr nicht völlig sicher seid, daß euer Reiseplan ein Erfolg wird, vermeidet Vorberichte! Im Falle des Mißerfolges entsteht eine gewisse Blamage, und es ist viel schwerer, jemals wieder jemanden in den Redaktionen von neuen Plänen zu überzeugen. Wer da glaubt, mit einem Vorbericht seine Reise finanzieren zu können, überschätzt die Geldsummen, die dafür zu erwarten sind.
Bei Vorberichten handelt es sich ohnehin meist um Veröffentlichungen, deren Schwerpunkt der Text ist. Denn Fotomaterial steht dem Anfänger zu dem Zeitpunkt noch nicht zur Verfügung. Und da den Text ein Journalist schreibt, ist eine Bezahlung nicht üblich. Der Vorbericht ist in der Regel lediglich der erste und einfachste Einstieg. Der Grundstein zu einem gewissen Bekanntheitsgrad. Er bringt euch ins Gespräch und das kann hilfreich sein, wenn ihr später den großen Fotobericht bei einer Illustrierten landen wollt.
Egal, ob nun Vor- oder Hauptstory:
Wenn ihr etwas loswerden möchtet, könnt ihr entweder einen Journalisten eures Vertrauens anrufen und ihm euer Angebot unterbreiten, oder ihr schreibt an die Fachredaktion. Namen und Anschriften stehen im »Impressum« aller Zeitschriften. Ihr könnt, drittens, eine neutrale Pressemitteilung an alle in Frage kommenden Redaktionen machen. Und denkt nun nicht, eine Mitteilung »An den Springer-Verlag« sei die Gewähr dafür, daß alle »100« darin vereinigten Zeitungen und Zeitschriften davon nun automatisch Kenntnis erhielten. Das kann, aber es muß nicht sein. So hat z. B. BILD eine andere Redaktion als BILD AM SONNTAG, die WELT eine andere als WELT AM SONNTAG. Alle Blätter stehen untereinander in Konkurrenz und sollten besser separat angesprochen werden. Vorteilhaft ist es, überall einen festen Ansprechpartner zu haben.
Pressemitteilungen sollten kurz und übersichtlich sein. Langes Geschwafel, das noch überfüllt wird mit wirrem Prospektmaterial, landet eher im Papierkorb als die übersichtliche Notiz, die zunächst »anmachen«, interessieren soll. Wer von den Journalisten dann mehr wissen will, wird sich schon melden.
Genau wie bei einem Zeitungsbericht, muß aus eurer Mitteilung das

- Wer
- Was
- Wie
- Wann
- Wo
- Warum

eures Anliegen klar hervorgehen. Diese sechs Fragen muß jeder Bericht schlechthin klären, ob Zeitung, Illustrierte, Buch, Hörfunk- oder Sehfunksendung.

Anschrift, Absender (grundsätzlich mit Telefon) und eine Überschrift gehören ebenfalls zur Pressemitteilung.

Was länger ist als eine Schreibmaschinenseite (nie Handschrift!), ist zu lang. Zumindest sollte der Extrakt eurer Aussage auf eine Seite komprimiert werden.

Pressemitteilungen müssen allen Redaktionen zur selben Zeit zugehen, damit niemand benachteiligt ist. Vergiß nicht, auch Magazin-Redaktionen der Fernseh- und Rundfunkanstalten anzuschreiben.

Die Pressemitteilung muß aktuell sein. Nichts ist toter als die Meldung von gestern.

Wenn weiteres Informationsmaterial für die etwaigen Publikationen wichtig ist, dann ist es übersichtlich (ggf. mit Inhaltsverzeichnis) dahintergeheftet. In Durchschnittsredaktionen herrscht Hektik. Da hat man nicht die Zeit, deine Unterlagen zu sortieren.

Wenn du etwas anzubieten hast, das sich die Journalisten anschauen und fotografieren sollten (z. B. dein besonders hergerichtetes Fahrrad, einen 5-Minuten-Diavortrag von deinen Vorbereitungsarbeiten, dem Training usw.), dann lade sie zu einer Pressekonferenz ein. Berichte mit Bildern werden weit mehr vom Leser wahrgenommen als nicht illustrierte Texte.

Es ist üblich und empfehlenswert, auf Pressekonferenzen einen kleinen Imbiß zu bieten.

Wenn niemand auf deine Idee angebissen hat, so muß das nicht bedeuten, daß sie schlecht ist. Vielleicht hast du nur den Text falsch gesetzt oder den falschen Redakteur erwischt.

Nicht jeder Mensch interessiert sich für jedes Thema. Du und ich auch nicht. Vielleicht haben unglücklicherweise wichtigere Ereignisse deins in den Hintergrund gedrängt.

Wenn deine Geschichte gut ist und du Glück hattest, daß sie jemand verwertet hat, dann bedank dich gern, wenn die Reportage dir gefallen hat. Auch Journalisten hören gern Lob. Notier dir die Anschriften solcher bewährter Mitarbeiter und sammle sie in einer Anschriftenkartei.

Das Interviewen und Interviewtwerden bietet sich im übrigen ideal als Übungsthema an. Vor allem das kurze Hörfunk- und TV-Interview von 5 Minuten Länge. Ideales Hilfsmittel ist die Videokamera, weil der Videofilm euch neben dem Ton auch gleichzeitig zeigt, wie ihr euch bewegt habt, welche »Figur« ihr gemacht habt.

Hat der Befrager in dieser kurzen Zeit das Thema in den Griff gekriegt? Hat der Befragte die Zeit genutzt und präzis geantwortet? Hat er sich – bei kritischen Gesprächen – in die Enge treiben, überrollen, aus der Ruhe bringen lassen?
War das Interview geistreich, humorvoll? Ist man sein Anliegen »losgeworden«?
Wenn ihr keinen »Fachmann« unter euch habt, der euch mit Rat zur Seite steht, dann hört oder seht euch zu mehreren Personen Radio- und TV-Interviews an und besprecht sie.
Wie verschieden Interviews ablaufen können, wird folgende Aufgabe klären. Laß dich von mehreren Interviewern zum selben Thema befragen! Alle müssen natürlich dieselbe Zeit zur Verfügung haben und dasselbe Vorwissen. Du wirst dich wundern, wie unterschiedlich die Gespräche verlaufen!
Es ist nicht immer eine Frage der Qualifikation des Interviewers, ob das Gespräch gut wird oder nicht.
Der beste Befrager kann nichts machen, wenn beide Gesprächspartner verschiedene Wellenlängen haben.

Pressefotos

Wenn du als Außenstehender bei Zeitschriften Fotos loswerden willst, gibt es vier Möglichkeiten:
- Entweder, du hast Beziehungen,
- deine Fotos sind künstlerische und qualitative Spitze
- du hast eine Weltsensation eingefangen oder
- du hast einen persönlichen, nicht nachahmbaren Action-Bericht, bei dem die Bilder nicht so supertop sein müssen.

Profi-Pressefotos unterscheiden sich von üblichen Touristenaufnahmen wie Tag und Nacht. Erklärt der Tourist »Das da hinten, das bin ich!«, so wird man das auf dem Pressefoto ohne Worte erkennen. Sonst ist es unbrauchbar.

Schaut euch immer wieder die verschiedensten Illustrierten auf ihre Bilderzusammenstellung hin an und analysiert sie.

Da siehst du Ganzansichten (Totale) und Ausschnitte (Halbtotale). Du siehst Nahaufnahmen und Details in Großaufnahme. Je weniger die Fotos selbst erzählen, je mehr du noch erklären mußt, desto geringer sind ihr Foto-Aussagewert und die Chance, sie zu verkaufen. Wenn es wesentlich ist, zu wissen, daß ihr »unheimlich geschwitzt« habt, dann muß das im Bild auch »rüberkommen«.

So gehören zu Reisereportagen auch Portraits und Ganzaufnahmen der beteiligten Personen, einzeln und in der Gruppe. Die Ausrüstung, das Camp, Fahrzeuge von nahem und inmitten der Landschaft, bei Tag und Nacht und Regen, möglichst immer mit Aktionen von Tieren, Natur und Menschen.

Ein verschneiter Gipfel im Hochgebirge ist zwar hübsch, aber den gibt's sicher auch auf diversen Postkarten. Erst, wenn ihr darauf deutlich zu erkennen seid, ist das Bild im Zusammenhang mit deinem Reisebericht interessant und verkäuflich. Vor allem, wenn ihr in außergewöhnlicher, in schwieriger Situation zu sehen seid.

Sofern machbar, »komponiert« die Bilder. Die Gesichter der Beteiligten sollten zu sehen sein, aber nicht grins-grins in die Kamera! Dekoriert mal den und mal jenen Ausrüstungsgegenstand unaufdringlich ums Feuer, legt ein Farbtupferl ins Bild, bringt Witz und »Hingucke« hinein.

Macht nie nur eine einzige Aufnahme von jedem Motiv, sondern mehrere und aus verschiedensten Perspektiven, mit ständig variierendem Arrangement und Optiken.

Es darf nie so sein, daß ihr ohne Bilder dasteht, nur weil das eine oder andere Motiv wochenlang in irgendwelchen Redaktionen einstaubt.

Bei jeder Serie, die ihr fotografiert, wird immer nur ein Bild das beste sein. Bei Veröffentlichungen ist es auch immer wieder dieses Bild, auf das man zurückgreift. Also laßt ihr es vervielfältigen – denn ihr werdet es ein Leben lang brauchen, falls ihr weiterhin in dem Metier des Reisens und Berichtens tätig bleiben wollt.

Denkt beim Fotografieren auch an solche Fotos, die für spätere Vorträge in Frage kommen. Dazu könnten Landkarten gehören, Überschriften und Sequenzen.

Wenn ihr seht, wie ein Rentier ein Junges auf die Welt bringt, dann kommt mir bloß nicht mit nur einem einzigen Foto nach Hause! Ihr fotografiert die Geburt von A – Z*. Denn erst damit läßt sich die

---

* A wie 1. Anzeichen.
 Z wie »zu spät abgedrückt«.

Geschichte auch lebendig auf einem Dia-Abend wiedergeben. Nichts ist langweiliger, als eine Aufnahme drei Minuten lang auf der Leinwand betrachten zu müssen, zu der eine endlose Geschichte berichtet wird.

Wer alleine reist und alles selbst schleppen muß, sollte sich mit seiner Fotoausrüstung nicht verzetteln. Es ist längst nicht der beste Fotograf, der mit zehn Kameras und riesigem Koffer behängt durch die Lande tobt. Im Gegenteil. Er verheddert sich in seiner Vielfalt und ist im entscheidenden Moment völlig überlastet.

Entscheidet euch für das Kleinbildformat, weil es preiswert ist, und, wie die Zeitschriftenseiten, DIN-Format hat. Entscheidet euch für das Farb-Dia, weil es universell zu verwenden ist: für Illustrierte, für Farb- und Schwarzweiß-Vergrößerung und für den Vortrag.

Darüber hinaus noch 6×6 – Ausrüstungen mitzuschleppen und eine Kamera für Schwarz-Weiß-Negativaufnahmen haben zu wollen, bedeutet Verzettelung.

Als Kamera kommt nur die »Spiegelreflex« in Frage, von der viele gute Modelle auf dem Markt sind. Erkundigt euch bei Freunden und dem Fachhandel.

Wer lange, allein und einsam und strapaziös reist, sollte keine vollautomatische Kamera wählen. Sie ist anfälliger als die weniger luxuriöse, und unterwegs kann sie niemand reparieren. Beschränkt auch die Objektivauswahl. Ich hatte oft nur (aus Gewichtsgründen) eine 24-mm-Weitwinkel und eine 90-mm-Macro-Optik oder eine 28–85 mm Vario-Optik mit. Aber auch das reicht schon für manche Reportage.

Jede Optik ist ständig mit Skylight-Filter versehen, der die Linse schützt und farbverfälschende Strahlungen ausfiltert.

Dem Rucksackreisenden genügen darüber hinaus ein kleines batteriegespeistes, computergesteuertes Blitzgerät und ein Baumstativ, das schnell an einem in die Erde gerammten Stock zu befestigen ist. Außerdem empfehlen sich ein Mini-Schraubenzieher-Set, Reservebatterien, Isolierband. Statt in umständlich zu handhabende Lederetuis habe ich die Kameras immer schnell in Ledertücher gepackt. Das einzige, das ihr reichlich mitnehmen solltet, ist Filmmaterial – und davon vielleicht zwei Sorten: empfindliches (400 ASA) und weniger empfindliches (25 ASA), das aber brillanter ist.

Wenn ihr dann noch dafür sorgt, daß alles wasserdicht und sonnengeschützt verpackt ist, dürfte eurer Reportage nichts mehr im Wege stehen.

Zeitungsbericht und Buch

Wenn du deine Erlebnisse selbst zu Papier bringen willst oder sollst, hast du den Vorteil, daß das erzählt wird, was du für wichtig erachtest, daß es keine Falschmeldungen gibt und daß du Honorar erhältst.

Dabei ist vorher zu klären, wie der Artikel werden soll: das heißt, wieviele Zeilen à wieviele Anschläge. Denn daß du ihn aus Gründen schnellerer und besserer Lesbarkeit nicht handschriftlich ablieferst, ist klar. Und diese vorgegebene Textmenge mußt du genau einhalten, es sei denn, man hat dir Toleranzen nach oben oder unten freigestellt. Wenn du mehr ablieferst, läufst du Gefahr, daß ein Unbeteiligter etwas herausstreicht, das dir besonders wesentlich erschien.

In der Einhaltung des Umfangs einer Geschichte liegen besonders für den Anfänger, der die Fülle seiner Erlebnisse für das Gelbe vom Ei hält, die größten Schwierigkeiten. Du kannst das einmal im kleinen üben.

Stell dir die unmögliche Geschichte vor, da sei jemand als erster Mensch ohne Atemgerät 8000 Meter tief in den Pazifik getaucht.

Darüber sollst du nun mit verschiedener Ausführlichkeit berichten, und zwar einmal mit 3 Zeilen à 60 Anschlägen, dann mit 10 Zeilen und schließlich mit 30 Zeilen.

Am besten übt sich das in Form von Gruppenarbeit, wobei man sich anschließend gegenseitig oder durch jemanden, der Ahnung hat, kritisieren läßt.

Dann versuch mal, dieselbe Aufgabe zu bewältigen, wenn du über deinen eigenen, bisher größten Erfolg berichten mußt. Wenn du also erzählen sollst von etwas, das dich total erfüllt, das du womöglich gerade erlebt hast, wovon du noch regelrecht »überläufst«. In diesem Moment wird die Sache schon erheblich schwieriger, weil man subjektiv zuviel für wichtig erachtet und reinpacken will.

Das beste Aushängeschild einer Geschichte ist die griffige Überschrift. Aus ihr sollte das Thema ersichtlich werden. Eine Unter-Überschrift sorgt für weitere Erklärungen.

Mit der Überschrift soll der stöbernde Interessent geködert, gebannt, zum Kauf und zum Lesen verleitet werden. Wenn euch gar noch geistreiche, einprägsame Wortspiele einfallen – um so besser. Aus meinem Bereich ist mir dieser Titel im Gedächtnis geblieben:

Zwischen Torten und Torturen.
Konditor Rüdiger Nehberg und sein Überlebenstraining.
Vielen Zeitungsberichten wird ein kurzer Fettdruck-Teil vorangesetzt. Er vermittelt den ersten Eindruck von der zu erwartenden Geschichte, ohne natürlich ihren Ausgang zu verraten.
Wieder ein Beispiel aus meinem Bereich: (GEO-Text)
Hauptüberschrift:
Wo Reichtum zum Verhängnis wird.
Unter-Überschrift:
Der unberührte Urwald und riesige Erzlager locken Siedler und Prospektoren in die Heimat der Yanonámi-Indianer
(für ein Buch wäre diese Unterzeile zu lang)
Fettdruck:
Die Flüsse zu den Yanonámi im Norden Brasiliens sind gesperrt. Selbst das Überfliegen des Urwaldes ist verboten. »Im Interesse der Indianer«, sagt Brasiliens Indianerschutzbehörde FUNAI. So kämpfte sich Rüdiger Nehberg – Konditor von Beruf, Asket und Draufgänger aus Leidenschaft – auf Schleichwegen zu ihnen vor. Allein, fast ohne Ausrüstung. Das Abenteuer wurde zur Begegnung mit einem Volk, das in Gefahr ist, von der Zivilisation überrollt zu werden.

Danach beginnt die eigentliche Erzählung. Jeder gestaltet sie so, wie ihm Schnabel und Finger gewachsen sind – und doch mit System.
Vorweg sind eine Gliederung nötig und beim Buch ein Vorwort. Vielleicht sprichst du die geplante Struktur mit einem dir wohlgesonnenen Unbeteiligten durch, der die Sache objektiver als du sieht. Ist sein Urteil negativ, so frag andere. Sind sie alle negativ, könntest du etwas falsch machen.
Wenn es um selbsterlebte Abenteuer geht, wirst du die Stories schon mehrfach mündlich erzählt haben. Du hast dabei zu unterscheiden gelernt, was den Laien interessiert und wobei er einschläft. Filtere auch beim Schreiben jeden Ballast raus, der nicht von allgemeiner Bedeutung ist. Es sei denn, du schreibst für ein kleines spezielles Fachpublikum, das gerade auf diese »Nebensächlichkeiten« gesteigerten Wert legt.
Jedes einzelne Kapitel sollte mit Spannung anfangen. Wenn Leser erst seitenlang lesen müssen, eh der Schreiber »zu Potte« kommt, haben sie das Buch längst aus der Hand gelegt.

Und trotz aller spannender Anfänge darf die Pointe nicht gleich verraten werden. Wie beim Witz oder der mündlich berichteten Geschichte kommt sie erst ganz zum Schluß, um die Spannung zu halten. Das ist besonders dann zu beachten, wenn die wirklich fesselnden Ereignisse schon zu Beginn deiner Reise geschehen sind. Es liegt an dir und dem Erlebnisreichtum, das Vakuum zwischen Anfang und Ende gut zu füllen.
Es ist gefährlich, nach jeder Reise zu meinen, sie sei der Bombenknüller und müsse als Buch erscheinen. Wenn das nämlich nur dein subjektives Empfinden ist, findest du entweder keinen Verleger oder du bringst das Buch (mühsam!) im Eigenverlag heraus, aber niemand kauft es. Du bleibst darauf hängen, hast unnötig viel Zeit aufgewendet, hattest allerhand Kosten und riskierst, daß auch in Zukunft niemand anbeißt, wenn du nur auf einen Flop verweisen kannst.
Genauso schade kann es sein, Bücher nur nach eingefahrenen Regeln zu schreiben. Dann käme nie Neues zutage, und wir hätten bald eine Einheitsschmiere. Schau dir einfach mal die verschiedensten Illustrierten-Großberichte und Bücher im Hinblick auf ihre Aufmachung, Gliederung und den Stil an. Dann findest du am ehesten heraus, was dir zusagt und was dich langweilt und was du für dich übernehmen willst. Von höchster Wichtigkeit für eine zu verkaufende Geschichte ist ihre Besonderheit. Wer die hundertfünfundzwanzigste Reportage über die schöne Lüneburger Heide loswerden will, muß schon wahnsinnig gute Aufnahmen vorweisen können. Alles Normale, Alltägliche, Durchschnittliche kann ein Mitarbeiter der Zeitung selbst erledigen. Sicherlich auch schneller, besser, fundierter, weil er die Übung hat.
Deine Chancen liegen im Besonderen. Entweder hast nur du Zugang zu dem bestimmten Thema (»Tierquälerei in Versuchsanstalten«), oder du hast die nötige Zeit und Geduld, die ein Reporter für dasselbe Thema nicht aufwenden kann (Das Leben der Bisamratte), oder aber du hast eine Abenteuerreise hinter dir, die dir so schnell niemand nachmacht. Du ratterst nicht mit dem »Unimog« durch die Sahara, sondern z. B. in einem »vierrädrigen Toilettenhäuschen mit Segeln«. Du zeigst dein Vehikel auf den Fotos bei Sonne und Sandsturm, in der völligen Einsamkeit und von Tuareg umzingelt, vom Hauch der großen weiten Welt und von Geiern umgeben, von Finanzkrise und Termiten ausgehöhlt, bei Tag und Nacht, zu Wasser und zu Lande und schließlich – du nur noch Haut und Knochen – beim Oberfürsten des Ortes x in Untervolta, mit dem letzten geretteten Brett deines Häuschens, in dessen Glut der Ehrenhammel für dich grillt.

Beim ersten Buch empfiehlt sich immer, vorher verschiedenen Verlegern deine Absichten mitzuteilen.
Um solche Leute in Erfahrung zu bringen, erkundigst du dich im Buchhandel, welcher Verlag dein Thema im Programm hat. Jeder Verlag ist auf irgend etwas spezialisiert. Es macht nicht jeder alles. Ist jemand an dir grundsätzlich interessiert, weiß er immer noch nicht, wie dein Stil ist. Er wird dich nun bitten – oder du beginnst von vornherein so –, eine Inhaltsübersicht und ein Probekapitel zu Papier zu bringen.
Und dann entscheidet sich, ob du grünes Licht bekommst oder rotes.
Bei Ablehnung ein Buch im Selbstverlag herauszubringen, hat den Vorteil, daß du mehr daran verdienst. Die Nutzenspannen, die sonst der Verlag, der Vertreter, der Groß- und vor allem der Einzelhandel haben, gehören in dem Falle dir. Aber dafür sind dir die branchenüblichen Vertriebswege verschlossen. Du hast viel Arbeit mit Eigenwerbung, Versand und Buchführung, mußt immer anwesend sein oder Stellvertreter haben, damit Aufträge sofort ausgeführt werden.
Bei der traditionellen Abwicklung über Verlage hast du im allgemeinen 8–10% vom Verkaufspreis, bei Taschenbüchern weniger. Den Titel und die Gestaltung des Buches entscheidet überwiegend der Verlag, weil Titel und Aufmachung wichtig (oft entscheidend) für den Verkauf sind, und weil er es ist, der jetzt das Risiko trägt. Er läßt den Text setzen, drucken und binden. Er gibt Lithographien für die Fotos, Karten und den Umschlag in Auftrag, und alles muß sofort bezahlt werden.
Ehe die ersten 10000 Bücher fertig sind, hat der Verlag 40 – 50 Mille Mark ausgegeben, mit dem Risiko, darauf sitzen zu bleiben oder die ersten Gelder frühestens und kleckerweise nach drei Monaten wieder einzuspielen, den Rest nach Jahren. Von der zweiten Auflage an werden Bücher rentabel. Vorher ist alles mehr Risiko als Gewinn.
Werden Titel und Texte so geändert, daß du nicht mehr einverstanden bist, brauchst du den Vertrag, den ihr aushandelt, nicht zu unterschreiben und suchst dir andere Partner. Deine Verhandlungsposition wächst erst, wenn du bereits Erfolge und damit mehr Erfahrungen vorzuweisen hast.
Sehr wesentlich finde ich auch, deine Texte von Fachleuten auf Fehler vorflöhen zu lassen. Wenn du groß und breit als Laie über Delphine schreibst, werden dir schnell Fehler unterlaufen, die dir ein Zoologe mühelos korrigieren könnte. Das solltest du immer anstreben. Du vergibst dir damit nichts. Du kannst nicht auf allen Sektoren Experte sein. Aber du vermeidest, daß spätere Kritiker dir an die Karre können. Du wirst dich wundern, wieviele Sachfehler (nicht Rechtschreibung und Orthographie) dir unterlaufen!

Auch diese Kapitel meines Buches sind allesamt von entsprechenden Spezialisten und Lektoren korrigiert worden. Und trotzdem werden sich einige Fehler durch alle Kontrollen mogeln.
Grundsätzlich ist zu sagen, daß Papier geduldig ist. Du errätst es anhand meiner Zeilen und verzeihst mir hoffentlich. Nicht jeder kann ein Goethe sein.
Als ich mein Danakil-Buch, bevor ich Kabel kennenlernte, einem anderen renommierten Verlag anbot, ließ mich die zuständige Lektorin u. a. sinngemäß wissen:
»Ich habe Ihr Manuskript sehr aufmerksam gelesen. Ich kenne auch die hervorragenden Erzeugnisse Ihrer Konditorei. Es ist besser für Sie, wenn Sie Ihrem Handwerk treu bleiben und sich darauf beschränken.«
Aus der Tatsache, daß Danakil dennoch gedruckt wurde, resultiert die bekannte Folgerung:
»Es gibt nie die falschen Manuskripte. Es gibt höchstens die falschen Verleger.«

Der Vortrag

Wer eine interessante und vielseitige Reise gemacht hat, wird auch gern darüber erzählen wollen. Zumal dann, wenn sein Vortrag bezahlt wird. Und das solltest du langfristig anstreben. Und damit er gern genommen und gehört und auch gut bezahlt wird, sollte er kurzweilig, schnell, humorvoll und nie länger als anderthalb Stunden sein.

Wenn er »nur« dreißig Minuten dauert, ist das besser, als denselben Bericht nun krampfhaft auf neunzig Minuten auszudehnen. Lieber beantwortest du hinterher in einer Diskussion noch verbliebene Fragen.
Die Dauer wird letztlich bestimmt von der Anzahl der Dias, die du hast.
Bei Vorträgen kannst du dich und dein Privatleben gern erst einmal kurz vorstellen: Familie, Beruf, Hobby. Wenn das nichts Direktes mit dem Vortrag zu tun hat, sondern dich nur vorstellen soll, beschränke dich auf zehn Aufnahmen. Es könnten Bilder folgen von den bastlerischen Vorbereitungen und dem Training. Action-, Sach- und »schöne« Fotos wechseln sich in lockerer Folge ab.
Schon wegen der Vorträge mußt du während der Reise alle wesentli-

chen Stationen, Ereignisse, Kleinigkeiten und das Alltagsleben im Bild festhalten.
Wenn du ausführlich erzählen willst, daß ihr hauptsächlich von Fisch gelebt habt, dann zeig die komplette Sequenz: vom Angelauswerfen übers Rausholen, Ausnehmen bis hin zum Grätenabknabbern. Und auch verschiedene Fische. Selbst, wenn du den Punkt nur kurz abhandeln willst, ist es weniger ermüdend, das mit fünf Dias zu tun als mit einem.
Fotografiere nicht ausschließlich Motive, die nur dich interessieren. Unter deinen Zuschauern ist garantiert auch jemand, der neugierig darauf ist, wie die Kinder deines Gastlandes aussehen, die alten Leute, Wohnstätten von innen, Käfer, handwerkliche Fähigkeiten, Spielzeug, Kleinpflanzen ...
Was immer dir interessant erscheint, auch wenn es die Illustrierten nicht nehmen werden – für Vorträge kannst du vieles gebrauchen.
Beim Vortrag selbst sollte beachtet werden, daß Projektor und Dias vorher ausgerichtet sind, damit es schlagartig losgehen kann.
Bei öffentlichen Dia-Schaus möchte mancher Veranstalter gern »eine Viertelstunde später anfangen«, weil vielleicht noch welche kommen »oder das hier so üblich ist«. Es mag zwar gern üblich sein, aber daß die Zuhörerschaft pünktlichen Anfang vorzieht, beweisen die 98 % der Zuschauer, die schon längst auf ihren Plätzen sitzen. Sie werden bestraft, wenn immer wieder auf die 2 % Lahmis Rücksicht genommen wird.
Fünf Minuten Zeitdifferenz mag man den Veranstaltern zubilligen. Aber dann sollte es losgehen.
Auf jeden Vorführtisch gehört eine Uhr, damit ihr den Ablauf zeitlich ständig vor Augen habt und euch nicht festredet.
Des weiteren gehören ein Projektionstisch dazu, numerierte Magazine im staubdichten Kasten, eine Pfeillampe, eventuell Bierdeckel oder Holzlatten zum Ausrichten des Projektors, Klebeband zum Fixieren der Kabel, eine Kabelrolle mit mehreren Steckdosen.
Das sind so gewisse Pflichtutensilien, die derjenige dabeihaben muß, der für seinen Vortrag bezahlt wird.
Wer gut bezahlt wird und ein großes Auditorium hat, sollte auch einen Reserveprojektor dabeihaben, zumindest aber Reservebirnen. Ferner ein Mikrofon mit Stativ und Tonanlage.
Ob ihr den Vortrag in Multivision, mit Überblendtechnik oder mono präsentiert, müßt ihr selbst entscheiden. Auch, ob ihr frei sprecht oder vom Band, und ob ihr Musik unterlegt. Bei Verwendung von Musik ist zu beachten, ob GEMA-Gebühren fällig sind, wenn es sich nicht um eure eigenen Kompositionen handelt.

Es ist bei diesen vielen Kleinigkeiten immer zu empfehlen, eine Check-Liste zu haben oder alles Zubehör in einem Behälter und im Schrank aufzubewahren.

Ob ein Vortrag richtig dosiert war oder zu lang, merkt ihr daran, ob die Leute müde oder wache Augen haben. Ein Blick ins Publikum läßt das leicht erkennen, weil das von der Leinwand reflektierte Licht die Gesichter genügend erhellt. Wenn die Leute beim letzten Bild kaum oder nur anstandshalber klatschen und dann gleich aus dem Saal strömen und keine Fragen mehr haben, war es jedenfalls nicht toll.

Ich habe die Wirkung meiner Survival-Vorträge immer an der Anzahl der Ohnmachten gemessen. Drei »Stück« bei einem Vortrag waren der Rekord. Drei Kerben in meinem Projektor sind der stolze »Beweis«.

Eines Tages wurde er in einer süddeutschen Kleinstadt gebrochen. Der Saal war überfüllt und heiß. Hochsommer. Ich ahnte es schon, und da hörte ich auch bereits den vertrauten Ton: »Rums!«

Unruhe. Raunen. »Bitte mal Licht!«

Jemand wurde rausgetragen. Ich sagte »Sorry!«, obwohl ich eigentlich stolz bin, und dann kommt das Kommando »Licht aus! Weiter!«. So ging es jedenfalls dreimal hintereinander.

In lockerer Folge. Ich wagte es kaum zu »hoffen«, aber dann hatte auch ich meinen privaten Guiness-Rekord: es machte zum vierten Male »rumms!«.

Ersthelfer gab es genug. Ich nutzte die Wartezeit, holte mein Taschenmesser aus der Hosentasche und ritzte voller Andacht die vierte Kerbe in den Projektor. Das nächste Strichlein, bei einer fünften Ohnmacht würde ich schon diagonal durch diese vier hindurchmachen können!

Am Schluß der Vorstellung fragte ein Hörer: »Finden Sie Ihren Vortrag nicht stellenweise zu hart, zu gruselig? Überfordern Sie Ihr Publikum nicht, wenn Sie vier Personen per Ohnmacht zu Boden strecken?«

Und bescheiden, wie ich nun mal bin, sagte ich: »Ich glaube, heute liegen die Schwächeanfälle wohl eher am überhitzten Saal. Meist gibt es keine Ohnmachten – und der Rekord lag bis heute bei nur drei in einem Vortrag.«

Da meldete sich eine alte Dame zu Wort. Obwohl sie stand, überragte sie das sitzende Publikum kaum. Sie war klein und zierlich. »Das ist aber kein neuer Rekord!«, verkündete sie so laut es ging. »Auch hier sind nur drei Personen umgekippt. Ich bin nämlich *zweimal* hingefallen.«

So streng können manchmal die Wettbewerbsregeln sein. Also nix mit neuem Rekord! Ich habe die Kerbe am Projektor wieder überlackiert.

Merken wir uns also zum Abschluß den weisen Spruch: »Man kann über alles sprechen. Nur nicht über eine Stunde.«
Daran ist einiges Wahre.

Die Bibliothek

Es gibt Romane, die liest man einmal und dann verstauben sie in den Regalen. Und es gibt Sachbücher, in denen man lebenslänglich nachschlagen muß. Ob es sich da um allgemeine oder Sprachlexica handelt oder um Fachbücher, die Beruf und Hobby betreffen.
So, wie ihr durch dieses Buch auf weitere aufmerksam gemacht werdet, so wird eure Bibliothek auch aus anderen Gründen lebenslänglich anwachsen.
Ohne euch zu Perfektionisten machen zu wollen, empfiehlt es sich immer, die Bücher in »Strohfeuer« und »Dauerbrenner« zu trennen und gegen das Abhandenkommen mit eurer Adresse zu versehen. Die sogenannten Schutzumschläge – jene bunten, vielversprechenden Einbände, die sich um jedes Buch klammern, sollte man durchchecken auf Aussagen, die sich sonst nicht im Buch befinden. Mitunter sind das nämlich nur Kurzinhalte. Dann sind sie überflüssig. Wenn es sich aber z. B. um Kurzbiographien des Autors, um Kritiken und Fotos handelt, die sich im Buch nicht wiederholen, sollte man diese Teile sauber herausschneiden und fest ins Buch auf das erste oder letzte weiße Deckblatt kleben. Dort sind sie gut aufgehoben und zerfransen nicht durch ständigen Gebrauch, wie es das Schicksal vieler Schutzumschläge ist. Darüber hinaus kann man das Buch mit selbsthaftender Klarsichtfolie einschlagen. Perfektionisten numerieren ihre Bücher und befestigen im Inneren eines jeden Deckel-Rückens ein schnürsenkelartiges Band als Lesezeichen. Ob man solchen Aufwand treiben will, ist eine Frage des Buchwertes und des Verhältnisses, das man zu Büchern hat.
Wer häufig Bände seiner Bibliothek ausleiht, sollte darüber Protokoll führen. Sonst verschwindet ein Band nach dem anderen, und er erinnert sich bald nicht mehr daran, was er wann wem gegeben hat.

Das Archiv

Wer Reisen zur halben oder völligen Profession machen will, sollte von Anbeginn eine gewisse Ordnung in seinen Bestand bringen. Das betrifft die besagten Bücher, Dias, TV-Filme, Zeitungsberichte, Anschriften und Dokumente, die als Beleg für eigene Berichte nötig sind. Bei Dias und Büchern ist das für viele selbstverständlich. Sie werden nach Themen geordnet, numeriert und in einer Kartei erfaßt. Dias lassen sich übersichtlich und handlich in speziellen Klarsichthüllen für Dias aufbewahren und in Ordnern lagern.

Die Zeitungsartikel heftest du ebenfalls in Ordner, die gern bis zu DIN-A-2-Format haben dürfen. Um sie besser zu schützen, kannst du wertvollere Farbberichte in Folien stecken. Eine solche Mappe kann dir helfen, wenn du dich irgendwo einführen willst, wo du noch unbekannt bist. Natürlich kostet das eine wie das andere System Geld. Aber wer bereits so viel Material besitzt, daß er daran denken muß, alles schnell auffindbar zu archivieren, der wird auch auf gewisse Einnahmen zurückgreifen können.

Immer empfehlenswert ist die Anlage einer Namenskartei mit den Anschriften aller Bekannten. Um im Laufe der Zeit den einen vom anderen noch unterscheiden zu können, ist es hilfreich, mit kurzen zusätzlichen Notizen das Gehirn zu entlasten. Zum Beispiel »züchtet Heuschrecken«, »in der Jugendherberge xy kennengelernt«.

Je nachdem, was ihr hinter den Namen notiert, müßt ihr dann aber höllisch aufpassen, daß niemand darin herumspionieren kann.

Sonst geht es euch wie einem Handelsvertreter, der sein Kärtchen über mich bei uns verlor:

»Ihn nach neuen Reiseplänen und auf TV-Filme ansprechen. Spätestens bei »Schlangen« springt er an. »Sie« will auch um ihre Meinung gehört werden.

Vorsicht bei den Mitarbeitern! Sie stehen voll zum Alten!«

In eigener Sache

An dieser letzten Stelle seien mir ein paar Worte in eigenster Sache erlaubt, um verzerrte Klischees von mir zu erklären, die mir eher peinlich als angenehm sind. Da hat jemand die Bücher gelesen oder einen der Action-Filme über mich gesehen, und schon bin ich in seinen Augen ein Mini-Bond: 008. Ihnen sei gesagt: Das bin ich nicht! Ich bin kein Guru. Auch kein Supermacker, eher gebe ich manchem recht, dem es scheint, ich hätte eine Supermacke.

Weder trage ich unter der Achsel oder zwischen den Zehen einen Revolver, noch gehe ich breitbeinig und ständig sprungbereit, noch rotiert mein Kopf ständig wie eine Radarantenne, um Gefahren rechtzeitig zu erkennen. Ich fahre auch keinen Geländewagen und laufe nicht in Stiefeln irgendeiner Zigarettenmarke herum.

Ich mag lieber Salate und Steaks als Birkenrinde und Würmer. Daß Frösche jetzt unter Naturschutz stehen, liegt nicht daran, daß ich ihnen in pausenlosem 28-Stunden-pro-Tag-Training nachgestellt hätte!

Wem sich auf Grund der Filme oder Vorträge solche Trugschlüsse aufzwingen, der vergißt dabei, daß das Gesehene im Laufe einer längeren Zeit entstanden ist und die Szenen ein Extrakt aus vielen Trainings und Reisen sind. Sie zeigen nicht meinen typischen Tagesablauf. Ich buddle mich also nicht täglich im Sumpf ein und fange Wildschweine mit der Hand. Ich kaufe das Schnitzel im Laden.

Ich spucke nicht Feuer, wenn's mir zu kalt ist und Gift und Galle, wenn ich mich bedroht fühle. Ich mache überhaupt ungern das gleiche immer wieder, weil dann der Prickel des Neuen verlorengeht. Ich erprobe lieber ständig Neues, weil ich fast fünfzig Jahre alt bin und mir nicht mehr die Zeit gegeben ist, sie mit Wiederholungen zu verplempern.

Ich bin auch nicht immun oder gefeit gegen sämtliche Gifte und Verführungen unserer Zeit. Ich rauche und saufe zwar nicht, aber ich trinke gern mal 1 (ein) Glas Wein und viel zu viel Kaffee. Ich unterliege dem Konsum und Massenerscheinungen, ähnlich wie ihr und jeder. Denn ich habe nicht nur eine Jeans im Schrank sondern zwei.

Auch irrt der, der da meint, ich hätte eine Glatze, ich habe lediglich eine ausgeprägt hohe Stirn und trage mein Haar kurz. Das erspart mir beim Kämmen Arbeit. Pro Tag bestimmt fünf Minuten. Im Jahr also rund dreißig Stunden. Außerdem ist die Kurzfrisur unfallmindernd. Beim Training im Gestrüpp bleibe ich weniger hängen, und im übrigen ist sie umweltfreundlich. Denn: viel Haar erfordert viel Shampoo. Und viel Seife überdüngt die Gewässer und beschleunigt deren Verschlammung. Also, Fans, auch ihr: Haare auf Sparflamme und umweltbewußt gelebt!
Ich bin nicht der »Größte«, nur weil ich dem einen oder anderen immer mal wieder zu Ohren und Augen komme, per Film oder Illustrierte. Ich kenne eine Reihe von Leuten, die viel besser sind und von denen ich ständig lerne.
Wenn viele Jugendliche und sogar Angehörige der Bundeswehr meinen Survival-Stil mögen und anwenden, ehrt es mich zwar, aber es hat für mich auch gegenteilige Auswirkungen gehabt. Die Zustimmung dieser Leute hat mich nämlich in die Zwangslage versetzt, auf diese gewisse Sympathiekundgebung Rücksicht zu nehmen, mich »anständig« zu benehmen. (Meine Verleger: »Soviel Sympathie verpflichtet! Enttäusche nicht das Vertrauen der jungen Leute!«). Statt also meine Leser zu »erziehen«, haben sie mich erzogen. Was immer ich tue, ich muß Rücksichten nehmen, Vorbild sein. Das ist harter Streß und Terror. Ich kann längst nicht mehr hingehen, wohin es mir beliebt. Mein Inkognito ist aufgehoben. Und die Ausrede »Ich bin hier nur studienhalber«, wenn man mich mal in anrüchigen Gegenden treffen sollte, verfängt schon lange nicht mehr. Bleibt mir allenfalls die ständig wechselnde Verkleidung, mit der ich mir einen Rest an Eigenständigkeit erhalten kann. Traut mir gern weiterhin alles oder nichts zu. Vielleicht bin ich gerade die tolle Blondine, die da draußen vorbeigeht oder die dicke Qualle da gegenüber mit der Pfeife im Hals! Jedenfalls dürft ihr überall mit mir und auf mich rechnen.

Und noch etwas Wichtiges:
Hinweis für Leserbriefe:
Im Prinzip beantworte ich alle ernstgemeinten Briefe.
Respektiert aber meine karge Freizeit!
Ich kann nicht jedem Schreiber seitenlange Schilderungen von Gefühlen oder Sonstwas geben, und vor allem dann nicht, wenn er die Antwort auf seine Fragen ebensogut woanders (z. B. im Fachhandel, oder in meinen Büchern) finden kann.
Da ich keine Kurse mehr erteile, auch nicht gutbezahlte für »Mana-

114

ger«, erspart euch bitte auch diesbezüglich Anfragen. Formuliert die Fragen knapp und klar und legt einen frankierten Rückumschlag bei. »Fragebogen« ohne Rückumschlag wandern in den Papierkorb. Das bitte ich euch, zu respektieren.
Damit ist das Buch zu Ende. Ich hoffe, auch *du* hast einiges Brauchbare darin gefunden.

Rüdiger Nehberg

Laufen, Schwimmen, Eisbaden ... hält jung. Aber Bücher schreiben macht alt.
Seht mich an!

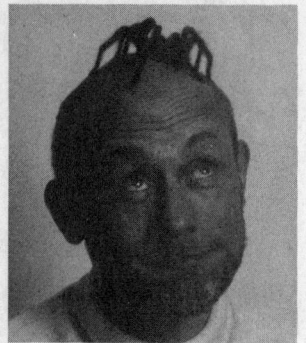

vorher

nachher

Anhang

Wenn Du Hilfe brauchst!

Drogen:
1. DPWV (Deutscher Paritätischer Wohlfahrtsverband) = Drogenberatung
2. Drogenhilfe
3. Anonyme Alkoholiker

Tip: im Telefonbuch unter dem Stichwort »Drogen« nachschlagen

Sexualität:
1. Pro Familia

Tip: im Telefonbuch unter dem Stichwort »Schwangerschaftskonfliktberatung« nachschlagen

Eltern / Schule:
1. DPWV = Jugendberatung
auch hier unter dem Stichwort »Jugend« nachschlagen
ansonsten immer: Sorgentelefon für Kinder und Jugendliche
                         Deutscher Kinderschutzbund – Sorgentelefon
                         Telefonseelsorge
Hinweis: bundesweite Sorgentelefon-Nr.: 11103
Bei den Verbänden ist es wichtig, darauf zu achten, daß unter »Deutscher ...« nachgeschlagen werden muß und daß eigentlich jede Telefonberatung Adressen vor Ort vermitteln kann.

Tip: bei den Jugendämtern der Kommunen gibt es häufig ein Verzeichnis mit Einrichtungen am Ort, die weiterhelfen oder beraten können.

Bücherliste

Adler, Christian: Achtung, Touristen! Frankfurt/M., 1983
Aichele, Dietmar: Was blüht denn da? Ein Führer zum Bestimmen von wildwachsenden Blütenpflanzen Mitteleuropas. Stuttgart, 1965
Arbeitsämter: Mach's richtig! Ausbildungs- und Berufstips für Haupt- und Realschulabgänger, jährlich neu.
Auswärtiges Amt: Urlaubsratgeber, Bonn.
Barmer Ersatzkasse: Heilende Pflanzen (Faltblatt)
Blase, Dr. Richard: Die Jägerprüfung und Wissenswertes für den Jäger in Frage und Antwort, Melsungen, 1968
Boswell, John: US-Army Survival-Handbuch, Stuttgart, 1981
Bundesanstalt für Arbeit: a) Arbeitsmarkt-Kompaß; b) Beruf aktuell. Für Schulabgänger.
Bundesarbeitsgemeinschaft Aktion Jugendschutz: Schluß, Selbstmord bei Jugendlichen, Vorbeugung und Hilfe, Münster, 1981
Bundesminister für Bildung und Wissenschaft: Ausbildung und Beruf, Rechte und Pflichten während der Berufsausbildung
Cannain, Michael und Gisela Himmelseher: Anders reisen, Tips und Tricks für Tramps und Travellers, Reinbek, 1980
Claussen, Günter: Das Fallenbuch der Praxis, Mainz, 1981
Cranfield, Ingrid: Skiing down Everest, London, 1983
Deutsche Zentrale für Globetrotter: Der Trotter, dzg-info, Berlin
Dickson, Murray: Where there is no dentist, Palo Alto, California, 1983
Doernach, Rudolf: Handbuch für bessere Zeiten, Nahrung, Tiere, Energie, Bio-Mobile, Stuttgart, 1983
DLRG: a) Theorie für Schnorcheltaucher, Essen; b) Handbuch für den Ausbilder, Essen; c) Lerne schwimmend retten, Ein DLRG-ABC für junge Rettungsschwimmer, Essen, 1981
DRK: a) Erste-Hilfe-Fibel, Bonn; b) Erste-Hilfe-Leitfaden für Ausbilder, Bonn, 1972; c) Handbuch für den Sanitätsdienst, Bonn, 1979
Ebeling-Engelbrecht: Kämpfen und Durchkommen, Der Einzelkämpfer, Kriegsnahe Ausbildung im Verhalten abseits der Truppe, Darmstadt, 1967
Frankonia: Jagdkatalog, Würzburg
Gorgaß-Ahnefeld: Der Rettungssanitäter, Ausbildung und Fortbildung, Berlin, 1980
Grießhammer, Rainer: Der Öko-Knigge, Reinbek, 1984

Haack, Friedr.-Wilhelm: a) Aberglaube, Magie, Zauberei, München, 1982; b) Astrologie, München, 1977; c) Jehovas Zeugen, München, 1981; d) Die neuen Jugendreligionen, Krisna-Bewegung, Vereinigungskirche und C. A. R. P., Scientology Sea Org, Guru Maharaj Ji, Kinder Gottes, München, 1977

Hanewald, Roland: Das Tropenbuch, Vom Leben und Überleben in tropischen und subtropischen Ländern, Berlin, 1981

Huber, Hermann: Bergsteigen heute, Der Leitfaden für die Praxis, München, 1975

Hübner, Siegfried F.: Survival-Schieß-Technik, Die neue realistische Überlebens(Defensiv) Schießtechnik, Lichtenwald, 1980

Kaufmännische Krankenkasse: Umgang mit Kindern, Faltblatt

Kettner: Jagdausrüstungskatalog, Köln

Kilda-Verlag: Die Rote Liste der gefährdeten Tiere und Pflanzen in der Bundesrepublik Deutschland, Greven, 1983

Krieger, Georg und Klaus-Ulrich Göllner: Überleben in Seenot, Lübeck

Kriminalpolizeiliche Beratungsstelle: Sicher wohnen

Lindemann, Dr. Hannes: a) Überleben im Streß, Autogenes Training, München, 1979; b) Allein über den Ozean, 1979

Lindt, Inge: Naturheilkunde, Heilkräuter und ihre Anwendung, Krankheiten und ihre Behandlung, Köln, 1977

Löffler, Helmut: Naturheilkunde von A bis Z, Wien, 1977

Lühders-Lohe, Christa: Die Sache mit der Körperpflege, Merkblatt der DAK

Martin, Henno: Wenn es Krieg gibt, gehen wir in die Wüste, Eine Robinsonade in der Namib, Windhoek, 1970

Meissner, Hans-Otto: Die überlistete Wildnis, Vom Leben und Überleben in der freien Natur, Gütersloh, 1967

Mercanti, Andrea: Abenteuer unter freiem Himmel, Das große Buch für Fahrt und Lager, Mailand, 1976

Moser, Achill: Das Floß, 1000 Meilen zum Polarmeer, Ottersberg, 1982

Nehberg, Rüdiger: a) Die Kunst zu überleben – Survival, 1000 Tips und Tricks für Globetrotter, Abenteurer, Camper, Tramper, Segler, Bergsteiger und Spezial-Tips für Frauen, Hamburg, 1981 (Kabel-Verlag); b) Yanonámi, Überleben im Urwald, Hamburg, 1983 (Kabel-Verlag)

Pahlow, Mannfried: a) Heilpflanzen-Kompaß, Die wirkungsvollsten Heilpflanzen sicher bestimmen und gezielt anwenden, München; b) Wildgemüse-Kompaß, Gemüse, Salate und Würzkräuter aus Wiese, Feld und Wald sicher bestimmen, München

Parey, Paul: Das Fallenbuch, Hamburg
Rowohlt: Überlebenslesebuch, Wettrüsten, Nord-Süd-Konflikt, Umweltzerstörung, Reinbek, 1983
Salewa: Sportausrüstungskatalog
Seymour, John: Leben auf dem Lande, Ein praktisches Handbuch für Realisten und Träumer, Ravensburg, 1978
Schäfer, Max: Handbuch für Abenteuerreisen, Alles über die Vorbereitung, Ausrüstung und Durchführung außergewöhnlicher Reisen, Würzburg, 1979
Schönfelder-Fischer: Welche Heilpflanze ist das? Heilpflanzen, Giftpflanzen, Wildgemüse, Stuttgart, 1976
Scholtz, Dr. Andor: Abenteuer am Blauen Nil, Die Geschichte einer gefährlichen Flußfahrt, Augsburg, 1982
Stiftung Warentest: Test, Berlin
Stutz, Friedrich: Zaubern, Niedernhausen, 1979
Troebst, Cord-Christian: Auf Wunder ist kein Verlaß, Das Abenteuer des Überlebens, Düsseldorf, 1970
US Air Force: Survival, Training Edition, Washington, 1969
Waldmann, Werner: Zauberkunst, Magie, Illusionen, Tricks, Anleitung, Hilfsmittel, Geschichte, München, 1983
Werner, David: Where there is no doctor (Dónde no hay doctor) A village health care handbook, Palo Alto/California, 1977

**Bitte beachten Sie
die folgenden Seiten:**

Rüdiger Nehberg

Die Kunst zu überleben – Survival

Ullstein Buch 34209

Drei Mann, ein Boot, der Blaue Nil

Ullstein Buch 34105

Drei Mann, ein Boot zum Rudolfsee

Ullstein Buch 34138

Yanonámi Überleben im Urwald

Ullstein Buch 34268

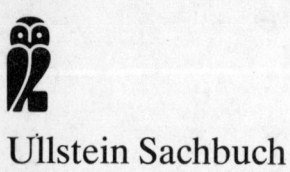

Ullstein Sachbuch

Willi H. Grün

Erdstrahlen

Unheimliche Kraft oder
blühender Blödsinn

Ullstein Buch 34359

Spätestens seit dem Atomfeuer in der Ukraine ist der Menschheit die Gefahr von Strahlen bewußter geworden. Doch nicht nur radioaktive Strahlen, auch Erdstrahlen können gefährlich sein. Sind sie die Ursache für Krebserkrankungen, Schlafstörungen und mysteriöse Autounfälle?

Ullstein Sachbuch

Claudia
und Reinold
Fischer

Tu was!

Das Umweltbuch
zum Mitmachen

Ullstein Buch 34298

»Claudia und Reinold Fischer vermitteln in leicht verständlicher Form das Wissen um Zusammenhänge, um Ursachen und Wirkungen innerhalb ökologischer Kreisläufe. Das Buch will zum Denken, Fühlen und Machen anregen. Jeder Mensch kann seinen eigenen Beitrag zum Umweltschutz leisten – im Haushalt, am Arbeitsplatz, in der Freizeit ... In diesem Buch gibt es Fakten und Zustandsbeschreibungen. Der Leser erfährt u. a., was ein Biotop ist und wie man sich gegen Schwermetalle schützen kann, weshalb Pflanzen um und am Haus so wichtig sind, welche Bedeutung Energiesparen hat und was man alles aus Naturmaterialien basteln kann ...«

Osnabrücker Zeitung

Ullstein Sachbuch

Claudia &
Reinold
Fischer

Wir
wollen
was
tun

Heute arbeiten für eine
lebenswerte Zukunft

Ullstein Buch 34172

Die Autoren stellen Organisationen, Vereine und Initiativen vor, deren Arbeit modellhaft Ansätze erkennen läßt, mit deren Hilfe das Leben innerhalb einer Industriegesellschaft unter ökologischen Gesichtspunkten bewältigt werden kann. Das Buch nennt Zahlen und Fakten wie Adressen, Mitgliederzahlen usw. Es informiert darüber, wie und wo jedermann mitarbeiten kann.

Ullstein Sachbuch

Alle Nehberg-Bücher in Original-Ausgaben:

Abenteuer, Abenteuer
Blauer Nil und Rudolfsee
384 S., Farbbildteil, geb., DM 28,–

Überleben
in der Wüste Danakil und im
brasilianischen Urwald
448 S., Farbbildteil, geb., DM 28,–

Die Kunst zu überleben – Survival
Tausend Tips und Tricks
336 S., Paperback, DM 22,–

Let's fetz
Abenteuer vor der Haustür
304 S., Paperback, DM 22,–

Medizin-Survival
Überleben ohne Arzt
250 S., Paperback, DM 19,80

ERNST KABEL VERLAG
Postfach 60 53 20
2000 Hamburg 60